広島市立大学
広島平和研究所 編

広島発の平和学

戦争と平和を考える13講

法律文化社

刊行にあたって

一九四五年八月六日、広島市は一発の原子爆弾により壊滅した。その後、市民の懸命の努力と国内外からの手厚い支援により「七五年は草木も生えぬ」と言われた広島市は「国際平和文化都市」として復興し、世界に平和のメッセージを発信し続けてきた。被爆から四九年を経た一九九四年四月、広島市は「科学と芸術を軸に世界平和と地域に貢献する国際的な大学」を建学の基本理念とする広島市立大学を設立した。人類史上最初の被爆都市である広島市が設立した公立大学として、世界平和に貢献する人材の育成と研究の推進は広島市立大学に課せられた重要なミッションである。

核兵器廃絶と世界平和に貢献するため、広島市立大学は一九九八年四月に附置研究所として広島平和研究所を設置した。研究所では、ヒロシマの視点を大切にしながら平和学をはじめ国際政治学、国際関係論等の研究を推進し、優れた研究成果を世界に発信してきた。さらに、二〇一九年四月には大学院平和学研究科修士課程（博士前期課程）、二〇二一年四月には博士課程（博士後期課程）を設置し、平和構築と核兵器廃絶に向けての役割を担う研究者やジャーナリスト、あるいは高度な専門知識と知見を活かして地球社会が直面する諸問題の解決に寄与するプロフェッショナルな人材を育成することを目指している。

ここに刊行する『広島発の平和学―戦争と平和を考える13講』は、「広島発の平和学」をテーマに掲げて広島平和研究所の全教員が執筆にあたった学術研究書である。研究所で得られた平和学の最新の研究成果を、研究者だけでなく平和に関心のある学生や一般市民にも分かりやすく提供することを目的としている。本書が多くの読者を得て、「広島発の平和学」が広く世の中に行き渡ることを願う。

広島市立大学理事長・学長　若林真一

はしがき

二〇二〇年、広島は被爆七五年を迎えた。奇しくもこの年から新型コロナウィルスが本格的に世界中に蔓延した。感染症の恐怖、生活の先行き不安。職場や学校、さまざまな集いなど、なんとか心をつないできた場所へも行けなくなった。このコロナ禍のために広島市立大学広島平和研究所では多くの研究活動を中止せざるを得ず、教育活動もさまざまな制約を受けることになった。こうしたなかで、被爆七五年における研究活動として、広島平和研究所のすべての教員が執筆して『広島発の平和学』を出版することを決めた。

「広島発の平和学」というのは、広島にある大学らしいフレーズであり、私自身、広島平和研究所の役割や大学院平和学研究科の特徴を述べるときに、このフレーズをよく使う。

しかし、「広島発の平和学」というフレーズは、広島平和研究所（一九九八年四月設置）の基本構想ですでに使われている。基本構想は本研究所の具体的課題の一つとして、「平和研究の発展に寄与しつつ、『広島から発信する平和学』を構築して、新しいパラダイムを模索していく」（四―五頁）ことを挙げている。そして、これを「広島市の設置した大学が負わなくてはならない責務」（五頁）と記している。

今回の『広島発の平和学』の出版は、いわば二〇年越しの宿題への取組となる。といっても、より直接的なきっかけは、二〇一九年四月に大学院平和学研究科（修士課程、現在博士前期課程）を開設し、二〇二一年四月に博士後期課程を設置したことにある。なぜ、広島にきて平和学／平和研究（以下、平和学と記す）を学ぶ必要があるのだろうか。東京や関西、あるいは欧州や米国の大学院で学ぶ平和学とどこが異なるのだろうか。これに対する答えを書物で示したいと考えたからである。

『広島発の平和学』の編集・執筆を進めるなかで、いくつか深く考察したい課題が浮かんできた。

まず、「広島発」というときの広島とは何か。広島の自己像と諸外国における広島観はどのように相違しているのか。また、広島・長崎の被爆に関する研究をいかにすれば平和学の理論・概念に取り入れ、平和学をさらに発展させることができるのだろうか。次に、平和学は学際的であるといわれる。それでは学際的アプローチとは何か。これまでにも繰り返し問われてきたことである。一つの事象をさまざまなアプローチから分析し、多面的に把握する。しかし、基本構想はそこに留まらず、「新しいパラダイムを構築していく」ことを求めている。そのためには、さらに何が必要なのだろか。最後に、「広島発の平和学」として取り上げるべき多くのテーマを一冊の本で網羅的に考察することはもとより難しい。加えて、国際関係の理論研究の場合であるが、いかに科学性を追求しようとも、偏狭性（パロキアリズム）から逃れることはできないとの議論もある（K. J. Holsti, "Theories of International Relations: Parochia or International ?"『国際政治』第八五号、一九八七年、一七―三三頁）。これまで見落としてきた重要な問題はないだろうか。

本書は「広島発の平和学」について、広島平和研究所の教員全員で取り組む最初の書物であり、こうした課題にたとえ一つずつでも果敢に挑戦していくものである。

二〇二一年四月

広島平和研究所長　大芝　亮

目次

第Ⅰ部　広島とヒロシマを考える視座

第Ⅱ部　平和な世界を創造する手立て

凡例

◇日本語資料の引用に際しては、旧字体で書かれた漢字は原則として新字体に改めた。
◇引用文の原文カナ等はそのままとした。
◇引用文中の〈 〉は原文のままとした。
◇引用文中の〔 〕は引用者による補足である。
◇引用文中の誤記については、当該部分の右にルビで〔ママ〕を付した。
◇引用文中の……は中略を意味する。
◇引用文中の／は原文での改行を表した場合がある。
◇引用文中の傍点は引用者が付したものである。
◇人物の肩書は原則として当時のものである。
◇敬称は原則としてこれを略した。

略 語 表

A

AFPAC（United States Army Forces, Pacific）：米太平洋陸軍
ASEAN（Association of Southeast Asian Nations）：東南アジア諸国連合

C

CBMs（Confidence Building Measures）：信頼醸成措置
CDU（Christlich-Demokratische Union Deutschlands）：キリスト教民主同盟（ドイツ）
CSBMs（Confidence and Security Building Measures）：信頼・安全保障醸成措置
CSCE（Conference on Security and Cooperation in Europe）：欧州安全保障協力会議
CVID（Complete, Verifiable, and Irreversible Denuclearization）：完全かつ検証可能で不可逆的な非核化

D

DMZ（Demilitarized Zone）：非武装地帯

E

EC（European Community）：欧州共同体

F

FBI（Federal Bureau of Investigation）：連邦捜査局

G

GHQ（General Headquarters/SCAP）：連合国軍最高司令官総司令部（連合国軍総司令部）

I

IAEA（International Atomic Energy Agency）：国際原子力機関
ICAN（International Campaign to Abolish Nuclear Weapons）：核兵器廃絶国際キャンペーン
ICBL（International Campaign to Ban Landmines）：地雷禁止国際キャンペーン
ICBM（Intercontinental Ballistic Missile）：大陸間弾道ミサイル
ICISS（International Commission on Intervention and State Sovereignty）：干渉と国家主権に関する国際委員会
ICJ（International Court of Justice）：国際司法裁判所
INF（Intermediate-Range Nuclear Forces）：中距離核戦力
IPCC（Intergovernmental Panel on Climate Change）：気候変動に関する政府間パネル
IRBM（Intermediate-Range Ballistic Missile）：中距離弾道ミサイル

J

JICA（Japan International Cooperation Agency）：独立行政法人国際協力機構

N

NATO（North Atlantic Treaty Organization）：北大西洋条約機構

NGO（Non-Governmental Organization）：非政府組織、民間団体

NPO（Non-Profit Organization/Not-for-Profit Organization）：非営利団体、特定非営利活動法人

NPT（Treaty on the Non-Proliferation of Nuclear Weapons）：核兵器不拡散条約（核不拡散条約）

NSC（National Security Council）：国家安全保障会議

O

OSCE（Organization for Security and Co-operation in Europe）：欧州安全保障協力機構

P

PDI-P（Partai Demokrasi Indonesia Perjuangan）：インドネシア闘争民主党

PKO（United Nations/Peacekeeping Operations）：国連平和維持活動

PTBT（Partial Test Ban Treaty）：部分的核実験禁止条約

S

SDGs（Sustainable Development Goals）：持続可能な開発目標

SEAC（South East Asia Command）：東南アジア軍司令部

SLBM（Submarine-Launched Ballistic Missile）：潜水艦発射弾道ミサイル

SPD（Sozialdemokratische Partei Deutschlands）：社会民主党（ドイツ）

SWPA（Southwest Pacific Area）：南西太平洋戦域軍

U

UNESCO（United Nations Educational, Scientific and Cultural Organization）：国連教育科学文化機関

UNHCR（United Nations High Commissioner for Refugees）：国連難民高等弁務官

USAFFE（United States Army Forces in the Far East）：極東米軍

W

WMD（Weapons of Mass Destruction）：大量破壊兵器

序　章　広島発の平和学を目指して

大芝　亮

はじめに

なぜ広島発の平和学を目指すのか。それは被爆の記憶とその根底に流れる考え方を学術的な理論・概念にすることで、時空間を超えて伝えていくことができると考えるからである(1)。それでは何を伝えていきたいのか。この点では被爆の記憶と継承について研究する直野章子の言葉が参考になる。直野は「原爆に遭った被爆者が、自分たちと同じ思いを誰にも味わわせたくないと立ち上がり、『平和の砦』として生きようとした、その生きざまこそが受け継がれるべき『遺産』なのではないだろうか」と述べる(2)。まさに、この「遺産」を伝えていきたいと考えるのである。もとより、原爆体験は、その時代時代の言説や運動のなかで被爆の記憶として継承されてきたものである(3)。

次に、なぜ平和学（あるいは平和研究。以下、平和学と記す）における理論化・概念化を目指すのか(4)。それはまず、原爆が人間の尊厳を極端なまでに踏みにじるものであり、被爆者がここから立ち上がり、人間の尊厳を回復していく生き方は(5)、人間の尊厳を確保するための条件を学術的に探求する平和学のテーマそのものだからである。加えて、平和学は非暴力的手段により平和を達成する方法を探ることを目的としているからでもある(6)。

広島発の平和学の課題について述べておきたい。第一に、広島の自己像と外国における広島観の相違点を理解することである。というのも、そもそも「広島発」の「広島」とは何か。広島の自己像を明らかにするとともに、諸外国の広島観をも理解することが必要である。そして両者が相違している場合は、双方の間で「対話」を進めていくことが求められる。広島に対する「外」の見方との「対話」なしでは広島発の平和学は一方的・独善的なものになりかねないからである。

本書は第Ⅰ部においてこの課題に取り組む。水本和実は、一九四九年に成立した「広島平和記念都市建設法」が、戦前において「軍都」であった広島の新しい自己像として「平和記念都市」を打ち出したことを指摘し、その後の、この自己像の確立過程を歴史的に分析する（本書第一章）。

しかし、諸外国からは「平和記念都市」という広島の自己像に対して厳しい見方が提示される。河炅珍は「自己像をめぐる揺れは、この都市を指す様々な呼び名にも表れる。広島、廣島、ひろしま、ヒロシマ、Hiroshima――。これらの呼び名は、広島のアイデンティティが所与ではなく、他者との関係性を通じて作られた社会的産物」であると述べ（本書第二章）、広島の自己像、韓国の広島観、そして欧米諸国の広島観のそれぞれを比較し、相違点を明らかにする。徐顕芬は人民日報に現れる中国政府の広島観の変容を、中国の政策の変更と照らしながら分析する。一九九五年の抗日戦争勝利五〇周年頃からは、「広島という『被害』の場で、日本側に『加害者』としての自覚を促そうとし」、「中国はヒロシマを『過去の戦争』と『未来の方向』の接点と捉えていた」と論じる（本書第四章）。

他方、東南アジア諸国での広島観について、ナラヤナン・ガネサンは、東南アジアにおける日本軍の戦時中の行動が、彼らの原爆観に大きな影響を与えていることを認識しなければならないと述べる（本書第五章）。永井均もまた、「戦争を経験したフィリピン人の原爆観は日本側に厳しいものだった」と述べ、「自国の『戦争の記憶』を想起するに際し、より広い観点から理解の補助線を引くことで、自国の戦争の世界史的な位置を知り、他国との対話の余地が生まれうるかもしれない」と指摘する（本書第六章）。

このように広島発の平和学を目指すには、まず諸外国における広島観を理解し、そのうえで相異なる広島像・広島観の間での「対話」を進めていくことが第一の課題といえる。

広島発の平和学の第二の課題は、非暴力的方法による平和の維持・達成の仕方を示すことである。核兵器に頼る核抑止論は正当でないだけでなく有効でもないことを論証する必要がある。これは平和学本来の課題であるとともに、米国の広島観にも多分に関係している。ロバート・ジェイコブズは米国での広島観について「広島と長崎に対する二回の核攻撃は、太平洋における第二次世界大戦の幕引きとなったが、米国にとっては数十年にわたる熱狂的な核兵器の製造と配備の幕開けを示すものだった」（本書第二章）と述べ、戦後、核兵器が有効な兵器として認識されていたことを指摘する。そのために広島・長崎における核兵器廃絶運動は、核兵器の非人道性を訴えるだけでなく、核兵器の非有効性、特に核抑止論が戦略として実際には問題が多いことも論じなければならなかった。

本書では第Ⅱ部においてこの課題に取り組む。孫賢鎮は、北朝鮮の核兵器開発問題を取り上げ、核抑止論から脱却するために北朝鮮および朝鮮半島における非核化プロセスを分析する。そして、最も重要なことは米朝を含む関係国間の信頼回復にあると結論づける（本書第八章）。吉川元論文もまた、欧州における国際規範の履行監視制度としての社会信頼醸成措置が東欧革命およびそれに続く冷戦の終結に貢献した過程を分析し、地域対立の克服における社会信頼醸成措置の有効性を主張する（本書第九章）。

非暴力的方法による平和の実現方法を考えるという点で平和学に寄与するのは河上暁弘論文である。河上は、平和主義を規定した憲法のもとで核兵器の保有および使用が認められるかどうかについて、政府は自衛のための必要最小限の範囲内ならば許されるとしてきたと述べ、この政府解釈の理論を詳細かつ具体的に検討する（本書第一二章）。佐藤哲夫論文は、国際法における武力行使禁止原則の考察から平和の実現を考える。佐藤は、同原則が国際社会の平和と国際法秩序にとって根本原則でありながらも大きな課題を内包しており、集団安全保障制度に基づく強制措置と個別的および集団的自衛権さらには人道的干渉などの同原則の例外とその主張をめぐる議論はその反映でもあり、紛争の平和的かつ実効的な解決の仕組みと密接不可分であるとする（本書第一一章）。

広島発の平和学にとり、第三の課題は核の問題を地球環境問題を含むグローバル・イシューズとして考察することである。東日本大震災による福島原発事故後、広島でも反原発運動は以前よりも活発になり、この課題が強く認識されるようになった。加えて、（西）ドイツや米国の広島観は、これが広島発の平和学の課題であることを示唆する。この点について、竹本真希子論文は、「西ドイツにおいては、核兵器は政治上の問題というだけでなく、原発と同時にエコロジーや環境政策としても議論され」ていると述べ、「ドイツでは『ヒロシマ』は戦争の脈絡だけでなく、エネルギーや環境問題も絡んだ複合的な問題として捉えられ」ていたと論じる（本書第七章）。ジェイコブズ論文もまた、米国の広島観・核兵器観を分析するなかで、核兵器が生態系に深刻な影響を及ぼし、米国民や信託統治領の住民を被曝させ、グローバル・ヒバクシャを生むとともに、核兵器への依存システムが気候変動の要因にもなったと論じる（本書第二章）。

沖村理史論文は核兵器問題を地球環境の視点から考察する。沖村は、人間の安全保障概念を用い、気候変動は人間の安全保障を脅かし、気候変動に脆弱な地域にある人々を苦しめているとする。そして、環境問題の研究者である米本昌平の言葉を紹介して、核開発は後世の人間に核兵器を残した悪性の脅威であったのに対して、気候変動は脅威ではあるが、技術開発や設備投資に資源を投入すれば後世に省エネルギーや公害防止のノウハウと装置を残しうる良性の脅威であると述べる（本書第一〇章）。

このように本書では、第Ⅰ部および第Ⅱ部にまたがって第三の課題を考察する。

最後に、本章の目的について述べておきたい。本章は、被爆の記憶とその根底に流れる考え方の学術的理論化・概念化を目指すという関心から、広島発の平和学の三つの課題について、順序は逆になるが、次の点から検討する。まず、平和とは何か。グローバルな視点あるいは人類という視点から関連する重要概念を説明する。次に、抑止論の問題点を簡潔に整理したうえで、非軍事的手段による平和の実現に関するこれまでの議論を紹介する。最後に、広島・長崎の被爆に関する研究から平和学が取り入れるべき理論・概念は何か。この点を検討したい。いずれも本章では概説に留まるが、広島発の平和学に関心を抱く者が今後考察を進めるための出発点として提示しておきたい。

一　平和とは何か

本節では、まず平和とは何かについて、グローバルな視点あるいは人類としての視点から考察するためにガルトゥングの平和学理論、安全保障化概念、人間の安全保障の概念を説明する。

1　ガルトゥングの平和学理論

平和学の理論をリードしたヨハン・ガルトゥングは平和と暴力を対置させ、直接的暴力、構造的暴力、そして後に文化的暴力の三つの暴力概念を提示した(7)。直接的暴力とは、戦争や武力紛争などで行使されるものをいう。構造的暴力については、人種差別や社会差別のために生命までも危険に晒されるような状況のとき、構造的暴力が存在するという。

直接的暴力が抑えられるとき、これを消極的平和と呼ぶ。また、構造的暴力も取り除くことができるならば、その状態は積極的平和と呼ばれる(8)。構造的暴力には多様な要素が含まれるために、分析アプローチも学際的となる。

もっとも、構造的暴力にはおおよそあらゆる問題が含まれてしまうことから、分析概念として広すぎるとの批判もある。しかし、構造的暴力は、誰が暴力行使の主体であるのか捉えようがない場合であっても、こうした暴力が実は存在していることを指摘するものであり、きわめて重要な概念といえる。

直接的暴力や構造的暴力により、不正義が支配する状況において、これを何らかの考え方・イデオロギーにより正当化し、この不正義の状態を持続させようとするとき、そこに文化的暴力が存在する(9)。

文化的暴力とは、仮に直接的暴力が行使されても、それは止むをえないこと、あるいは必要悪であるとして正当化するような考え方である。場合によれば、それは道徳として、あるいはルールとして作動する。多数勢力による横暴というような構造的暴力について、最終的には多数派の意見に従うのが社会のルールであるとする考え方も文化的暴力の一つといえよう。文化的暴力が不在である状態は、文化的平和あるいは平和の文化と呼ぶことができる。

広島市長と長崎市長が主導的役割を担う平和首長会議は、二〇一九年一一月の第一一回平和首長会議理事会において、核兵器のない世界の実現（第一の柱）、安全で活力のある都市の実現（第二の柱）に加え、平和文化の振興を第三の柱として加えることで合意した。ここで、平和学でいう文化的暴力という概念を参考にすると、平和文化の振興では文化的暴力の除去を目指すことが重要な課題であるとともに、広島における取組の歴史を文化的暴力の除去を目指す意識の生成・発展という視点から考察することも有意義であることが示唆されているといえる。

2　セキュリタイゼーション（安全保障問題化）論

平和の定義は一様ではないが、最近、多くの事象を安全保障問題になぞらえて論じていこうとする傾向が見られる。冷戦時代に主流であった国家間戦争と異なり、冷戦後は、国内紛争、エスニック紛争、テロ、そしてサイバー・テロなどが新たな脅威として認識されるようになり、安全保障を確保するためには、伝統的安全保障政策だけでなく、人種・民族対立、貧困、移民問題、そして情報・技術の安全確保なども含めて対応していくことが必要だと主張されるからである。

従来は安全保障問題とみなされてこなかった問題を新たに安全保障問題として位置づけることをセキュリタイゼーション（安全保障問題化）と呼ぶ。

移民問題を例にあげよう。紛争や貧困のために、隣接地域から外国人移民が国境に押し寄せると、大量の移民の流入は国家の安全保障に対する大きな危機となると喧伝し、脅威を煽る。これは移民問題のセキュリタイゼーションである。

セキュリタイゼーションというロジックに批判的な者は、第一に、安全保障とは何かについては必ずしも一義的に定義できるものではないことを指摘する。そして、政治指導者がこれを脅威であると主張し、多くの市民がその認識を受け入れるようになると、その問題は安全保障問題として位置づけされる[10]。いいかえれば、脅威とは客観的に存在するものというよりは、むしろ政治指導者により作られ、市民が政治指導者の主張を受け入れるかどうかに強く左右される面が強いということである。

第二に、新たに安全保障問題として位置づけられた問題では、政治指導者がその脅威に対して通常よりも強硬な特別措置に訴えようとする傾向があることを警戒する。

第三に、政治指導者が脅威を煽ったとしても、その問題を、実は必ずしも安全保障問題として受け止める必要はないと指摘すること＝脱安全保障問題化（desecuritisation）が重要だと主張する[11]。これは、国家間の対立をいとも簡単に安全保障問題に位置づけてしまうのではなく、むしろ政治・外交問題として処理していくという姿勢と共通している。本書では、ジェイコブズが、冷戦期における米国は核抑止論への依存を深めていったために、本来は個別の複雑な歴史的・政治的事象に照らして解決を図るべき紛争に適切な対応を示すことができなかったと主張し、同様の考え方を披露している。

なお、セキュリタイゼーションという議論に批判的な論者だからといって、問題解決は非暴力的方法に限るという、平和学の姿勢に必ずしも与しているわけではない[12]。

3 人間の安全保障論

安全保障の単位として、国家だけでなく、人間に焦点を当てたのが人間の安全保障論である[13]。それは恐怖からの自由と欠乏からの自由、そして人間の尊厳から構成される。恐怖からの自由とは戦争や紛争の脅威がないことを意味し、ガルトゥングのいう直接的暴力の不在に相応する。欠乏からの自由とは貧困や生存に関する脅威のないことを指し、これはさしずめ構造的暴力のないことに対応する。さらに、人間の安全保障概念には、これら二つの要素に、人間の尊厳が加わる。人間の安全保障委員会は、その最終報告書において、「『人間の安全保障』はまた、人間の尊厳を確固たるものにする。人とは単に生存することのみではなく、愛や文化や信念を求めるものである」と述べる[14]。

黒崎輝と佐藤史郎（『平和研究』第四三号巻頭言執筆者）によれば、人間の安全保障の概念は、安全保障学と平和学を接近させたが、「平和学は『人間の安全保障』概念を無批判に受け容れてきたわけではない[15]」。まず国家安全保障と人間の安全保障が相互補完的かどうかについて疑問があるとし、また人間の安全保障の概念が、人々を保護すべき対象として捉えている点を批判する[16]。後者について、国際関係論を研究する武者小路公秀も、人間の安全保障委員会報告書の当初事務局案では、人間の安全保障はもっぱら国家による民衆の保護という形で捉えられていたとして批判する[17]。しかし、武者小路はその後人間の安全保障には、民衆が基本的自由の保護を国家に要求する側面とともに、民衆のエンパワーメントにより自身で獲得していく側面もあることが明記されるようになり、『安全保障の今日的課題―人間の安全保障委員会報告書』において人間の安全保障概念は改善されたと述べる[18]。

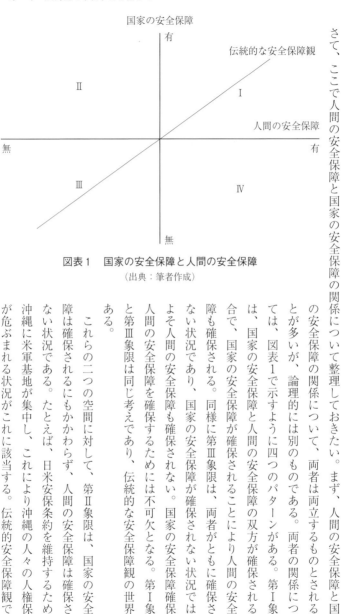

さて、ここで人間の安全保障と国家の安全保障の関係について整理しておきたい。まず、人間の安全保障と国家の安全保障の関係について、両者は両立するものとされることが多いが、論理的には別のものである。両者の関係については、図表1で示すように四つのパターンがある。第Ⅰ象限は、国家の安全保障と人間の安全保障の双方が確保される場合で、国家の安全保障が確保されることにより人間の安全保障も確保される。同様に第Ⅲ象限は、両者がともに確保されない状況であり、国家の安全保障が確保されない状況ではおよそ人間の安全保障も確保されない。国家の安全保障確保が、人間の安全保障を確保するためには不可欠となる。第Ⅰ象限と第Ⅲ象限は同じ考えであり、伝統的な安全保障観の世界である。

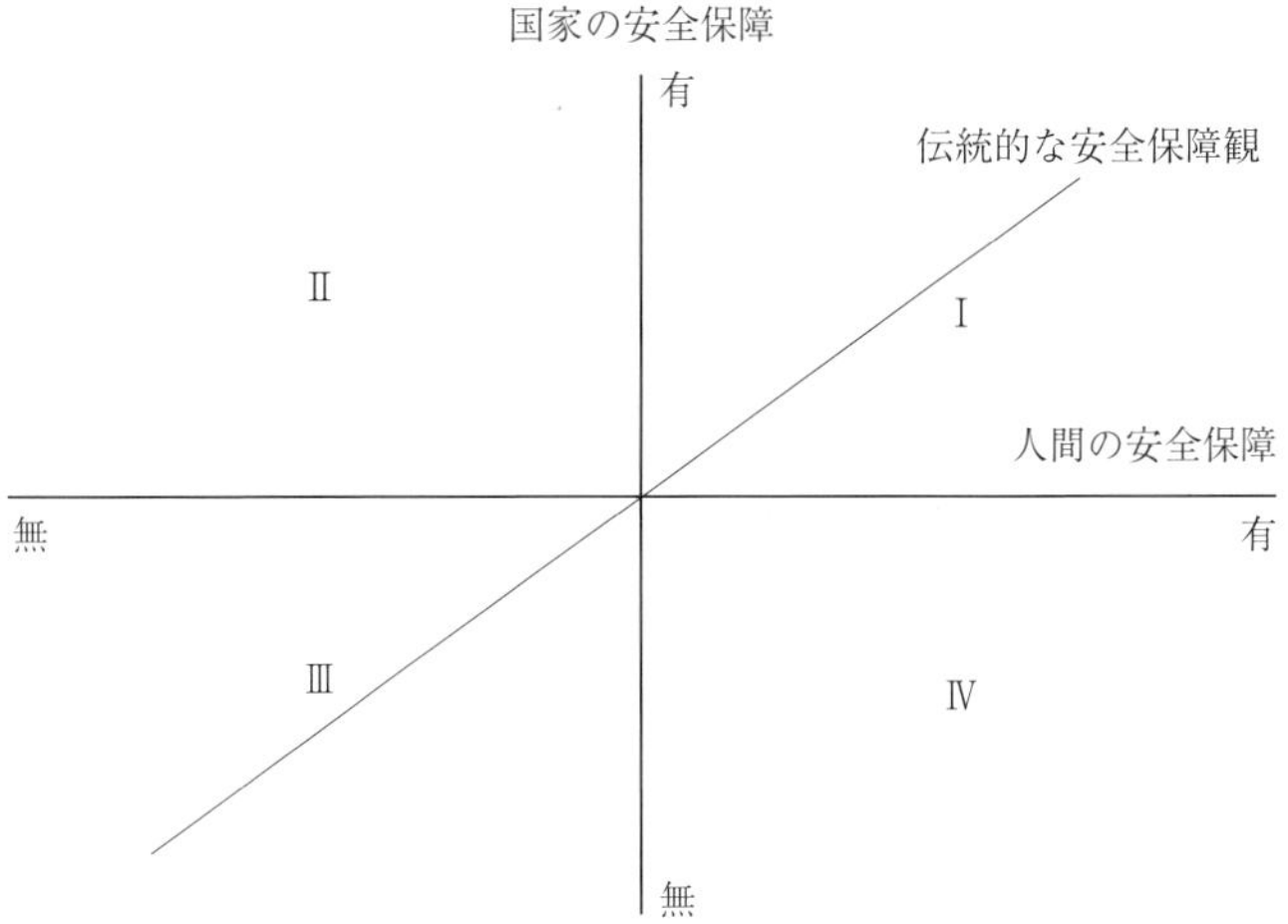

図表1　国家の安全保障と人間の安全保障

（出典：筆者作成）

これらの二つの空間に対して、第Ⅱ象限は、国家の安全保障は確保されるにもかかわらず、人間の安全保障は確保されない状況である。たとえば、日米安保条約を維持するために沖縄に米軍基地が集中し、これにより沖縄の人々の人権保障が危ぶまれる状況がこれに該当する。伝統的安全保障観では、国家安全保障の確保こそ国家にとり最優先すべき国益である。しかし、人間の安全保障という概念が登場したことにより、従来の対応に対して異議申し立てできる論拠が与えられたのである。

最後に、第Ⅳ象限では、国家の安全保障は確保されないが、人間の安全保障は確保される状況が想定される。抽象的にいえば国境なき地域で隣人が武器で争うことなく、欠乏からも自由に生存している世界のことであろう。人間の安全保障概念の登場により、「国家の安全と個人の安全とは両立するのか」という問いがあらためて重要なテーマになったといえる(19)。

この他、人間の安全保障概念の登場により、これまで掴みづらかった問題が見えるようになっている。たとえば、沖村は気候変動がこれに脆弱な地域の住民に及ぼす脅威とは、住民の人間の安全保障に関する脅威であることが理解しやすくなったと述べる（本書第一〇章）。加えて、人間の安全保障論が人間の尊厳を強調することにより、人間の尊厳を徹底的に破壊する原爆の非人道性は人間の安全保障の対極にあることも指摘しておきたい。

二　非暴力的方法による平和を求めて

二〇二一年一月、核兵器禁止条約が、発効した。核兵器は国際社会で違法な存在となった。被爆者をはじめ、広島・長崎の市民や世界の人々が当事者意識をもって、核兵器の非人道性を語り、核兵器廃絶を訴えてきた成果である。

しかし日本政府をはじめ米国の核の傘にある国の多くは、核抑止論の考え方に基づき、同条約への参加に消極的姿勢を取り続けている。核抑止論の問題点は何か。非暴力的方法、特に非軍事的手段による平和について、これまでどのような議論がなされてきたのだろうか。核兵器廃絶を求める広島・長崎の市民にとり、また広島発の平和学を目指す点からも検討すべき課題である。

1　抑止論とその問題点

抑止とは何か。安全保障問題を専門とする土山實男は「抑止とは相手国にわが方が望まない行動をとらせないために、もし相手国が（攻撃的）行動に出た場合、わが方は懲罰的報復措置をとるという威嚇態勢をとることによって、相手国がそうした行動に出ることを事前に思い止まらせること」と定義する。[20] 抑止が機能するには、抑止する側が、懲罰的報復措置をとる「能力」と「意思」を持ち、そのことが被抑止側に「伝達」され、「認識」されることが必要である。しかし、実際には、この前提条件が満たされない場合も多い。抑止される側が、相手の脅しをただのブラフ（こけおどし）と取るからである。

核兵器使用による報復を示唆する場合は核抑止と呼ばれる。米国などの核兵器による抑止効果をその同盟国にも及ぼすことを拡大核抑止と呼ぶ。同盟国から見れば「核の傘」である。敵対する国が核兵器を保有している場合、核兵器による報復を実際に行えば、双方に未曽有の被害がでることは周知されている。それゆえ、核兵器は実際には使用できない兵器であるとの見方も強い。

それでも核抑止論を支持する人は、核兵器使用による報復という選択肢を残そうとする。実際に、オバマ大統領が核兵器先制不使用政策を検討しようとした際、反対論が提示された。その理由は、核開発を進めようとする国がたとえば生物・化学兵器を使用するぞと威嚇してきた場合に、この国に対して先に核兵器で攻撃する選択肢を持っていることで抑止できると考えるからである。[21]

他方、抑止論については一般的に次の問題点が指摘される。まず抑止論では、相手に対して、報復されるぞという脅威を認識させることが前提条件となっているが、ここに問題がある。相手がそのように認識するかしないかは多分に心理的問題であり、これはさまざまな条件により左右される。抑止される側は、単なる脅しにすぎないと判断するかもしれない。抑止側から見ると、それではどうやら脅しが効いていないとみて、今度は言葉だけでなく具体的な行動で脅す。こうして現実に軍事衝突のリスクが高まっていく。

次に、相手国の攻撃を抑止しやすいかどうかは状況により異なる。相手国が、このままでは自分の持っている利益や安全が失われると思い、攻撃をかけるときは抑止しにくく、反対に、相手国がさらなる利益や安全を得るために攻撃をかけようとする場合は、前者の場合と比べると、抑止がかけやすいと土山はいう[22]。また、抑止される側が「守るべきもの（たとえば、領土や国民）」を何ら有していない時は、報復の脅しをかけても効果はない。テロリズムに対して抑止が効かない理由である[23]。さらに、抑止される側が、相手の脅しは本気であることを認識しても、ここで譲歩すれば、自身の政権および自身の生命も危ないと感じると、必ずしも抑止する側が期待したような「合理的」行動を採らない可能性も高い。

しかし、このような、抑止論の問題点は理解できても、相手国の政治指導者が抑止論の信奉者である限り、こちらも抑止論で対応するしかないと主張する人もいる。このような場合、結局、両者の間で武力衝突のリスクが高まるだけである。両国間の緊張関係を、軍事的安全保障の問題としてだけ捉えずに、広く政治・外交の問題として設定しなおすことが不可欠である。

2　非軍事的手段による平和

第二次世界大戦後の国際政治学では、抑止論への依存から脱却し、非軍事的手段による平和を確保する方法についても、さまざまな議論が行われてきた。第一に、地域協力・統合を進め、国家間の対立をいわば地域共同体内部の対立として政治的に解決していこうとするアプローチがある。エルンスト・ハースは、独仏不戦共同体を模索する欧州の地域統合の動きに着目し、地域統合を進める要因等を明らかにすることを検討した[24]。しかし、欧州における地域統合はハースの描くようなプロセスでは必ずしも進まなかったこともあり、カール・ドイッチュのいう多元的安全保障共同体への関心が高まった。これは、米国とカナダの関係を念頭に、たとえ対立があっても軍事的解決に頼ろうとしない状況を築くという考えであり、そのための条件を探るものである[25]。

第二は、経済的アプローチである。ロバート・コヘインとジョセフ・ナイは、国家間の経済的相互依存関係に注目した。経済的相互依存関係が高度に深化すれば、複合的相互依存関係と呼べる段階に到達する。そこでは経済問題や環境問題などの重要度が高まり、安全保障問題が最優先事項とされる世界ではなくなる。いいかえれば経済力や技術力の果たす役割が高まり、軍事力の果たす役割は低下する。そして軍事大国が国際関係をリードする古典的リアリズムの世界から脱却すると述べる[26]。

第三に、政治体制に注目するアプローチもある。ブルース・ラセットは、民主主義国同士の間では、その他の組み合わせの場合（民主主義国と権威主義体制国や権威主義体制国同士）と比べ、戦争が勃発する可能性は低いことを統計的に発見する[27]。しかし、このことは民主化を進めれば戦争の可能性が低くなるというのではない。民主化とはプロセスであり、民主化の過程にあるからといって、必ずしも民主主義国として安定・確立しているわけではないからである。しかし、ラセットの理論を、民主化を進めることが平和につながるという意味だと誤解する向きも見られた。

三　被爆に関する研究を手がかりとして

広島・長崎の被爆に関する優れた研究が提示する問い、概念、そして方法論を平和学に取り入れることはできないだろうか。この問題を、原爆被害者生活史の調査を通じて原爆体験の思想化を考察した石田忠の研究を手がかりとして考える。

原爆体験の思想化研究

石田忠は、一九六六年から七三年までの期間に、長崎の被爆者への調査を行い、その成果を『反原爆—長崎被爆者の生活史』として出版した[28]。また、七七年に一六都府県に居住する一〇〇人の被爆者を対象として九八人の調査員により実施された調査について、『原爆体験の思想化　反原爆論集Ⅰ』において紹介している[29]。

石田は、後者の調査において、原爆は人間に対して何をなしたか、そして人間は原爆に対して何をなすべきかという二つの問いを設定する[30]。最初の問いに対して、石田は、原爆は「一つの地域社会を、丸ごと、全体として壊してしまうのです。人間の〈生〉を支える社会的機制が一瞬のうちに崩壊するとき、人はあらゆる方向感覚を失います。どうしてよいやら分からなくなるのです。その時自分の行動を律する最も確かなるものとして残るのは、自己保存の衝動だけということになります」と述べる[31]。その結果、被爆者は、自分の生を守るために、親や子供、あるいは兄弟姉妹でさえ、助けることができないまま、見捨てざるをえなかった状況に遭遇する。そのことから生ずる罪の意識は消えるものではなく、「被爆者に、あの時自分は、死んだ人、死につつある人に対して、道徳的、人間的でありつづけることができなかったという苦しみ、あるいは『心の傷』を残す」と石田は言う[32]。

「〈原爆〉はその生存者から〈生きようとする意志〉を剝ぎとってしまう。これこそ〈原爆〉の悪の行きついた姿である。」「『あの人たちは何故あのように〈むごい死〉を死ななければならなかったのか。そして生き残った者は何故このような〈むごい生〉を生きなければならないのか』」ということに苦しみ、絶望や虚無感に苛まれる。石田は、このような〈原爆〉による人間破壊を〈漂流〉と呼ぶ[33]。

罪の意識に苛まれる被爆者のなかで、「死者の死に意味を与える」ことが必要であると考え、「原爆死者を人間の歴史のなかに位置づけ」なければならないと意識する者が現れる。そして、「結局、戦争と核兵器のない社会をつくるということになるよりほかはない」と考えるようになる。[34] こうして道徳的再生を追求するのであり、石田はこれを〈抵抗〉と呼ぶ。石田は、このように「〈惨苦の生〉を生き抜くことにさえ意味を見出し、それを不退転の拠点として、被爆者の思想を構築してきた被爆者もある」と述べ、「彼らはその思想と実践のすべてをもって、原爆でさえ奪うことのできない人間の尊厳を明証しつづけている」と記す。[35]

石田の研究は学術的である。まず、石田は原爆生存者における思想的営為について二つの型を検出する。すなわち「〈漂流〉が〈原爆〉による人間破壊を象徴するとすれば、それに抗って肉体的・道徳的再生を遂げようとする主体的な営為が〈抵抗〉である」とする。[36]

また、生活史調査の方法論からも重要な概念規定がなされる。個々の原爆被害者のなまのことばを理解しながら個人生活史を築く。そこでは恣意的な問題設定を排除するとともに、個々の生活史のなかから全体像を導きだそうとする。それゆえに、ここでいう被爆者とは「もとより個々の被爆者とは異なる」のであり、「それはいわば〈範疇としての被爆者〉である。我々が一般に被爆者というコトバを用いる時、それによって我々が意味しているのは、たとえ暗々裡にではあっても、このような〈被爆者〉を前提にしている」と述べる。[37]

さらに、石田は、原爆被害者生活史調査を通じて、人間の尊厳について次のように説明する。原爆はどのようにして人間の尊厳を損なうのか。それは、人間が人間としてではなく、モノとしての死として扱われることによってであり、また、原爆被害のなかで、「肉親をも置き去りにして逃げざるを」えないような極限状況を作り出し、そのために人間らしい行動がとれなかった自分に対して罪の意識を抱くためである。[38] しかし、このようななかにあっても、生存した人間として、なくなった人の死に意味を与えるために、反戦争、反核兵器の社会を目指すことに生をみいだすことにより、原爆体験のなかにあっても、人間の尊厳を回復する。石田のこのような説明を読むことで、人間の尊厳の意味内容をより深く理解することができる。

最後に、『原爆体験の思想化　反原爆論集Ｉ』の巻頭において、高橋眞司は石田を「すぐれて人間的」であると述べていることにも言及しておきたい。石田の研究動機を「被爆者が拠ってたつことのできる思想とはなにか。被爆者が原爆とひたと向きあって絶望におちいらずに生き抜くことのできる思想とはなにか」（傍点は原点ママ）を見出そうとするところにあり、「石田忠の学問的営為は、被爆者の人間的・道徳的再生に寄与するというめいかくな方向性をもっている」と述べる[39]。平和学の研究に従事するものとして心に刻みたい。

肉親をも置き去りにして逃げざるをえなかったこと、生き残ったことに罪の意識を抱くこと、自分と同じ思いを誰にもさせたくないと思うこと、そしてなくなった人の死に意味を与えていこうとすること。戦争被害者や大虐殺の被害者等のなかには、このような思いを抱く者もいるかもしれない。もとより、原爆体験を他と比較するのは難しいことであるが、平和学を志す者が石田忠の提示した問い、概念、方法論、そして研究姿勢から学ぶことは多い。そして、広島発の平和学を目指すために、被爆に関する他の優れた研究からも積極的に取り入れることが不可欠である。

四　地域から平和を考える

最後に本節では、広島・長崎という「地域」における市民の取組がいかなる特徴を有しているのかについて、中央政府の取組と対比させることにより検討する。そして、地域から平和について考えることの意義について論じたい。

国際政治学を専門とする藤原帰一は「日本人が平和という言葉を聞くとき、まず思い浮かべるのは日本国憲法第九条とヒロシマ・ナガサキではないだろうか」と切り出す。ヒロシマ・ナガサキの被爆体験を語り、第二次世界大戦の惨状を伝えることで、国家が二度と国民を戦争へかり出すことのないように努めることが平和には必要であり、その意味で、「平和とは政府の政策ではなく、政府に対抗する運動の中核をなす理念であった」と述べる[40]。河上もまた、核戦争が地上の最大悪であることを身をもって知ったことが、憲法九条の平和主義を後押しする要因の一つとなったと述べ、広島の核兵器廃絶運動が平和主義と強く結びついてきたことを指摘する（本書第一二章）。

しかし平和を理念とする運動では核戦争になりかねないような世界大戦の勃発を防ぐことにエネルギーを注ぎ、冷戦期に中東や開発途上地域で現実に起こっている限定的な戦争に目を向けることは、ベトナム反戦をのぞき、少なかったと藤原は言う[41]。

他方、日本政府は、日米安保条約に基づき米国の核抑止力に依存する安全保障策を推進した。これに対応するように国内において、一九五〇年に警察予備隊を編成し、保安隊を経て五四年に自衛隊を発足させた。

冷戦期におけるこのような状況を、藤原は、「運動としての平和」と「政策としての安全保障」の対抗図式で捉える。そして、冷戦後は、いわば両者のねじれに相当する「政策としての平和」が課題となったと述べる。民族紛争や地域紛争、さらにはテロによる暴力など、新しい戦争と呼ばれるものに対して、伝統的な軍事的安全保障の考え方では対応できないからである。

それでは冷戦後、「政策としての平和」という課題に、日本政府および「運動としての平和」を担ってきた人々はどう対応してきたのか、私なりに整理してみたい。

国連による人道支援活動や平和維持活動、そして平和構築活動が活発化するなかで、日本政府は、国連難民高等弁務官事務所（ＵＮＨＣＲ）への支援を強化し、人道支援をサポートするとともに、紛争後の選挙支援にも積極的に関わるようになった。「政策としての安全保障」から「政策としての平和」に重点をシフトさせていった。

しかし、国連平和維持活動等に対する協力法で目指した国連の平和維持・平和構築に対する協力は、その後、しだいに米軍との協力に比重を移していった。これに伴い、問題を軍事・安全保障の視点から捉える志向が強まり、安倍政権における「積極的平和主義」の主張へと進んでいった(42)。

他方、「運動としての平和」の担い手に対しては、新しい戦争への対応はどうなっているのか、あるいは福島の原発事故後、反核運動は原発問題にどのように取り組むべきかなどの問いが投げかけられた。

このようななかで、「運動としての平和」の担い手は、地域における市民としての視点を維持しつつ、まず、その守備範囲をしだいに広げていく。広島市長と長崎市長が主導する平和首長会議では、核兵器だけでなく、その他の兵器による戦争や暴力も非人道の観点から取り上げるようになった。また、グローバルなNGOネットワークとの協力も進めていく。折しも地雷禁止国際キャンペーン（ICBL）は武器問題を軍事安全保障の問題としてだけでなく、非人道の問題としても位置づける戦略を採用し、対人地雷禁止条約の成立にまで導いた。クラスター弾禁止についても同じ動きがみられた。そして核兵器禁止を求める中小国やNGOは同様の戦略を採用した。二〇〇七年、核兵器廃絶国際キャンペーン（ICAN）が発足し、一三年から核兵器の非人道性に関する国際会議が開催され、核兵器問題を軍事安全保障問題としてだけでなく非人道の問題としても議論する方向が強まった。ICANをはじめ、平和首長会議などが協力しあい、NGOのグローバル・ネットワークは中小国と連携した。その結果、一七年七月、核兵器禁止条約が国連会議で採択された。同条約は前文において被爆者等の苦しみおよび核兵器廃絶を目指すうえでの努力に言及した。同年一二月、ICANにノーベル平和賞が授与され、核兵器廃絶を訴え続けてきたカナダ在住の被爆者、サーロー節子が授賞式でスピーチを行った。

「運動としての平和」の担い手は、NGOのグローバル・ネットワークと連携することを通じて、政策課題として平和を求めるようになった。

おわりに

なぜ広島発の平和学を目指すのか。それは被爆者が、自分たちと同じ思いを誰にもさせたくないとして立ち上がっていった生き方を、(43) 学術的な理論・概念にすることで、時空間を超えて継承していきたいと考えるからである。このような目的を有する広島発の平和学には、取り組むべき三つの課題がある。第一は広島の自己像と外の広島観との相違を認識し、双方の間の「対話」を進めることである。第二は、戦争や暴力の問題を非暴力的方法で解決していくことを多様なアプローチを用いて学際的に検討することである。そして第三は、核の問題を、国際政治の問題としてだけではなく、広く地球環境の問題として、あるいはグローバル・イシューズとして、検討していくことである。

広島発の平和学を目指すとき、平和学の理論研究と被爆に関する研究は相互に示唆できることが多いと感じる。たとえば、「平和の文化」とは平和学においては文化的暴力の除去により実現されるものであり、広島では文化的暴力を取り除く意識がどのように発展してきたかというテーマが提示される。もとより、この点に関する研究もすでに積み重ねられているだろう。他方、被爆に関する研究からは、石田の研究を含め、それ以外にも、平和学が取り入れるべき多くの概念・方法論が示されている。

広島発の平和学について考えるとき、広島という「地域から平和を考える」ことの重要性にも気づく。地域・国家・世界の関係が変容してきているからである。世界政治の主要なアクターが国家だけであった時代には、地域では政府に政策変更を訴え、いかにして国家の政策を地域の理念に合うように変えるかに主眼点が置かれた。しかし、今日では、地域は、世界を変えるために、自身の属する国家を通じてだけではなく、多様なアクターから構成されるグローバル・ネットワークと連携して活動することができる。これに伴い、グローバル社会における国家の役割そのものが変化してきている。(44) 広島や長崎の反戦・反核兵器を訴える活動は、この問題領域で強いインパクトを与えるだけに留まらず、世界秩序の運営の仕方そのものにも影響を及ぼし、これを変容させてきている。「地域から平和を考える」ことの重要性をあらためて知ることができる。

【注】

(1) 核兵器禁止条約(二〇一七年七月成立)のように条約化することも被爆の記憶等を「継承」するための一つの方法である。核兵器禁止条約の成立を推進した核兵器廃絶国際キャンペーン(ICAN)国際運営委員の川崎哲は「個々の体験談をこえて、核兵器の使用とは決して許されない犯罪行為であり、そのような兵器は違法なものであるということを世界的な法制度として確立し、それを子々孫々に受け継ぐ。そうすることこそ、私たちにできる本当の『継承』ではなかろうか」と述べる。川崎哲『新版 核兵器を禁止する──条約が世界を変える』岩波書店、二〇一八年、一八頁。
(2) 直野章子「当事者になる──体験の継承者から記憶の担い手へ」『生活協同組合研究』二〇二〇年八月、五三五号、一五頁。
(3) 直野章子『原爆体験と戦後日本──記憶の形成と継承』岩波書店、二〇一五年、序章。
(4) 先行的研究例として高橋眞司・舟越耿一編『ナガサキから平和学する!』法律文化社、二〇〇九年。
(5) 石田忠『原爆体験の思想化 反原爆論集I』未來社、一九八六年、一〇九頁。
(6) 川田侃「会長に就任して」『平和研究』創刊号一九七六年三月、六頁。遠藤誠治「平和を求めるなら戦争の準備をすべきか」日本平和学会編『平和をめぐる14の論点──平和研究が問い続けること』法律文化社、二〇一八年、三─一九頁。
(7) 藤田明史「平和とは何か」ヨハン・ガルトゥング/藤田明史編著『ガルトゥング平和学入門』法律文化社、二〇〇三年、四─八頁。Johan Galtung, "Violence, Peace, and Peace Research," *Journal of Peace Research*, vol. 6, no. 3, pp. 167-191.
(8) 藤田明史・松元雅和「巻頭言『積極的平和』とは何か──戦後七〇年の時点に立って」『平和研究』第四五号、二〇一五年、viii頁。多賀秀敏『平和学入門1 平和を理解するための思考のドリル』勁草書房、二〇二〇年、一一七頁。

(9) 前掲、藤田「平和とは何か」六―八頁。Johan Galtung, "Cultural Violence," *Journal of Peace Research*, vol. 27, no. 3, 1990, pp. 291-305.

(10) 東野篤子「ヨーロッパ統合研究への『安全保障研究のコペンハーゲン学派』の適用をめぐる一考察―EU拡大を事例として」『法学研究』（慶応義塾大学）、第八二巻第五号、二〇〇九年、四七―七七頁。Ole Waever, "Politics, Security, Theory," *Security Dialogue*, vol. 42, no. 4-5, 2011, pp. 465-480.

(11) Lene Hanse, "Reconstructing Desecuritisation: The Normative-Political in the Copenhagen School and Directions for How to Apply It," *Review of International Studies*, vol. 38, no. 3, 2012, pp. 525-546.

(12) 黒崎輝・佐藤史郎「巻頭言　平和のための安全保障を求めて」『平和研究』第四三号、二〇一四年、viii頁。

(13) 国連開発計画『人間開発報告書一九九四』国際協力出版会、一九九五年。

(14) 人間の安全保障委員会『安全保障の今日的課題―人間の安全保障委員会報告書』朝日新聞社、二〇〇三年、一二頁。

(15) 前掲、黒崎・佐藤「巻頭言　平和のための安全保障を求めて」vii頁。

(16) 同前、vii頁。

(17) 武者小路公秀『人間安全保障論序説―グローバル・ファシズムに抗して』国際書院、二〇〇三年、一〇三頁。

(18) 同前、一〇三頁。人間の安全保障委員会『安全保障の今日的課題』朝日新聞社、二〇〇三年。

(19) 石田淳「国家の安全と個人の安全とは両立するのか」日本平和学会編『平和をめぐる14の論点』二〇―二八頁。

(20) 土山實男『安全保障の国際政治学―焦りと傲り（第二版）』有斐閣、二〇一四年、一七一頁。

(21) 土山實男によるコメントに基づく。

(22) 前掲、土山『安全保障の国際政治学』、一六八頁。

(23) 同前、一七四頁。

(24) Ernst Haas, *The Uniting of Europe: Political, Social, and Economic Forces, 1950-1957* (Notre Dame: University of Notre Dame Press, 1958).

(25) Karl Deutsch et al, *Political Community and the North Atlantic Area: International Organization in the Light of Historical Experience* (Princeton, N. J.: Princeton University Press, 1957).

(26) ロバート・O・コヘイン／ジョセフ・S・ナイ（滝田賢治監訳・訳）『パワーと相互依存』ミネルヴァ書房、二〇一二年。

(27) ブルース・ラセット（鴨武彦監訳）『パクス・デモクラティア』東京大学出版会、一九九六年。

(28) 石田忠『反原爆—長崎被爆者の生活史』未來社、一九七三年。
(29) 前掲、石田『原爆体験の思想化　反原爆論集Ⅰ』第三部。
(30) 同前、一〇四頁。
(31) 同前、二二六頁。
(32) 同前、二二六頁。
(33) 同前、一二八—一二九頁。
(34) 同前、二二三頁。
(35) 同前、一〇九頁。
(36) 前掲、石田『反原爆』二頁および四頁。
(37) 同前、三九頁。法的カテゴリーとしての「被爆者」が形成される過程で科学的、軍事的、政治的要因が作用したことについて Akiko Naono, "The Origins of 'Hibakusha' as a Scientific and Political Classification of the Survivor," *Japanese Studies*, vol. 39, no. 3, 2019, pp. 333-352.
(38) 前掲、石田『原爆体験の思想化　反原爆論集Ⅰ』二三頁。木本喜美子「石田忠『原爆体験の思想化』」『社会学評論』第三八巻第二号、一九八七年、二五一頁。「モノとしての死」および罪意識について前掲、直野『原爆体験と戦後日本』一九一—一九二頁、二〇七—二〇八頁。生き残ったことに対する罪意識についてロバート・J・リフトン（桝井迪夫監修、湯浅信之他訳）『死の内の生命—ヒロシマの生存者』朝日新聞社、一九七一年、六頁。
(39) 高橋眞司「石田忠『反原爆論集』によせて」前掲、石田『原爆体験の思想化　反原爆論集Ⅰ』七頁。
(40) 藤原帰一「政策としての平和」大芝亮・藤原帰一・山田哲也編『平和政策』有斐閣、二〇〇六年、一—二頁。
(41) 同前、二頁。
(42) 前掲、藤田・松元「巻頭言『積極的平和』とは何か—戦後七〇年の時点に立って」v—vii頁。
(43) 前掲、直野「当事者になる」二五頁。
(44) 鈴木佑司「二一世紀の平和学と広島の貢献」『広島平和科学』第一八号、一九九五年、一二—一四頁。

*本章の草稿に対して、石田淳（東京大学教授）および土山實男（青山学院大学名誉教授）の両先生よりコメントをいただいた。記して深く感謝したい。

第Ⅰ部　広島とヒロシマを考える視座

「広島発の平和学」とは、広島における平和の学びである。第Ⅰ部では、広島の被爆体験と平和の関係を日本（広島）、米国、韓国、中国、東南アジア、フィリピン、ドイツという七つの異なる視点から分析する。第一～第二章は日本国内および米国内で完結した議論であり、広島は通常の地名で表記した。第三～第七章は海外の視点から広島を分析しており、国際化され海外で認知された広島を指す片仮名のヒロシマを用いた。日本と異なる価値観の存在に気付かされる。

以上を踏まえつつ、各章の概略を見てみる。第一章で、なぜ広島が平和都市と呼ばれるのかを考え、広島で行われてきた平和教育を題材に、被爆地の新たな平和の学びについて、水本和実が報告する。第二章では、米国が原爆開発・投下により政治、文化、生態系に大きな打撃を受け、今も引きずっている実態を、ロバート・ジェイコブズが分析する。第三章で河炅珍は、広島の国際平和文化都市という自己像が、韓国の研究者やメディアが見る広島の都市像とは程遠いという。しかし広島へ来る韓国人観光客は増えており、彼らの目に写る広島像を分析して対処すべきだ、と提言する。第四章で徐顕芬は、『人民日報』の報道をもとに中国におけるヒロシマ認識の変遷を三つの時期に分けて考察する。特に1995年以降、中国が日本に戦争責任を問う姿勢を強めたことを指摘し、対応策を示唆している。第五章では、第二次世界大戦中に日本が占領した東南アジアの戦後の発展について、ナラヤナン・ガネサンが論じている。欧州の植民地から独立した国家が多く、日本の軍国主義への忌避感情が強く残る地域もある。第六章では永井均が、第二次世界大戦で犠牲者を多く出したフィリピンの首都マニラと広島を比較し、ともに悲惨な体験を持つのに、日本でマニラ戦の記憶は定着せず、広島の経験は繰り返し語られたと指摘。被爆体験をマニラ戦などの戦争体験と結びつけることで、対話の可能性を探る。第七章では竹本真希子が、旧西ドイツの反核運動および統一ドイツの反原発運動にヒロシマが与えた影響について分析する。東日本大震災後、ヒロシマはフクシマとともに語られている。

第一章　広島における平和と学び

――被爆体験および平和教育を手がかりに

水本和実

はじめに

本書のタイトル『広島発の平和学』を分かりやすく言い換えれば、広島における「平和」の「学び」と理解していいだろう。本章では学びの対象である「平和」について、広島の経験をもとに考えてみる。広島という名前はいつも「平和」という言葉と共に語られ、広島では平和はいつも「被爆体験」と共に語られてきた。一方、平和の意味は人により場所により、実にさまざまで、平和研究の世界において「平和」は二〇世紀後半以降、幅広い概念になりつつある(1)。

そこでまず、広島と平和のつながりについて考えてみよう。なぜ広島は平和都市と呼ばれるのか。この問いへの一つの答えは、一九四九年に成立した「広島平和記念都市建設法」（建設法）である。広島を平和記念都市として復興することで、他の戦災都市より予算面で優遇し、国有財産の譲渡を有利にするための立法である。この法律は全部で七条と短いが、現在も有効であり、第一条で法律制定の目的について、広島を「恒久平和」実現を目指す「理想」の象徴である「平和記念都市」として建設することだと謳っている。次に第二条は、平和記念都市にふさわしい文化施設や平和記念施設[2]の建設を特別の都市計画として手厚い予算で実施することを認めている。[3]さらに第六条は広島市長に対し、平和記念都市の完成へ向けて「住民の協力及び関係諸機関の援助」を得ながら「不断の活動」を行うことを義務付けている。

この法律のもう一つの重要な点は、戦前は「軍都」と呼ばれた広島に戦後、「平和都市」という新しいアイデンティティを与え、その転換を可能にしたことである。[4]ところが、広島が戦後、「平和都市」に生まれ変わる法的根拠となった同法の存在も、年月を経て人々の記憶から遠ざかりつつある。市民の記憶に働きかけ、建設法の存在意義の継承を促すことは、広島における平和の学びにとって重要だと考える。

筆者は、大学で平和関連科目を教えているが、高校までに平和教育を受けた広島県出身の学生の中には自信をもって平和観を語る者が多く、他府県出身者はその逆で、中には「自分には平和を語る資格がない」と話す者がいる。だが、いずれも平和を考える態度としては、注意が必要だと思う。人は誰もが自分の平和を追求する権利を持っている。平和を考えることは、知識の量を増やして点数を取る勉強とは異なる。まして、小・中・高等学校時代に平和学習を受けたかどうかで、平和を論じる「資格」に有無が生じるという考え自体が間違っている。原爆に関する知識の量と、健全な平和観とは無関係であることも教える必要がある。

一方で被爆地に明るい話題もある。被爆七五年を経た今も、国内や海外から多くの人たちが、広島平和記念資料館を訪ねて来ている。その数はコロナ禍に見舞われる直前の二〇一九年度は過去最高に達した。[5]

こうした状況を踏まえ、まずこれまでの広島での平和とは何だったのかを考えてみる。その際、平和と被爆体験が結びついた過程を広島の平和教育を題材に概観する。その上で、現在行われている新しい平和教育の試みについて報告し、広島で平和を学ぶ意義を考える手がかりとしたい。

一　広島における「平和」と「被爆体験」

広島で「平和」というと必ず「被爆体験」と共に語られる。しかし、少なくとも戦後直後の占領下では、「平和」を語ることはできても、被爆体験を自由には語れなかった。平和と被爆体験が結びつくのは、日本が独立を回復して以降だと思われる。その経緯を見てみよう。

占領期における「平和」とプレスコード

GHQ（連合国軍総司令部）の支配下で一九四五年九月に発令されたプレスコードにより原爆に関する表現は厳しく制限された。四九年八月に建設法が施行された背景に、原爆で破壊された広島への手厚い支援が必要だとの配慮があったことは明らかだが、占領下のため、同法の条文や関連事業の名称には原爆や被爆などの文言はなく、「平和記念〇〇」などの表現が使用された(6)。

プレスコード解除―広島から相次ぐ「被爆の悲惨さ」の訴え

一九五一年四月にサンフランシスコ講和条約が発効してプレスコードが解除されると、原爆や被爆に関する言葉がメディアや文学などに堰を切ったように溢れ始めた。同年一〇月には広島で被爆した少年少女の体験記を集めた『原爆の子』が発行される。この作品が日本社会に与えた影響は大きく、この本をもとに五二年には新藤兼人監督による映画『原爆の子』（近代映画協会・劇団民芸提携作品）が、五三年には映画『ひろしま』（日本教職員組合製作、原爆の子友の会協力）が、広島でつくられた。一九五四年三月にマグロ延縄漁船第五福竜丸が太平洋で米国の水爆実験による死の灰を浴びて乗組員が被災する事件が起き、原水爆禁止運動が盛り上がった。五五年八月六日に第一回原水爆禁止世界大会が広島で開かれ、広島は世界の反核・平和運動の中心的存在となった。

原水禁運動の分裂が促す多彩な運動

その後も原水禁運動は続くが、政治・イデオロギー対立により運動は一九六五年に完全に分裂する。しかしそのことが広島の市民に政党・政治色抜きの活動を促し、六〇年代以降、爆心地復元、原爆ドーム保存、あるいは原爆展開催など特定の目的を掲げ、それに賛同する市民が政治と無関係に行う、今日のNGO型の多彩な活動が広がった。そうした活動をフォローするメディアの間でも、八月六日の前後の時期に公開するドキュメンタリー番組の制作や、原爆をテーマにした大型連載企画など、いわゆる平和報道が六〇年代には始まった。広島の「平和」活動は紆余曲折を経つつ、具体的なテーマを掲げ、分野も核、原爆、被爆など細分化したが、やがて七七年の統一原水禁世界大会で「被爆者救済」と「核兵器廃絶」の二つの目標が掲げられ、そこに向かって行く。

二　広島の平和教育

1　平和教育とは何か

戦後日本の教育行政は、一九四六年一一月に公布された日本国憲法が「平和主義」を謳い、四七年三月に公布された教育基本法の第一条が教育の目的を「平和で民主的な国家及び社会の形成者……の育成」と定める中で始まった。戦後教育自体が、当初は平和教育を目指していたとする見方もある。

教育関係の事典によると「平和教育とは、平和の創造を目的とする教育である」[7]「平和を築く民主的主権者を育てる教育」[8]などと書かれている。表現に若干の違いはあるが、共通するのは「平和をつくる人材を育てる教育」という内容である。ここで指摘できるのは第一に、教育の定義には「どのような人材を育てるか」という目的が明確である必要があること。第二に、「平和」とは何かが明確でなければならないこと[9]。

一方、日本における平和教育が盛んな場所として、広島、長崎、沖縄が指摘される。それらの地域では、被爆や戦争の実相を体験者から直接聞き、悲惨な体験を継承する形で平和教育が行われてきたが、戦後七五年が過ぎ、体験者が高齢化する中で、その体験や記憶をどう継承するかが課題とされている。

これらの課題に平和教育はどう向き合ってきたのか。その疑問に答えるために、日本や広島で平和教育がどのように実践されてきたのかを振り返ってみよう。

2 日本の平和教育

西尾理によると、戦後日本の平和教育は今日まで、全国各地で膨大な実践が行われたが、「平和教育」という科目が設定されることはなく、学校教育において確固たる地位を占めてきたとは言い難いという。[10] その要因として、①平和教育が平和運動と結びついて政治化したこと、②一九九〇年代の「自虐史観」批判などへの不十分な対応、③カリキュラム化されなかったことを指摘する。そして①平和教育は「反戦・平和」などの主張に圧力をかける政府への抵抗運動という側面が強く、教育の検証作業が不十分だった。また、②「自虐史観」批判論者による戦後の歴史教育や平和教育の問題点の指摘には評価すべき内容もあったが、議論が左右のイデオロギーに巻き込まれ、平和教育がイデオロギーから脱して展開・発展できなかった。さらに③平和教育を学校教育の中に位置づけるため、カリキュラムを提示する試みもあったが、[11] いずれも教員側からの提案であり、国の学習指導要領が改定されるたびに原爆などの記述が減ることへの対応措置的なものにとどまった。

これらを踏まえて西尾は「その時々の政治状況や社会状況から自立した平和教育」の必要性を指摘し、戦後の「平和教育の丁寧な実証分析と考察、それを踏まえた教材開発とそのカリキュラム化の提言」のための「平和教育学」を確立すべきだという。[12]

③についていえば、日本の平和教育を中央行政がカリキュラムに組み込んだ例としては、占領下の一九四七年と

五一年に社会科の学習指導要領に「平和への教育」実施のための教育内容が記載されたことがあるが[13]、その後の平和教育は、広島や長崎、沖縄など一部の自治体の教育行政がカリキュラムに組み込んで実施した以外は、現場の教員が自主的に社会や道徳などの時間の中で実践してきた。その教師たちの拠り所となったのが、日本教職員組合（日教組）や歴史教育者協議会（歴教協）、全国民主主義教育研究会（全民研）などの組織や、国連教育科学文化機関（UNESCO、ユネスコ）憲章の理念に基づく国際理解教育の実践であった。

3　広島の平和教育――最初の興隆期

広島の平和教育の歩みを振り返って舟橋喜恵・広島大学名誉教授は、これまでに二回の興隆期があったという[14]。最初は建設法が公布された一九四九年から五〇年代初めまでの二、三年間の時期だ。

教育行政――平和記念都市建設法と広島市教育委員会　まず一九四九年八月六日の同法の公布に伴い、広島を平和記念都市として復興・発展させようとする動きが加速する。これに合わせて教育行政でも同じ八月六日、広島市小学校の教育目標を「平和への教育」とすることが決まった[15]。さらに五〇年一二月、広島市教育委員会が設立されると、発足初日に「声明書」を発表し、平和記念都市の建設に「教育の力」で貢献する決意を表明した[16]。これを受けて五一年四月、同市教委は「広島市学校教育努力目標」として、道徳、保健など三つの教育の推進を掲げ[17]、その狙いについて「広島平和記念都市建設法の基盤は『教育』にあるとの根本理念に立ち、『平和への教育』に究極の目標を求めたもの」と明記した[18]。

こうした目標を実践に結びつけるため、同市教委は計一二の小・中学校を研究指定校に定めて「平和への教育」の実践を行い、それらの成果を踏まえて一九五五年三月、新たに「広島市教育努力目標」を掲げ、従来の三分野の目標を一本化し、「平和な社会を建設する生産人の育成」という基本目標を設定した[19]。

『原爆の子』　この時期の広島で平和教育の興隆をもたらしたもう一つの事例が、一九五一年一〇月に長田新[20]が編集した作文集『原爆の子―廣島の少年少女のうったえ』（岩波書店）である[21]。この本の冒頭、長田は数十頁に達する「序」を寄稿しているが、舟橋はこの序文に長田の平和教育への思いが凝縮されているとして、以下の点を指摘する。まず①子どもたちの手記を集めた目的は「平和のための教育」の資料として整理し、人類文化史上の不朽の記念碑として永久に残すためである。次に②「平和のための教育」とは被爆体験を原点とする教育で、原爆が人間の肉体や精神に与えた影響を知り、吐露された悲痛な訴えを受け止めることのできる「平和のための人間」の育成が目的である。③平和教育の拠り所は日本国憲法と教育基本法である。そして④「平和のための教育」とは、戦争を忘れさせることではなくて、戦争体験・被爆体験を積極的に取り上げ、その非人道性を生徒に教え、戦争を否定する意志を育成することである。

教員の取り組み―「教え子を再び戦場に送るな」　戦後早くから平和教育に熱心に取り組んだ自治体は広島、長崎、沖縄などに限られ、むしろ日本の平和教育は一九五〇～六〇年代に、教職員組合運動や民間教育運動と連携して実践された[22]。戦後日本の教育は日本国憲法と教育基本法の平和の理念に基づきスタートしたが、五〇年の朝鮮戦争開始で日本の再軍備が始まる。一方、ＧＨＱのプレスコードが五一年に解除され、原爆に関する言論が自由になると、『原爆の子』が平和教育運動の原点となった。また同年一一月の日教組第一回全国教育研究大会で「教え子を再び戦場に送るな」をスローガンに平和教育の重点的な取り組みが始まった。広島の平和教育の最初の興隆は、こうした全国的な潮流にも乗ったといえよう。

4　広島の平和教育――二度目の興隆期

広島の平和教育が二度目の興隆期を迎えるのは、舟橋によると一九六八年から七二年にかけての時期である。六八年の夏休み直前の七月、広島市教委は「『原爆記念日』の取扱いについて」という平和教育指導資料を発行し、原爆記念日の意義について夏休み中の登校日に全校または学級ごとに学ぶよう指導した。それにならって広島県教育委員会も翌六九年七月、「八月六日『原爆の日』の指導について」という通知文を県立の高校などに出し、前年に同市教委が出した「『原爆記念日』の取扱いについて」を参考資料として掲載した。

「八月六日」から学ぶスタイル定着

こうして、同市教委が一九六八年に打ち出した「八月六日に何が起きたのか」を夏休みの登校日に学ぶ平和学習は六九年には全県に広まった。七〇年三月に広島市は総合計画の中で「平和を希求し、国際的視野が広く……心身ともに健全な市民を育てること」は「広島市の責務」であり、それを果たすのが「学校教育である」とした。これを受けて同市教委は同年、「平和教育」を行政施策の重点目標[23]の冒頭に位置づけ、毎年発行する教育要覧にもこの年から「平和教育の推進」という項目を設けて具体的な施策を記載している。さらにこの年、指導計画（平和教育編）編成委員会を組織し、翌七一年以降、七七年まで毎年「平和教育の手引」「平和教育の指導例集」などの平和教育指導資料を作成、配布して徹底を図った。

この間、山田節男・広島市長は一九七一年八月六日の平和宣言で「次の世代に戦争と平和の意義を正しく継承するための平和教育の推進」を世界に呼びかけ、七二年、七三年の平和宣言でも平和教育や平和研究の重要性を訴えた。六八年から七七年までの一〇年間、同市教委は平和指導資料の作成に努めた結果、広島の平和教育は被爆体験を原点とし、原爆の日に学ぶというスタイルが、広島市を中心に県内でもほぼ定着した。[24]

原爆被爆教師の会・広島平和教育研究所発足

この二度目の興隆期を、教員の視点で見ると、平和教育が盛り上がる別の要因が浮かび上がる。まず一九六八年一二月に広島県内の小中学生を対象にした調査で、広島への原爆投下の年月日と時刻を聞いたところ、全体の正答率が六割に達しなかったことに、[25]教師たちは衝撃を受けた。被爆体験の風化への危機感から六九年三月、被爆者の教員らが広島県原爆被爆教師の会を結成し、原爆教育を中心にした平和教育に力を入れる。さらに七二年には広島県教職員組合（広教組）が「ヒロシマを原点とする平和教育」を目指して広島平和教育研究所を設立し、年報『平和教育研究』を刊行するなど平和教育運動の組織的取り組みを始める。全国レベルでも、七三年には日教組の全国教育研究集会に平和教育の小分科会が設けられ、七四年には日本平和教育研究協議会が発足し、七六年に機関誌『平和教育』が創刊されている[26]。

教育行政と教職員組合が支えた広島の平和教育　もともと教育行政と教員組合は、対立構造になりやすい。竹内久顕によると、五五年体制[27]確立後は、「米国陣営＋保守政権＋文部省」対「社会主義陣営＋革新政党＋日教組」という対立の図式の中に平和教育が組み込まれ、政治的イデオロギー色が強まり、平和教育は「偏向教育」だとの批判を受け、文科省が平和教育という言葉を避けたがるという不毛な結果を招いたという[28]。逆に言えば、広島における平和教育の二度の興隆はいずれも、地元自治体の教育行政と教員の組合活動を通じた取り組みが、ともに盛り上がりを見せた事例である。

三　転換期を迎えた広島の平和教育

1　二〇二〇年の広島の平和教育

一九七〇年の終わりに一定の完成を見た広島の平和教育は、四〇年以上を経た二〇二〇年一月現在、どうなっていかるのか。広島市教委のホームページには「平和教育の目標」として

ヒロシマの被爆体験を原点として、生命の尊さと一人一人の人間の尊厳を理解させ、国際平和文化都市の一員として、世界恒久平和の実現に貢献する意欲や態度を育成する[29]

と記されている。この内容は、一九七一年六月に同市教委が作成した平和教育指導資料『平和教育の手引き』（小学校編）検討用試案の第三章「平和教育の目標」で示された総括的目標

ヒロシマの被爆体験を原点として、人間の尊厳を理解させ、国際平和都市の一員として、世界平和を実現しようとする意欲と態度を養う[30]

の一部を改めた内容になっている。両者を比較すると、七一年の文章に若干の語句を加え、文章を手直ししたのが二〇二〇年のものである（傍点部が追加・手直し部分）。つまり、一九六八年から同市教委が一〇年かけて作り上げた指導資料[31]に基づく平和教育の理念は、今日もほぼそのまま継承されている。

2　変わる日本の平和教育

だがこの間、日本の平和教育を取り巻く環境は、大きな変化を経験した。西尾理が日教組の平和教育に関する実践報告などから一〇年ごとにその特徴や傾向を分析し、まとめている[32]。主要な内容は次の通りである。

一九七〇年代　東京大空襲など戦争体験の聞き取りが全国で行われ、一五年戦争（アジア・太平洋戦争）を教材として扱う学校が増えた。広島・長崎では原爆教育が盛んに行われ、全国から平和教育目的で広島や長崎を修学旅行先に選ぶ学校が増えた。また、教科以外の体育祭・文化祭や生徒会、クラブ活動などで平和教育が行われるようになった。

一九八〇年代　平和教育実践の報告数が一九七〇年代の二倍以上に増え、平和教育は最盛期を迎えた。八二年に起きた教科書問題が発端となり、日本のアジアへの加害責任が問題とされ、米国レーガン政権の核戦略が欧州や

日本の反核運動の盛り上がりへとつながり、軍縮教育に関心が高まったことがきっかけとみられる。

一九九〇年代　湾岸戦争をきっかけに、自衛隊のＰＫＯ参加や海外派遣の是非を問う報告が増えた。藤岡信勝の自由主義史観や小林よしのりの『戦争論』が世の中の一部でもてはやされる事に危機感を持つ教員が増えた。日教組内部で編集した書籍『もうひとつの「平和教育」』[33]が、組合員から批判を受けた。多様化する平和の課題に対処するため平和教育のパラダイムの転換を訴える内容で、平和研究の分野では二〇年前から受け入れられているガルトゥングの概念を念頭に置いた議論だが、厳しい批判にさらされた。

二〇〇〇年以降　二〇〇一年の九・一一同時多発テロ事件および米国による報復目的でのアフガニスタン戦争およびイラク戦争についての報告が多い一方、朝鮮民主主義人民共和国（北朝鮮）による拉致問題についてはほとんど報告がない。特定の問題を意図的に取り上げたり退けたりする姿勢は、ダブルスタンダードだと批判されても仕方がないとの見方がある。

一方、竹内久顕は「従来の平和教育は一九九〇年代半ば以降、説得力を失い始めた」と見る[34]。戦後日本の平和教育の実践における戦争学習の蓄積はきわめて豊富で、その平和教育を受けた戦後生まれが、国民の総人口の四分の三以上を占めている。しかし九〇年代以降、侵略戦争を正当化し、暴力を肯定し、日米安保体制や防衛政策の変質を受け入れ、憲法や教育基本法の改定を容認するなど、二〇〜三〇年前にはあり得なかったことが起き、二〇〇〇年以降も傾向は加速している、と竹内は問題点を指摘した上で、次の四つの乖離が生じていることが原因だと述べる[35]。

① 過去の戦争と今日の戦争

② 遠くの暴力と身近な暴力

③ 平和創造の理念と現実

④　これまでの平和教育と新しい平和教育

以上、二人の研究者の分析を紹介したが、組合系の教員の見方はもっと厳しい。「広島県の平和教育は一九九〇年代末以降、『危機的状況にある』」と広島平和教育研究所は指摘する。[36] それによると、九八年以降、文部省が広島県で行った是正指導により、平和教育が大きく後退したという。同研究所の「先輩たち」が「原爆教育を始め、平和教育を全国化させていった。……研究活動に基づく副教材や教材資料集の作成・出版を積み重ねてきた。……研究活動や副教材をもとに実践し、実践の検証を行い、深化発展させてきた。……『ヒロシマの平和教育』は、全国から注目されるようになった」と同研究所が果たした役割を述べ、文部省の是正指導を批判し、教育行政への不信を投げかけている。[37]

3　ひろしま平和ノート

平和教育を取り巻く環境が変わる中で、広島市教委が新たな取り組みとして二〇一一年、小学一年から高校三年までを対象にした平和教育プログラムの作成に着手した。一三年三月に完成し、同年四月から市立の学校で実施している。『ひろしま平和ノート』[38] という教材を用い、年に三時間の学習を、国語や社会、道徳、図工、生活など既存の科目に組み込んで実施する。原爆教育をコアとするが、被爆の実相の学びは子どもの発達段階に合うよう配慮され、また環境、人権、貧困、民族・宗教対立など、多様な平和の課題も学年に応じて関心を持たせ、学ぶ内容となっている。

このプログラム作成のきっかけは、被爆体験の風化や児童生徒の平和意識の低下への懸念だという。同市教委が二〇一一年に行った調査によると、原爆投下の年月日時を正しく答えた小学生は三三％、中学生は五六％、高校生は六六％で、被爆の知識や平和への意識も希薄化していた。[39] これを受けて同市教委は平和教育プログラムの策定を始め、一三年三月に広島市立の小・中・高等学校を対象とした教材と教員用指導資料を作成した。この教材で学んだ児童生徒は二〇年までで、のべ約一八万人に上る。

この平和教育プログラムの特徴は、参加体験型学習を取り入れ、学習指導要領に準拠し、児童生徒の発達段階を考慮し、国連が提唱するＳＤＧｓ（持続可能な開発目標）の視点を取り入れている点などである。一九七〇年代にほぼ完成した広島の原爆教育を中心とする平和教育の再構成という側面と、国際化時代の中で多様化する平和の課題への対応という側面を持っている。二〇一九年から一部の見直し作業が始まったが、骨格はそのまま生かされる見通しである。

四　平和の学びの新たな模索――大学のキャンパス外で学ぶ平和

筆者が関わっている、大学生を対象とする新たな平和の学びの模索について報告する。広島市立大学は、全学共通科目として五つの「平和科目」を設け、全学部生に、最低二科目の履修を義務付けている。このうち「広島からの平和学」「平和インターンシップ」の二科目は、キャンパスの外で、地元の多様な平和の専門家から直接話を聞く講義である。

広島からの平和学　広島平和文化センターが主催する市民講座「ヒロシマ・ピースフォーラム」と連携して行う講義で、開講の時期は五月から七月または一一月から一月の前後の隔週の土曜日に計六回、午後一時半から五時まで、広島平和記念資料館の東館地下一階会議室で行う。

この講義の最大の魅力は、大学に履修届を出すだけで市民講座を受講でき、ふだん大学のキャンパスでは話を聞くのが困難な、被爆証言者やメディア関係者、ＮＰＯ活動家、芸術家、青年海外協力隊経験者など多彩な講師陣から、原爆や核廃絶問題、国際紛争、国際支援・協力、市民や芸術家の平和活動など、多様な話を聞けることだ。

もう一つのメリットは、社会人と学生計七～八人で構成するグループによる討議の時間だ。市民の受講生には、二〇代から七〇代、八〇代くらいまでの平和に関心を持つ社会人が多く、ふだんは学生と平和をテーマに話し合う機会はほとんどない。大学でも学生同士が議論する機会は減りつつあるため、ここ数年、グループ討議が良かったという受講生の感想が増えている。

平和インターンシップ　広島からの平和学と同じく、隔週の土曜日の午後、キャンパスの外で学ぶ講義だが、両方の学期が重ならないよう、どちらかが前期（五～七月）ならもう一方は後期（一一月～一月）に開講している。インターンシップは通常午後一時半から四時半で、回数も七回行う。元々のコンセプトは、広島市内や周辺にある戦跡、史跡、資料館、美術館など広島の平和の歴史や現代の実像を学べる場所に足を運び、そこに専門家を招いて話を聞き、一緒に歩いて学ぶという講義だった。

だが二〇一九年度から、七回のうちの約半数を「新しい平和学習の試み」として、平和を主体性を持って学ぶことにチャレンジしている。これは「はじめに」で述べた、平和教育経験の有無と平和を語る資格の有無を結びつける学生が増えたことに対し、平和の学びには主体性が必要であることを指導する意味もある。

主体性を学ぶ方法は、「NPO法人これからの学びネットワーク[40]」の堀江清二・理事が「平和ってそもそもなんだろう?」というテーマで講義と実践を交えたワークショップを行う。次に、広島平和研究所の河炅珍・准教授（コミュニケーション論・PR研究）が、「日常にあふれる「PR」に目を向け『平和』を考えてみよう」という講義をした後、受講生に自分のスマホで一分動画「『あなたの平和』をPRしよう」を制作するよう指導する。撮影・編集は学生が自分のスマホで行い、最後は上映会で互いに批評し合うという内容である。

この一分動画は、二〇一九年度にはグループごとに一本ずつ制作したが、二〇二〇年度はオンライン講義のため受講生一人一本ずつ制作した。完成した動画は「平和」を戦争や原爆だけでなく、個人の日常などさまざまな角度から表現して思わぬ反響を呼び、計四七本のうち一一本を広島市立大学ホームページでも公開している(41)。

おわりに

本章では、広島で学ぶ対象である「平和」とは何かについて、被爆体験との関わりを踏まえて考えた。まず第一節では、なぜ広島で「平和」と言うと「原爆」のことだけが語られるのかを考えた。だが戦後の歴史をみると、最初は語ろうにも語れない経験を、占領下で強いられていた。占領が終わって言論が自由になると、『原爆の子』の出版をはじめ、被爆地からの訴えは広がった。盛り上がる原水禁運動の中で広島は国際舞台に躍り出た。ところが今度はその運動が分裂し、被爆地は政治に翻弄される。その結果、広島の市民は政治色を排除し、特定の目的を共有する者が個人で参加する運動を始めた。賛同者を広げるため分かりやすいテーマに絞り込んだ。平和運動は身近な被爆者の問題に直結していき、それを追うメディアの平和報道も、被爆者に焦点を絞ることになった。こうして広島における平和は被爆問題と同義語になっていった。

第二節ではまず、日本の平和教育の担い手は組合系教員が中心で、平和教育は政府や教育行政への抵抗という側面があったこと、また一九九〇年代以降の歴史教育に対する「自虐史観」的批判に対し、平和教育の担い手の対応が必ずしも十分だったとは言えないことを示した。

そうした中で広島市の平和教育は二度の興隆期を経験した。最初の興隆は一九四九年の建設法公布による復興期で、教育も復興の重要な対象であった。二度目の興隆は七〇年前後に始まるが、教育行政も組合系教員も担い手となり、共に七〇年代後半には広島の平和教育が一定の完成度に達したことを評価している。東西冷戦を反映し、国内政治も五五年体制下で保守政権の教育行政と革新系野党傘下の教員組合の対立が激しい時期だったが、広島では教育行政と教員組合が平和教育の成果を強調している。

第三節ではまず、広島市の平和教育が二〇二〇年代の今も、盛んだった一九七〇年代の理念を継承していることを示したが、日本の平和教育を取り巻く環境は逆風で、九〇年代以降、政府の政策に抵抗する力を失ったという議論もある。広島平和教育研究所は、全国の平和教育をリードした過去に自負を持つ一方、広島県の平和教育については「九八年以降、文科省の是正指導により後退した」と危機感を顕わにしている。

そうした中で広島市教委が二〇一〇年代に作成した平和教育プログラムは、被爆地の平和教育に新たな方向性を示している。作成に当たり、同市教委は有識者の意見を取り入れるため研究者や小・中・高等学校の校長ら一一人を「策定委員」に任命した。筆者もその一人で、同市教委が当時まだ無名に近かったＮＰＯの代表の青年三人(42)を起用したことに驚いたが、彼等の柔軟で賢明な判断力は貴重であった。このプログラムが他の自治体の教員からも好評な理由は、広島の伝統的な平和の課題と、新しい課題の双方を視野に入れている点にある。

第四節では、大学での新たな平和学習の試みとして二つの講義を報告し、最新の事例として、「平和をＰＲしよう」という前代未聞のテーマで学生が一分動画を制作する取り組みを紹介した。自分には平和を語る資格がないと言っていた学生の姿勢を変えただけでなく、完成した動画を見た多くの人の心を打ったのはなぜなのか。指導する我々も詳しく分析する必要がある。

かつて広島での平和の学びは、いかにして悲惨な被爆体験を理解させるかに主眼が置かれていた。これからの広島での平和の学びに求められるのは、その課題を継承しつつ、個人レベルから地域、国家、国際社会レベルまでのさまざまな悲惨な体験に対して、市民一人一人が、国籍や民族、宗教、文化の違いを乗り越え、連帯して取り組むことの重要性を、理解させる事だと思う。

【注】

（1）かつて「平和」の反対概念は「戦争」だとされた。しかし一九六〇年代にノルウェーの平和研究者、ヨハン・ガルトゥングが平和の反対概念は「暴力」だとする平和論を提唱した。従来の戦争や虐殺などの「直接的暴力」のない状態を「消極的平和」、人権侵害や差別などの「構造的暴力」のない状態を「積極的平和」とする考えは日本や北欧の平和研究者を中心にかなり受け入れられている（序章を参照）。

（2）通称「平和公園」「原爆資料館」と呼ばれる施設が含まれるが、正式名称は「平和記念公園」「広島平和記念資料館」で、広島平和記念都市建設法に由来する。

（3）同法第三条に基づき「平和大通り」と平和大橋、西平和大橋が国の支援で建設され、第四条に基づき国から無償譲与された旧軍用地に、白島、似島など小学校四校、江波、二葉など中学校四校、基町高等学校、広島市民病院などが建設された。

（4）広島市は一九七〇年に策定した「広島市基本構想」の中で初めて「国際平和文化都市」を都市像に掲げて今も継承し、「平和記念都市」の名称よりも定着している。

（5）広島平和記念資料館の二〇一九年度の入館者数は、総数一七五万八七四六人、うち外国人五二万二七八一人で、共に過去最高を記録した。広島市ホームページ「年度別総入館者数及び外国人入館者数等」『広島平和記念資料館の入館者数等の概況について』（報道関係資料）二〇二〇年四月七日（https://www.city.hiroshima.lg.jp/uploaded/attachment/112311.pdf　二〇二一年一月一二日アクセス）。

（6）八月六日の平和記念式典で今も演奏される「ひろしま平和の歌」は占領期の一九四七年七月、広島県の中学教師・重園贇雄が作詞した。原爆や核兵器などの言葉は一切使われていない。占領期の「平和宣言」には憲法九条の戦争放棄への言及はあるが、原爆への言及はほとんどない。

（7）久保義三・米田俊彦・駒込武・児美川孝一郎編著『現代教育史事典』東京書籍、二〇〇一年。

（8）日本教育方法学会編『現代教育方法事典』図書文化、二〇〇四年、一九三頁。

（9）「平和」の概念については、注2を参照。

（10）西尾理『学校における平和教育の思想と実践』学術出版会、二〇一一年、七頁。

（11）広島平和教育研究所「平和教育カリキュラム自主編成の手引き（試案）」『平和教育研究』Vol. 2、一九七五年、同「平和教育基準カリキュラム（試案）―幼児期から小・中学校まで」『平和教育研究』Vol. 6、一九七八年。

（12）前掲、西尾『学校における平和教育の思想と実践』七―一一頁。

(13) 小宮山道夫「調査分野―平和教育」小池聖一編著『広島における原爆・核・被ばく関連の史・資料の集積と研究の現況』広島大学文書館、二〇一四年、二七三頁。
(14) 舟橋喜恵「広島の被爆体験と平和教育」広島市立大学「平和と人権A」講義資料、二〇〇四年六月～二〇一一年五月（二〇〇四年～一一年の各年度版）。
(15) 広島市教育委員会編『広島市教育委員会三十年の歩み』広島市教育委員会、一九八一年三月、一六四頁。巻末の「年表編」「広島市事項」一九四九年八月六日の欄に「広島市小学校の教育目標を『平和への教育』とする」との記述がある。広島市の教育行政が平和教育に関して行った最も早い決定だが、いかなる手続きによるものかなどの詳細は、同資料の本文には見当たらない。
(16) 同前、三頁。
(17) 道徳教育の振興、保健教育の徹底、生産教育の推進の三目標。
(18) 前掲、広島市教育委員会編『広島市教育委員会三十年の歩み』二七頁。
(19) 同前、二八頁。なお、同資料の「年表編」「広島市項目」の一九五五年三月には「広島市教育努力目標」の記述の後に「人類最高の理念を象徴する広島平和記念都市市民育成の立場に立って、本市教育のめざすべき人間像を探究し、従来の三目標を統合して基本目標を設定した」との説明がある。同前、一六七頁。
(20) 長野県出身の教育学者。旧制広島文理科大学教授在任中に広島で被爆し重傷を負う。一九四五年一二月から四九年五月まで同大学長を務めた後、同年発足した新制広島大学へ移り、教授を五三年まで務め、その間に『原爆の子』を編集した。四七年に発足した日本教育学会の初代会長にも就任している（五八年まで）。
(21) 一九五一年四月―六月に広島の小・中学生、高校生、大学生から原爆の手記を募集し、集まった一一七五編から一〇五編を選んで編集して、同年一〇月六日付で発行された。手記を書いた子どもたちの被爆当時の年齢は四歳から一七歳。エスペラント語、ノルウェー語、デンマーク語、ドイツ語、英語、フィンランド語、中国語、ロシア語など計一三の言語に翻訳されて各国で出版されている。日本語の最新版は長田新編『原爆の子（上）広島の少年少女のうったえ』『原爆の子（下）広島の少年少女のうったえ』岩波書店、二〇一〇年。
(22) 竹内久顕編著『平和教育を問い直す―次世代への批判的継承』法律文化社、二〇一一年、二二―二三頁。
(23) 一九七〇年に広島市教委行政施策の「重点目標」（七四年から「教育努力目標」）の最初の項目は「平和教育並びに国際都市にふさわしい広島の教育を発展的に創造し推進する」と定められ、その後七七年に表現が「平和教育の進展を図るとともに、国際平和文化都市広島に相応しい教育を創造し推進する」と改められた。前掲、広島市教育委員会編『広島市教育委員会三十年の歩み』二九―三一頁、一三四―一四二頁。

(24) 同前、二八―三〇頁。

(25) 広島県教職員組合（広教組）などが実施、対象は小学五年生（五校三七三人）と中学一〜三年生（一九校一五八三人）の計一九五六人。正答率は小学五年が三九・一％、中学一年が四八・四％、同二年が六〇・八％、同三年が七一・六％で全体が五六・九％だった。伊藤泰郎「広島県の小中学生の平和学習の経験および戦争と平和に関する知識や意識の分析」広島国際学院大学現代社会学部編『現代社会学』第一三号、二〇一二年、二五―三五頁。

(26) 広教組は一九六八年を平和教育の「再起」の年と位置づけている。その後、広島から全国に影響が広がり、一九七〇年代中頃までに平和教育の「制度化」が進んだ（村上登司文）とする見方もある。同前、四五頁。

(27) 一九五五年に事実上、成立し、東西冷戦が終わる九〇年代初めまで続いた国内政治構造。五五年に保守陣営を束ねた自民党が、選挙では常に過半数の議席を獲得して政権を維持し、同じくこの年に左派と右派が合同した社会党が常に最大野党を維持しつつ革新系の共産党、中道政党の民社党と公明党を含めた四党の野党を束ねて自民党に対抗した。自民党単独での憲法改正を阻止するため、野党は少なくとも三分の一以上の議席の確保を目指した。衆議院では定数三〜五人の中選挙区制が維持された。

(28) 前掲、竹内『平和教育を問い直す』二五―二六頁。

(29) 広島市教育委員会ホームページ「平和教育の目標」二〇一九年一〇月二一日更新（https://www.city.hiroshima.lg.jp/site/education/16182.html　二〇二一年一月五日アクセス）。

(30) 前掲、広島市教育委員会編『広島市教育委員会三十年の歩み』二九頁。

(31) 同前、三〇―三一頁。

(32) 前掲、西尾『学校における平和教育の思想と実践』六七―一一八頁。この中で西尾は日教組が毎年開催する全国教育研究会（全国教研）の分科会や、歴史教育者協議会（歴教協）の月刊誌『歴史地理教育』、そして全国民主主義教育研究会の季刊誌『未来をひらく教育』において発表・掲載された平和教育の実践事例報告に注目して、一〇年ごとの傾向・特質を分析している。

(33) 日本教職員組合教育文化政策局編『もう一つの「平和教育」―反戦平和教育から平和共生教育へ』労働教育センター、一九九六年。

(34) 前掲、竹内『平和教育を問い直す』三―四頁。

(35) 同前、七―一六頁。

(36) 広島平和教育研究所編「『平和教育実態調査』まとめ」二〇〇四年一一月二九日。同年六月に広島県内の公立小・中学校八六二

校に調査を依頼し、三〇四校から回答を得た。九七年に行った同様の調査と比較すると、「平和教育の年間カリキュラムを作成する」という回答が前回の九五％から二三・七に減り、「修学旅行で平和学習を行う」という回答も小学校が一九・七％から五％に、中学校が七四・六％から四七・七に減った。

(37) 同前。

(38) 広島市教育委員会編『ひろしまへいわノート小学校1・2・3年』『ひろしま平和ノート小学校4・5・6年』『ひろしま平和ノート中学校』『ひろしま平和ノート高等学校』広島市教育委員会、二〇一三年。

(39) 広島市教育委員会『調査報告書　平和に関する意識実態調査』二〇一一年。

(40) 社会学習や体験学習を指導するＮＰＯ法人。環境学習や体験型学習の指導者、元国際協力機構（ＪＩＣＡ）職員などの経歴を持つ広島出身の青年三人が立ちあげた。広島を修学旅行で訪れる学校の平和学習をいくつも担当し、その指導が好評だったという。

(41) 「学生が平和へのメッセージを一分間の動画にしました（一〇月七日更新）」広島市立大学ホームページ（https://www.hiroshima-cu.ac.jp/news/c00021219/　二〇一二年一月七日アクセス）。

(42) 「ＮＰＯ法人これからの学びネットワーク」の代表理事ら三人。注40参照。

第二章　広島への核攻撃と米国の政策、文化、生態系への影響

ロバート・ジェイコブズ

はじめに

一九四五年八月六日、ハリー・トルーマン米大統領がラジオを通じて広島に対する核攻撃を発表し、多くの米国人は太平洋の過酷な戦争が予想より早く終わる可能性があることを知った(1)。その後すぐに長崎への核攻撃があり、それから一週間足らずで日本が降伏すると、全米に安らぎと歓喜が広がった。日本本土への侵攻を考えていた太平洋全域の軍人たちは、安堵のため息をついた。五年にわたり二つの戦線で戦争に明け暮れた米国民は緊張を解き、平和への回帰を思い描き始めた。一年のうちに、欧州と太平洋の両戦線から数百万の部隊が任務を解かれて祖国へ戻った。一〇〇〇万人以上に達した軍は二年足らずでわずか一〇〇万人強に縮小した。欧州と日本には小規模な占領軍が残ったが、米軍は戦時中に拡大した巨大な軍事力の残滓となったのである。

だが、戦時動員されたある一部の人員はフル稼働を続けていた。数十カ所の米国の核兵器製造複合施設で雇用された数十万の作業員たちである。彼らの仕事は緒に就いたばかりだった。米国人の大半が広島と長崎を戦争の終焉、そして戦時中の大規模動員の解除を示すものとみなす一方で、米政府と軍にとってこれら二回の攻撃は戦後の、そ

して究極的には冷戦下の軍拡競争の始まりを意味した。この軍拡競争は、その後五〇年にわたり米国の外交政策と国内における文化を支配し、その影響は深く長期に及んでいく。降伏文書調印式までには（対日使用のための）三発目の核兵器を実戦使用する態勢が整っており、米国の核兵器製造はその勢いを落としていなかった。

一　政　策

1　核兵器への熱狂と信頼

米国がマンハッタン計画で対日使用する核兵器の製造体制を整え、建設したのは、短期目的の施設ではなかった。強力な工業生産施設を作り、第二次世界大戦末期に日本に使用された核兵器の機能をはるかに凌ぐ核兵器の大量生産を目指したのである。米国が築いた核兵器産業は数十年稼働すべく企図され、主にマンハッタン計画で整備されたインフラで、最終的に七万発を超える核兵器を生産した。(2) 米政府および軍の指導者は日本での勝利だけでなく、戦後におけるグローバルな軍事的優位性の確保をも想定していたのである。

日本への攻撃に使用された二つの核兵器は設計が異なり、それぞれ違う核分裂性物質を用いて爆発させるものだった。広島型爆弾、通称「リトルボーイ」はガンバレル方式の核爆弾で、テネシー州オークリッジで生産された高濃縮ウランを燃料とした。長崎型爆弾、通称「ファットマン」は爆縮方式を用い、ワシントン州ハンフォードに建設された初の原子炉施設で製造されたプルトニウムを燃料とした。第一号の核兵器は、ニューメキシコ州で一九四五年七月一六日に実施されたトリニティ実験で使われ、ファットマンと類似した設計の爆弾だった。第二次大戦終結後、米国はプルトニウムの方が高濃縮ウランより製造コストが安いことを主な理由に、核兵器全般の生産をすべて爆縮方式に集中させる決定を下した。広島への攻撃に使用されたリトルボーイは当時、高濃縮ウランで製造された唯一の兵器だった。四五年夏には、米国は爆縮方式を用いるプルトニウム兵器をほぼ一カ月で三発製造することが可能だった。戦争は四五年八月に終結したが、爆縮方式の爆弾の生産は続いた。四六年の六月と七月にマーシャル諸島のビキニ環礁で行われた戦後初の核実験では、三発が使用可能な態勢にあった。米国の核兵器生産は衰えをみせることなく継続した。四〇年代後半から五〇年代前半にかけて、核兵器向けのプルトニウムを増産するためにハンフォードの施設では原子炉の建設が続いた。五〇年、ソ連が核兵器を保有した後、米国はサウスカロライナ州で二番目のプルトニウム製造施設を始動させ、同施設では数年後、さらに複数の原子炉が稼働を開始した。熱核兵器の開発を急ぐ米国は五二年、ロスアラモス研究所と競合させるため、第二の核兵器研究所としてローレンス・リバモア国立研究所を設立した。

米国の軍備に核兵器を安定供給することは軍事政策の指針となり、冷戦期を通じて国際関係の方向性を決めた。ソ連との対決の中で、米軍上層部は大規模な核軍備により赤軍の部隊規模の優位性に対抗できると考えた。米軍を投入した朝鮮戦争では、莫大な戦費を要したものの勝利に至らず、その後、アイゼンハワー政権は一九五三年一〇月に「ニュールック」戦略として知られる新たな国家安全保障政策（NSC162／2）を策定した。同戦略は地域紛争への介入から後退し、「大量報復」の基本原則の下、グローバルな戦争に向けた核武装および態勢を強化するものだった。[3] これを受けて陸海軍の予算は削減され、空軍の予算が飛躍的に増加した。

陸海軍の上層部は、ニュールック戦略の核武装・配備能力を支える巨額の予算を得るためには核能力の開発が欠かせないと考えた。米政府内において、核兵器は原子力委員会の管轄下で製造された。空軍は長距離爆撃機という単一の運搬システムを握っていた。一九五〇年代末の弾道ミサイルの出現を受け、陸海両軍は爆撃機に替わる独自の運搬システムを開発した。陸軍は大陸間弾道ミサイル（ICBM）向けの地上ミサイル格納庫、海軍は潜水艦発射弾道ミサイル（SLBM）の開発に着手した。SLBMは核抑止力の有効性の鍵を握るとともに、ソ連内の攻撃目標により近い地点から発射することで飛翔時間を短縮する手段となった。これら運搬システムの開発によって、ニュールックによる予算削減後、両軍への核兵器予算の流れが確保された。米国は冷戦終結までに核分裂型と核融合型（水素爆弾）を合わせて七万を超える核兵器を製造し、その大部分は広島と長崎への攻撃で使われた兵器よりも強力だった。

2　冷戦の二極性

冷戦は多くの国々、地域を巻き込み長期に及んだが、根本的には米ソの対立だった。この構造の下に、対立構造の境界線と政治を規定する二つの「超大国」のどちらかの支持者、もしくは抵抗勢力として、その他の国家や紛争が組み込まれたのである。歴史上の他の時代と同じく、冷戦期には局地的な地域の政治は多様であり、そこには地域諸国の従来の関係と敵意が投影されていた。冷戦のはるか以前に始まった対立、または第二次大戦の決着後に力関係が変化した紛争は、米ソの世界的な競争にのみ込まれた。すべての国は米ソのいずれかを支持するか、敵視するものとしてしか見られなかった。この二元論はそれ以外のあらゆる対立をかき消し、超大国の緊迫した対立と関わりのない地域やそれらの関係性に偽りの政治力学を押しつけた。

マンハッタン計画の初期から、米国はソ連を戦後の世界および将来起こり得る核戦争における仮想敵国とみなしていた。事実、ソ連は第二次大戦中、同計画にスパイを潜入させた唯一の国だった。一九四九年、ソ連は二番目の核保有国となり、東カザフスタンのポリゴン（セミパラチンスク核実験場）で、やはり爆縮設計でプルトニウムを燃料とする初の核兵器を起爆させた。冷戦期にはその他の多くの国が核兵器を開発するが、冷戦の対立における二大核保有超大国として、あらゆる国の市民を危険にさらす核開発競争に互いを引き込んだのは米国とソ連だった。

「勢力の均衡」理論は、安定したシステムの創出のためには、軍事的に優位な国は同等の軍事力を有する国により均衡が図られるべきだと唱えてきた。現代ではデイヴィッド・ヒュームが論じているが、トゥキディデスら古代ギリシャの哲学者にも常識だったことだ。[4] 第一次および第二次大戦は戦った者たちから「世界」戦争と呼ばれたが、実際には局地的に戦われ、世界の大部分は戦火を免れた。冷戦はその展開と影響において、真に初となる「世界」戦争だった。冷戦の黎明期に、ハンス・モーゲンソーは新しい「世界的な勢力均衡」が従来の平和維持に不可欠とされた局地的な均衡に取って代わった経緯を論じた。[5] 多くの政治理論家は、冷戦が軍事的均衡を超えた二極性を世界に突きつけ、世界のほとんどの国に政治的、経済的、さらには文化的な境界線を押しつけたと解釈した。政治学者のケネス・ウォルツは、冷戦の二極性は「周縁の不在」、つまり冷戦の二極構造の外に権力または兵力が存在しないことを特徴とすると述べた。[6] こうした境界線なき二極構造は、ソ連との軍拡競争や対決の延長や反映として、米国が個別の複雑な歴史的・政治的事象に直接対応する能力を歪めた。これがソ連との競争の媒体である核兵器への依存につながり、冷戦に関係のない世界の出来事への適切な対応とみなされるようになった。核兵器の使用ではなく、核兵器の予算配分、保有、配備を通じて明らかにされる脅威が、政治的な展開や対立への適切な対応として提唱され、追求され得たのである。

二　文　化

1　安全担保のための権利の制限

米国の外交関係における二極性は、冷戦期の国内政治と文化にまで及んだ。国内での対ソ秘密工作、ソ連の利益のために働く米国人に対する恐怖は魔女狩りや検閲、解雇、収監、さらに処刑にまでつながった。ソ連への恐れ、また言論の自由と人権を担う世界の旗手を自任する国で「共産主義者」になった米国人に対する恐れの根底には、核攻撃への恐怖があった。世界最高の富と軍事力を誇る国であっても、米国は依然としてソ連の大型核攻撃による徹底的破壊には無防備だった。技術的にみて、米国内のどの場所も一日にして戦場になり得たため、安全な場所などない、信頼に足る安全保障がない、という感覚が表出した。ゆえに、裏切り者は粛清されなければならなかった。

「赤の恐怖」の最も不当な出来事は、一九五〇年代初めに起きたジュリアスとエセル・ローゼンバーグ夫妻の逮捕と処刑だろう。米国人の多くは、自国民や西ヨーロッパ人がロシア人や東ヨーロッパ人と比べて知的に優越すると信じ、米国による発明の四年後にソ連が核兵器を保有したのは、ソ連の科学者と産業界の創造力だけによるものではないと考えた。米国人の裏切り者の支援を受け、原子爆弾の「秘密」がソ連のスパイに盗まれたに違いないと。だが、ロバート・オッペンハイマーが広島と長崎への攻撃直後に語ったように、原爆に秘密など存在しなかった。五〇年代初めのヒステリックな反ソ的な審問では、ソビエトに「秘密」を漏らした裏切り者の捜索が行われた。ソ連はマンハッタン計画にスパイを潜入させ、その一部は重要な情報をソ連に提供したが、これらスパイは多くの場合、核兵器製造に有益な小型部品の略図を届けるにとどまっていた。一定の価値こそあれ、個別に解明可能なものは一つもなかった。スパイの一人に、マンハッタン計画中にロスアラモス研究所に勤務した機械工のデービッド・グリーングラスがいる。グリーングラスは数個の部品の図面を義兄のジュリアス・ローゼンバーグに流し、ローゼンバーグはそれをソビエト工作員へ渡した。グリーングラスは逮捕され、自身の減刑のために義兄を米連邦捜査局（FBI）に売り、これによりFBIは五〇年七月にローゼンバーグを逮捕した。関係ある接触相手の名前を吐かせようと、FBIは同年八月に妻エセルを逮捕。起訴された夫妻はスパイ行為で有罪となり、幼い息子二人を残して五三年に電気イスで処刑された。歴史家は後年、エセルによる不法行為の証拠はなく、彼女の逮捕と処刑はジュリアスを自白に追い込み、共犯者の名前を挙げさせる手段にすぎなかったことを突き止めた(7)。エセル・ローゼンバーグは冷戦の恐怖と被害妄想の狂乱の中で国家に命を奪われた無実の人であった。

2　あらゆる形態の社会保障に優先する軍事

冷戦期を通じて、米国では保障とは厳密に軍による安全保障を指すようになった。欧米の工業民主主義国のほとんどは健康保険への一律加入や安定した年金制度などの政策を実施していたが、米国は石油など一次産品を低コストで引き続き利用できるよう軍事帝国であることに投資した。これにより社会全体の富は増大したが、豊かさへの幅広いアクセスを実現する効果はなく、巨大な富の格差が生まれ、多くの集団や個人が取り残された。

冷戦期には、莫大な公的資金が核兵器の製造、配備、運搬システムに関わる巨大複合体に投じられた。米政府が核兵器以外に多くの資金を拠出したのは、核以外の防衛費だった[8]。冷戦を通じて米国は毎年、同時期のソ連および現在のロシアを含め、二位以下の一〇カ国の合計を超える資金を軍に費やした。米国の軍事支出は世界全体の半分近くを占めている[9]。

第二次世界大戦後、米国は突出して世界で最も豊かな国だった。社会から得た富の主な使い道は、莫大な核兵器軍備とそれらを組み込んだ世界的な軍事帝国だった。保障とは、教育や公衆衛生、そして安定した老後を支える公共の福祉ではなく、ソ連の核攻撃から解放され、全世界に軍事的支配を行使することと定義された。米国は工業先進国では世界で唯一、国民皆保険制度を市民に提供していない国だ。米国のインフラ（橋、道路、空港、電力網）もひどい状況にある。二〇〇七年にはミネソタ州のミシシッピ川にかかる橋がラッシュアワーに崩落し、一四人が死亡、一四五人が負傷したが[10]、その後、橋梁や道路の検査や改修は進んでいない。〇五年のハリケーン・カトリーナで堤防が決壊した後に起きた洪水では、ニューオリンズの負傷者や被災者にわずかな支援しか提供されなかった。

世界の最富裕国として得た資金はどこへ消えたのか？　米国民が払った税金のすべては？　それは冷戦の資金となった。基地、核兵器とミサイル、それらの運搬のための航空機と潜水艦からなるグローバルな軍事帝国に拠出されたのである。冷戦の後半、米国は核武装爆撃機の三分の一を常時飛行させていた。このレベルの「準備態勢」を取るために年間どの程度のジェット燃料を消費したのか？　米国のインフラの劣悪な状態こそ、冷戦時の支出の優先順位、そして帝国の継続的な維持が直接招いた結果である。軍用インフラは頑健だが、公共インフラは荒廃している。優先順位は常に医療、高齢者ケア、教育などにかける社会福祉よりも、軍事支出に置かれた。米国は冷戦の経費を自国市民の社会福祉でまかなったのである。

三　生態系への影響

1　広範囲にわたる生態系の危機

核燃料サイクルとは、ウランを採掘・粉砕・加工して核兵器または原子炉施設の燃料にする工程であり、複数の段階からなるプロセスだ。サイクルの各段階から廃棄物と放射能汚染の可能性の両方が発生する。米国では、これら工程の多くは安全の手順や指針がほぼないまま、マンハッタン計画の核製造施設で初めて確立された。それらが確立されても、米軍内の生産施設は更新された指針に配慮せず、また試行することなく稼働させることが多かった。これが全米の複数の施設での広範な放射能汚染につながった。かかる「負の遺産」の施設は、多くが現在停止され、数十年にわたる除染と修復の対象となっており、今後も予算を消耗し、来るべき数世代の米国人の健康に影響を及ぼし続けるだろう。

これらの施設で最も懸念されるのがハンフォード核施設群だ。ハンフォードは世界初の産業型原子力プラントで、一九四三年から八七年にかけて九基の原子炉が建設され、運用された。米国の核兵器製造複合体において、ハンフォードはプルトニウムの生産拠点だった。プルトニウムは原子炉内で製造するため、ハンフォードに第一号の原子炉が建設されたのである。プルトニウムが燃料棒内で生成されると、燃料棒は酸の槽で溶かされ、様々な化学物質が分離されてプルトニウムが取り出される。この工程全体から大量の化学物質と核廃棄物が発生する。米政府の研究によると、放射性廃水はトレンチに廃棄され、ハンフォード・サイトの一五〇〇カ所以上で土壌に浸出していた。燃料棒の溶解とプルトニウムの分離から出る廃液は地中に建造された一七七個の巨大タンクに貯蔵される。冷戦終結までに、すでに六七個のタンクから毒性のある放射性の泥漿が土壌に漏出していたことが確認され、推定一〇〇万ガロンのプルームがわずか五―一〇キロメートル先のコロンビア川へゆっくり移動している[11]。ハンフォードが生産停止して三〇年以上経過した今日、除染のための納税者負担は一七〇〇億ドルに上り、今後三〇年で同規模の費用を要すると予測されている。修復が完了するには今世紀末までかかる予想だ[12]。これには今後十数代以上の大統領が率いる政権が献身的に現行の予算を維持することが求められる。他方で、ハンフォードは、冷戦期に七万発以上の核兵器を製造した名残りである数百の汚染施設の一つにすぎない。ハンフォードはテネシー州のオークリッジとニューメキシコ州のロスアラモスと同じく、マンハッタン計画の主要製造拠点だった。いずれの施設も同様にこの特異な汚染問題に悩まされている。

ウラン採掘場には核燃料サイクルの原点となる、採掘会社が長く放置してきた広大なウラン尾鉱が残存し、地域の生態系を脅かし、大災害の脅威となっている。一九七九年、ニューメキシコ州で大量に貯蔵された尾鉱残滓がダムを破り、一・三六トンのウラン残滓が近くの小川に流出し、水中の放射能レベルを法定基準の一〇〇〇倍以上まで上昇させた[13]。最新の研究では、ナバホ族の土地でのウラン採掘に終止符が打たれて二五年を経た今日でも、女性の二五％と多くの子供が体内にウラン粒子を取り込んでいることが判明している。ウラン残滓の堆積は米国西部全域にある数百の閉鎖されたウラン鉱山周辺に残され、多くは住宅の一・六キロメートル圏内にある[14]。

2　被曝した米国民と信託統治領の住民たち

核兵器開発による放射能に米国人が最初に被曝したのは、マンハッタン計画においてハンフォードでプルトニウム製造中に大量の放射性ヨウ素が放出された時、そしてトリニティ実験で生じたキノコ雲が、数千キロメートル離れた風下の町まで降下物を運んだ時であった。一年足らずのうちに、米国は当時施政権者として信託統治していたマーシャル諸島で核兵器実験を始めた。マーシャル諸島で実施された初の核実験である一九四六年七月のビキニ環礁におけるクロスロード作戦は、放射能災害を引き起こし、参加した米軍関係者四万人が被曝した。作戦の二回目に行われたベイカー実験では、ビキニ環礁の礁湖で核兵器を水中爆発させた。通常、上昇してキノコ雲となって風下へ拡散する放射性降下物は礁湖に滞留し、放射線量が高まった。礁湖に展開する軍艦に駐留する米軍部隊の線量も高まる一方で、最終的に四万人全員が退避を余儀なくされ、予定されていた三回目の実験はやむなく中止された。

一九五〇年代、米国は熱核兵器（水素爆弾）実験の大半をマーシャル諸島で行った。五四年三月一日、米史上最大となるブラボー実験は、風下一〇〇〇キロメートルにまで致死的な放射線量を放出し、住民のいる複数の環礁、島々、さらに第五福竜丸などの漁船を巻き込んだ。マーシャル諸島の一部であるロンゲラップ環礁は爆心地から一五〇キロ以上離れていたが、全島民八二人が広島の爆心地から二・三キロの地点にいた被爆者とほぼ同量の放射線を浴びた。[15] ロンゲラップの全島民は強制退去させられ、放射線障害に苦しみ、健康問題に悩まされることになったが、それはすべて米国の統治と保護の下で起きたことだ。

地球上で核爆発の数が最も多い場所であるネバダ実験場（九〇〇回以上の核実験が実施）は、一九四五―六三年の大気圏内核実験の期間に、米国の広範囲に放射性降下物を拡散させた。全米がん協会の推定では、この降下物が健康に及ぼす影響のうち、放射性ヨウ素だけでも米国民の約五万人に過剰がんが発生した。[16]

核関連施設では、米国人の大規模なコミュニティも危険な放射能にさらされた。ハンフォードでは、一九四九年にソ連が核兵器を保有した直後に諜報活動のため、使用済み核燃料の冷却（その間に放射性同位体の多くが減衰する）を経ずに危険な状態で加工がなされた。この実験は関係者の間で「グリーン・ラン（Green Run）」と呼ばれた。四九年一二月二日と三日に行われたグリーン・ラン実験中、ワシントン州とオレゴン州のほぼ全域に放射性ヨウ素が広がり、住民全体に危険量の放射性ヨウ素が及んだ(17)。放射性ヨウ素は特に子供にとって危険であり、地域全体の酪農場で生産された牛乳が主な汚染経路となる。これらの米国民、そして米政府の保護下にあった人々は核兵器や核燃料の製造、実験、事故による電離放射線にさらされた「グローバル・ヒバクシャ（Global Hibakusha）」に数えられ、グローバル・ヒバクシャは世界各地の複数の国に数百万人いる。

3　甚大な廃棄物の問題

米国はどの国よりも長期にわたり多くの核兵器を製造したため、核兵器計画から派生する大量の使用済み核燃料を抱えている。これに加えて国内の商用核燃料施設の使用済み核燃料の大量貯蔵分もある。米政府は一九九九年初め、ニューメキシコ州南部に核廃棄物隔離試験施設を開設した(18)。この深地層処分場は、使用済み核燃料棒を除くすべての軍用放射性廃棄物を受け入れるために建設された。一〇〇を超える核兵器製造施設からの廃棄物の搬送は九九年に開始され、以後も継続中だ。米国の核兵器計画から発生した大量の非燃料放射性廃棄物を管理するために設計された同施設では、すぐに問題が起き始めた。二〇一四年、貯蔵区域の地下五〇〇メートル地点で作業中のトラックが発火し、貯蔵施設の数室が汚染された。同年、梱包に不備のあった搬送廃棄物が爆発し、さらに施設が汚染された。これらの事故により施設地下部分の外で放射線が検出されるに至った。それは当初の環境に関する説明文書で施設機能障害の一つとして定義されていた(19)。

七万発を超える核兵器の製造から派生した使用済み核燃料の永久貯蔵は、一向に進んでいない。これらの燃料は一時貯蔵または中間貯蔵施設に置かれたままである。核兵器製造による最初の使用済み燃料棒は、長崎の核攻撃に使用されたプルトニウムを生成したもので、初めてプールへ格納してから七五年を経ても燃料貯蔵の第一段階である使用済み燃料プールに残されたままだ。ハンフォード・サイトとサウスカロライナ州のサバンナリバー・サイトにはどちらにも数千トンの使用済み核燃料が残存し、最終処分計画を待っている。数十年にわたり、米国は米軍の使用済み核燃料の深地層処分候補地として旧ネバダ核実験場内にあるユッカマウンテン・サイトを調査していた[20]。同サイトの利用計画は二〇一一年に断念され、現在、米国に検討中の用地はない。用地が承認されても、使用済み燃料を搬入できるようになるまで、建設には数十年かかることを考えれば、米国は一本の燃料棒を長期貯蔵施設に収めるまでに、核兵器製造による使用済み核燃料を一〇〇年以上保管することになる。

核廃棄物は長期貯蔵施設に搬入した後、追加の保全や監視なしに一〇万年以上、水や人間、生態系との接触を防ぐ必要がある。使用済み核燃料を永久貯蔵施設に入れた国はまだない。史上初の深地層処分場は六つの原子炉施設があるフィンランドに作られ、二〇二〇年代末までに操業開始の予定だ。米国はプルトニウムの製造だけでも一三の原子炉施設を運用し、電力会社が発電用に稼働させた施設はさらに一〇〇を超える。米国で政府と産業界双方が必要とする深地層処分場は、フィンランドのオンカロ最終処分場の一五倍以上の規模になる。

4　気候変動の元凶——米軍

米軍は米国とその国民の安全を守るものと想定されているが、実際には膨大な二酸化炭素排出により世界のすべての人々を脅かす元凶となっている。基地と艦隊からなる一大帝国は世界中で核戦争のための戦闘組織を最高レベルの態勢で維持しなければならず、巨大な支援インフラを必要とする。米国は五〇〇以上の在外基地を八〇カ国以上で維持している[21]。二〇一九年、ランカスター大学の研究者は、「米軍は史上最大の環境汚染源の一つであり、ほとんどの国を上回る液体燃料を消費し、ＣＯ２ｅ（二酸化炭素換算）を排出している」と査定する研究を発表した[22]。米会計検査院は一六年、「国防総省は連邦政府における最大のエネルギー消費者であり、一四年度には世界各地の五〇〇を超える常設軍施設の燃料経費として約四二億ドル支出した」と公式に発表した。米軍は世界の政府機関の中で最も石油を消費する組織だといえよう[23]。

米軍は二酸化炭素の排出量を削減し、より持続可能に活動するための方策に乗り出しているが、これらの措置は数百万の車両、航空機、船舶、また世界各地の軍用地にある数百万の建物の前ではかすみがちだ。世界最大の石油消費組織であれば相当な削減が可能なはずだが、米軍の使命が環境への影響を最低限に抑えた運用でなく、示威と領土保全にあることを思えば、環境に優しい運用に向けた方策は、今後も常に国のリーダーと政治利用によって変遷する軍事的要請の二の次にされるだろう。米軍は海面上昇を不可避と見越して精力的に海軍その他の基地を改修しているが、海面上昇を招く一端を担っているのは自らの活動である。

おわりに

一九四五年夏の広島と長崎に対する二回の核攻撃は、太平洋における第二次世界大戦の幕引きとなったが、米国にとっては数十年にわたる熱狂的な核兵器の製造と配備の幕開けを示すものだった。日本への攻撃から一年足らずで始まった核実験は一〇〇〇回以上を数え、冷戦期には七万発以上の核兵器が製造されたのであり、広島と長崎は米国にとって終着点ではなく、むしろ出発点だった。広島と長崎への核攻撃を第二次大戦の最終幕として捉えるか、冷戦の序幕とみるかについて、歴史家は長年議論してきた。確かに、二回の核攻撃後に日米間の戦闘は幕を閉じ、血生臭い紛争は終結して両国が緊密に協力する新たな時代を迎えたが、米軍は終戦時から過去を振り返ることはしなかった。戦時レベルの予算編成を毎年の如く増強し、実際に戦争が行われていない時期にも拡大を続けた。米国は第二次大戦では二方面で戦争をしたが、その後、全世界へ権力と兵力を展開し、各海域に海軍を配備し、世界中に二四時間爆撃機を飛行させ、さらに日本に「投下」した爆弾よりはるかに破壊的な武器を装備した大陸間弾道ミサイル基地を建設した。リトルボーイとファットマンを製造した戦時のマンハッタン計画は、第二次大戦中は黎明期にあり、冷戦期を通じて拡大し、複雑化して破壊能力を大幅に高めた。広島は、台頭する米国の世界的軍事帝国にとって発祥の地だったのである。

【注】

（1）Harry S. Truman, *August 6, 1945: Statement by the President Announcing the Use of the A-Bomb at Hiroshima* (6 August 1945): https://millercenter.org/the-presidency/presidential-speeches/august-6-1945-statement-president-announcing-use-bomb (accessed 1 November 2020).

（2）Robert S. Norris and Thomas B. Cochran, "US – USSR/Russian Strategic Offensive Nuclear Forces, 1945–1996," (Washington DC: Natural Resources Defense Council, 1997).

（3）National Security Council, *Report to the National Security Council by the Executive Secretary*, NSC-162 (1953): https://history.state.gov/historicaldocuments/frus1952-54v02p1/d101 (accessed 1 November 2020).

（4）Nathan Dinneen, "The Corinthian Thesis: The Oratorical Origins of the Idea of the Balance of Power in Herodotus, Thucydides, and Xenophon," *International Studies Quarterly* 62-4 (2018), pp. 857-866.

（5）Hans Morgenthau, *Politics Among Nations: The Struggle for Power and Peace* (New York: Alfred A. Knopf, 1948), p. 149.

（6）Kenneth N. Waltz, "The Stability of a Bipolar World," *Daedalus* 93-3 (1964), p. 886.

（7）See, Ronald Radosh and Joyce Milton, *The Rosenberg File: A Search for the Truth* (New York: Vintage Books, 1984); Robert and Michael Meeropol, *We Are Your Sons: The Legacy of Ethel and Julius Rosenberg* (New York: Houghton Mifflin

Company, 1975).

(8) William Burr, Thomas S. Blanton and Stephen I. Schwartz, "The Costs and Consequences of National Security," in, Stephen I. Schwartz, ed., *Atomic Audit: The Costs and Consequences of U. S. Nuclear Weapons Since 1940* (Washington DC: Brookings Institution Press, 1998), pp. 433–483.

(9) Nan Tian, et al., "Trends in World Military Expenditure, 2019," *SIPRI* (April 2020): https://www.sipri.org/sites/default/files/2020-04/fs_2020_04_milex_0.pdf (accessed 7 November 2020).

(10) National Transportation Safety Board, *Collapse of I-35W Highway Bridge Minneapolis, Minnesota August 1, 2007* (14 November 2008): https://dot.state.mn.us/i35wbridge/pdf/ntsb-report.pdf (accessed 5 November 2020).

(11) G. L. Edgemon, et al., "History and Operation of the Hanford High-Level Waste Storage Tanks," *The Journal of Science and Engineering Corrosion* 65-3 (2009), pp. 163–174; Physicians for Social Responsibility, *Hanford Facts* (2015).

(12) Laura Strickler, "Cost to Taxpayers to Clean Up Nuclear Waste Jumps $100 Billion in a Year," *NBC News* (29 January 2019): https://www.nbcnews.com/news/all/cost-taxpayers-clean-nuclear-waste-jumps-100-billion-year-n963586 (accessed 5 November 2020); see also, US Department of Energy, *Fiscal Year 2018 Agency Financial Report* (2019): https://www.energy.gov/sites/prod/files/2019/10/f67/fy-2018-doe-agency-financial-report.pdf (accessed 5 November 2020).

(13) Linda M. Richards, "On Poisoned Ground," *Science History Institute* (21 April 2013): https://www.sciencehistory.org/distillations/on-poisoned-ground (accessed 5 November 2020).

(14) Will Ford, "A Radioactive Legacy Haunts this Navajo Village, Which Fears a Fractured Future," *Washington Post* (19 January 2020): https://www.washingtonpost.com/national/a-radioactive-legacy-haunts-this-navajo-village-which-fears-a-fractured-future/2020/01/18/84c6066e-37e0-11ea-9541-9107303481a4_story.html (accessed 6 November 2020).

(15) Richard G. Hewlett and Jack M. Holl, *Atoms for Peace and War 1953–1961: Eisenhower and the Atomic Energy Commission* (Berkeley: University of California Press, 1989), pp. 173–175.

(16) Steven Simon, Andre Bouville and Charles Land, "Fallout from Nuclear Weapons Tests and Cancer Risks," *American Scientist* 94-1 (2006), p. 48.

(17) See, Technical Steering Panel, *The Green Run* (Richland, WA: TSP, 1992); D. E. Jenne and J. W. Healy, *Dissolving of Twenty Day Metal at Hanford* (Richland, WA: Atomic Energy Commission, 1950).

(18) Darrell E. Munson, Arlo F. Fossum and Paul E. Senseny, “Approach to First Principles Model Prediction of Measured WIPP (Waste Isolation Pilot Plant) In-situ Room Closure in Salt,” *Tunnelling and Underground Space Technology* 5-1/2 (1990), pp. 135-139.

(19) Office of Environmental Management, *Radiological Release Event at the Waste Isolation Pilot Plant, February 14, 2014* (Washington DC: U. S. Department of Energy, 2015).

(20) James D. Werner, *U. S. Spent Nuclear Fuel Storage* (Washington DC: Congressional Record Service, 2012): https://fas.org/sgp/crs/misc/R42513.pdf (accessed 11 November 2020).

(21) Department of Defense, *Base Structure Report: Fiscal Year 2018 Baseline* (2018): https://www.acq.osd.mil/eie/Downloads/BSI/Base%20Structure%20Report%20FY18.pdf (accessed 30 October 2020).

(22) Lancaster University, “U. S. Military Consumes More Hydrocarbons than Most Countries: Massive Hidden Impact on Climate,” *Science Daily* (20 June 2019): www.sciencedaily.com/releases/2019/06/190620100005.htm (accessed 29 October 2020). See also, O. Belcher, et al., “Hidden Carbon Costs of the ‘Everywhere War’: Logistics, Geopolitical Ecology, and the Carbon Boot-print of the US Military,” *Transactions of the Institute of British Geographers* 45 (2020), pp. 65-80.

(23) US Government Accountability Office, *DOD Renewable Energy Projects* (September 2016): https://www.gao.gov/assets/680/679620.pdf (accessed 30 October 2020).

＊本論文の原文は英文

Robert Jacobs, “The Impact of the Hiroshima Nuclear Attack on US Policy, Culture and Ecology”

第三章　韓国人が見たヒロシマ

――まなざしの揺れと変奏

河　炅珍

はじめに

広島は、「国際平和文化都市」である。広報紙『ひろしま市民と市政』によれば、広島市は一九七〇年から都市づくりにおける最高目標として「国際平和文化都市」を掲げてきた。その核心は、「世界で最初に被爆し、廃墟から立ち直った都市として、世界の都市や市民社会などと連携しながら、『平和への願い』を世界中に広げるまち」となることである。[1] この目標は、毎年の平和記念式典で広島市長が発表する「平和宣言」でも繰り返し確認され、広島の自己像をめぐる意識を形成してきた。[2]

こうした広島の自己像は国際平和文化都市として確固たる内実を持っているように見えるが、一方でそのアイデンティティには疑問も提示されてきた。広島という場所やそこで起きた出来事をめぐるイメージ・言説が戦前と戦後、国内と海外における連続／断絶のなかで、複雑に絡みあいながら作られてきたことを多くの研究が明らかにしている。[3] 広島市をはじめ、地元企業、メディア、学校、被爆者を中心とする市民団体はもちろん、政府や政党・政治家、知識人、運動家など、全国的、国際的レベルでも様々な担い手が関わってきた結果、広島の自己像がしばしば個々の担い手の期待や願望を超えたところに現れていたことを、これらの研究は指摘する。

一見自明とも思える広島のアイデンティティの基層には、異なる立場からなる声と実践が成功と失敗を繰り返しながら幾重にも重なってきた歴史が横たわっている。自己像をめぐる揺れは、この都市を指す様々な呼び名にも表れる。広島、廣島、ひろしま、ヒロシマ、Hiroshima――。これらの呼び名は、広島のアイデンティティが所与ではなく、他者との関係性を通じて作られた社会的産物であり、他者の数だけあるまなざしとともに、複数の姿となって浮かび上がっていることを物語る[4]。

普段は「広島」をはじめ、馴染みやすいひらがなの「ひろしま」が市民や国内観光客向けに使われるが、「廣島」とすれば、戦前・戦中における軍都の記憶が呼び起こされる効果がある。また、英語の「Hiroshima」には、原爆投下後、再生を遂げてきた歴史をふまえ、欧米諸国を中心とする国際社会への強い意識が含まれている。カタカナの「ヒロシマ」は、その国際社会が向ける（と日本側が思っている）まなざしを、見られている日本社会自らが内在化した結果、普及してきたとも言えるだろう。

とりわけ、国際平和文化都市としてのアイデンティティに関しては、カタカナのヒロシマや英語のHiroshimaが重要な役割を担ってきた側面がある。被爆者問題を記憶の継承という観点から捉え、原子爆弾のもたらした残酷な実態を世に知らしめると同時に、二度と同じ悲劇を繰り返さないために核兵器廃絶を訴える平和運動は、「No More Hiroshima!」というスローガンからも分かるように、これらの呼び名とともに広がってきたのだ。

だが、他者（他国）のまなざしが表れるヒロシマという言葉は、アメリカをはじめ、欧米諸国を強く意識してきた歴史とは別に、本来ではアジア諸国にも広がる可能性を含んでいる。このことを指摘した上で、本章では、広島の自己像が形づくられる上で鏡となる他者（他国）として韓国社会を取り上げてみたい。韓国社会は、「ヒロシマ＝히로시마」をどのように見ているのだろうか――。

本章では、次の三つの観点から検討を行う。第一に、学術研究を材料に韓国の研究者が広島を研究対象としていかに捉えてきたかを検討し、研究者集団に影響を与える韓国社会全般の認識や世論もあわせて考察する。第二に、日常的に使われるインターネットにも注目しつつ、メディアが映し出す広島を分析する。第三に、観光客にも光を当てる。広島を訪れ、名所を歩き回り、食事を楽しみ、街の人々と接する身体的な経験を通じてどのような意味が与えられているかを明らかにする。

韓国社会のなかには性格の異なる様々な組織と個人が含まれ、広島に対するまなざしの内実も異なっている。当然ながら、他者（他国）のまなざしもまた、一つにまとめられるものではなく、複数のまなざしが入れ子状に重なりあっている。以下では、交差するまなざしの構造を念頭に置きながら考察を進めていく。

一　研究者が見たヒロシマ

1　研究対象としてのヒロシマ

本節では研究者が捉えてきた広島を確認するために、学術論文を検討材料として用いる。韓国研究財団が提供する「韓国学術誌引用索引」（Korea Citation Index）[5]から広島をキーワードに含む論文を検索すると、全部で一二六件が抽出される。研究分野では人文学が六五件、社会科学が三四件、自然科学が一件、工学が五件、芸術体育が一五件、その他が六件となっている。

人文学では韓国と日本の近現代文学や作家に関する論文が多く見られ、なかでもアラン・レネ監督の『二十四時間の情事』（*Hiroshima Mon Amour*, 一九五九年）は人文学だけでなく、芸術体育分野を含め、もっとも多く取り上げられている。他に、大江健三郎の『ヒロシマ・ノート』（岩波書店、一九六五年）や、漫画『はだしのゲン』シリーズを含む原爆文学、原子力や核兵器問題、朝鮮・在日朝鮮人の文化・歴史、平和教育まで、幅広いジャンル・素材を扱う研究が見られる。

社会科学は、社会学、政治学、行政学、経営学、都市研究など、多様な分野から構成されているが、人文学に比べれば、歴史や記憶をめぐる政治的認識が前面に出ているものが多い印象を受ける。「朝鮮人被爆者」、「記憶の政治学」、「被害者／加害者意識」などのキーワードに加え、比較対象として、福島、沖縄、(韓国) 光州、アウシュビッツなどが挙げられ、広島は戦争責任や記憶をめぐる政治の文脈で議論される。

自然科学や工学では広島県の地理地形に基づく各種政策や移住漁村などに関する論文などが、芸術体育とその他では前述の映画研究に加え、日韓のスポーツ産業を比較する論文などが見られる。観光というテーマは、人文学や社会科学でも注目されるが、ピースツーリズムや平和記念公園などを「記憶の政治」と結びつけて論じるところに重点が置かれている[6]。

以上のように、研究対象としての広島に対しては、学問分野や研究者個人の問題関心に影響されながらも、人文・社会科学分野を中心に共通の問題意識が形成されている。植民地支配や領土問題、徴用工と慰安婦をめぐる問題、在日朝鮮人の差別などを射程に入れながら議論が展開されるのが特徴である。その上で広島やそこで保存・継承されてきた記憶は、平和への期待というより、むしろ歴史をめぐる政治的道具とされる危険性によって重要性が指摘される。こうした点は各論文を読み解くとより明確になるが、そこに現れる「ヒロシマ」像は、広島の自己認識とかけ離れたものである。

2　あるTシャツをめぐる論争――原爆／被爆の捉え方

韓国における研究が指摘してきた問題の一つは、平和的側面ばかりが強調されることで日本の戦争責任が曖昧になり、その結果、被害者と加害者のアイデンティティが逆転することであった。このような懸念は、研究者集団だけでなく、韓国社会一般や世論にも共有されている。

原爆投下という歴史的事実に関しても、日韓で捉え方に大きな違いがあることが、政治とは一見無関係に見えるエンターテインメント分野で起きたある出来事で鮮明に示された。二〇一八年一一月、韓国Ｋ―ＰＯＰグループ「防弾少年団（ＢＴＳ）」のメンバーが原爆投下後に発生したキノコ雲がプリントされたＴシャツを着たことが原因で、両国のＳＮＳを中心に大きく論争が広がった。

日本では原爆によって亡くなった数十万人の犠牲者や、その苦しみと向きあって生きなければならない人々を「侮辱」したと激しく叩かれ、テレビ朝日系「ミュージックステーション」への出演も見送りとなった。韓国では、問題となったＴシャツの――日本ではほとんど注目されなかった――もう一枚の写真に世論の関心が集まった。Ｔシャツには「愛国心」、「我々の歴史」、「解放」、「韓国」といった言葉が英語で書かれ、その下には原爆投下後に終戦を迎えた当時の朝鮮の人々が植民地支配からの解放を祝って万歳を叫ぶ写真が載っていった。韓国メディアは、ＢＴＳがこのＴシャツを着たのは韓国の独立記念日「光復節」を記念することにあり、在日朝鮮人を含め、被害に遭った人々を傷つける目的はなく、純粋に祖国が自由を取り戻した日を祝うためであったと擁護した。(7)

世界を舞台に活躍するミュージシャンとして、意図しなかったとは言え、日本や世界のファンに失望感を与えてしまったことは、確かに反省点かもしれない。だが、このエピソードが示唆するのは、いちＫ―ＰＯＰグループの問題をはるかに超えている。政治や外交と直接結びつかないように見える、日常生活や個々人の意識レベルでも、歴史の捉え方が日韓の間で異なっていることに注目しなければならない。

3　光州とヒロシマ――市民社会の連帯可能性

日本と韓国における歴史認識の壁を、両国の市民社会による連帯を通じて乗り越えていこうとする動きは、一部の研究者によって問われてきた(8)。それらの議論のなかで広島は、韓国の光州や済州とよく比較される。

一九四八年の済州四・三事件と八〇年の五・一八光州民主化運動の間には、三〇年以上の時差がある。前者は米軍政下の李承晩政権と、後者は軍事独裁を布いた朴正熙政権の後を継いだ全斗煥政権にそれぞれ原因があり、背景にあるイデオロギーや社会状況も異なるが、この二つの都市は韓国現代史のなかで共通する重要な意味を持っている。すなわち、国家による民間人虐殺に対抗し、自発的に立ち上がった市民運動・民主化運動における象徴的空間＝「聖地」として評価されてきた。

これらの聖地とともに議論される広島もまた、市民社会の可能性という点で注目され、記憶を媒介に平和を構築する運動として評価される。このような切り口は日本と韓国の間で歴史認識の壁を解消し、連帯を作っていくために有効な論点を提供しているように思える。だが一方で、その歴史的文脈をより注意深く読み解くと、広島と光州および済州は、それぞれ平行線を描く側面もある。

光州や済州をめぐる議論は、韓国の国家権力による暴力への批判と抵抗に始まり、民主化に向かう歴史に焦点を当てている。これに対して広島の市民運動は、原爆を投下したアメリカへの批判から出発し、民間人犠牲者をめぐる議論も人道主義的観点に基づき、日本国内よりむしろ世界に訴えかける平和運動を目指してきた。

韓国の研究者にとって広島は、光州や済州の聖地としての歴史に、東アジアの視点からさらに意味を与えていく上で参照される。言い換えれば、広島の市民運動は、固有の歴史的文脈というよりも、韓国社会が自己の歴史に向ける熱いまなざしによって価値を見出されているのである。

二　メディアが映し出すヒロシマ

1　ニュースアーカイブに見るヒロシマ

メディアの内実は、新聞やテレビのような従来型のマスメディアからインターネット／ＳＮＳまで多岐にわたり、担い手も多様化している。報道関係者やジャーナリストの他に、日常生活の一部として様々なメディアに接する個人もまた、今日の情報コミュニケーション環境を構成する重要な柱となっている。

以上をふまえて本節では、政治・外交、経済、社会、文化など、諸状況と影響しながら浮かび上がる世論に加え、個々人の日常生活と結びつく趣味や関心事という、二つの観点からメディアに映し出される広島を検討する。ここでは、韓国言論振興財団が運営するニュース・ビッグデータ分析システム「ビッグカインズ」（BIG Kinds）を用いる[9]。

ビッグカインズの検索結果によると、広島をキーワードに含むニュースは、一九九〇年から現在まで全部で四万一〇九五件ある。各年の報道量を見ると、九四年がもっとも多く（三六一七件）、その後を二〇一六年（二五四七件）と一四年（二五〇四件）が追っている。以下では、それぞれの年に広島関連ニュースが急増した原因を把握するために、分析期間を月間に絞って検討を行う。

図表1のように、広島関連ニュースがもっとも多く報道されたのは一九九四年のなかでも特に一〇月であり、この一カ月間で同年に出た記事全体の三分の一以上の数（一四二七件）に達している。記事の中身を見ていくと、ヘッドラインには陸上、体操、重量挙げ、フェンシング、アーチェリー、マラソンなど、スポーツ種目が並んでおり、スポーツ分野の記事が一一一七件と、ほとんどを占めている。

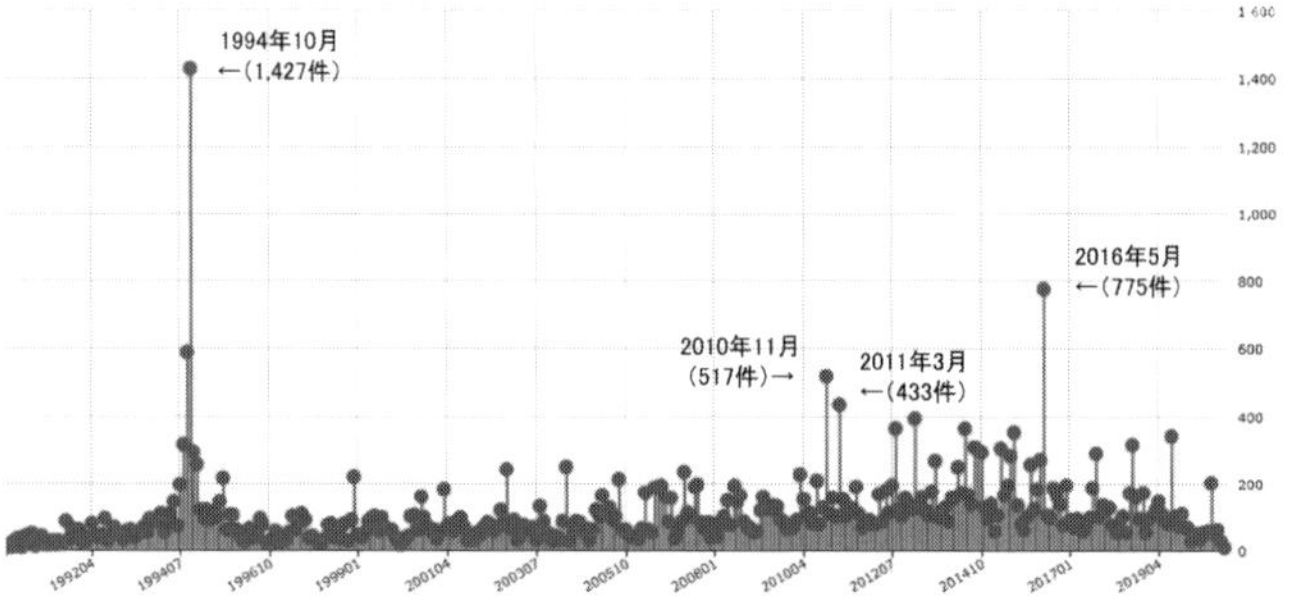

図表1　広島関連ニュースの推移
（出典：ビッグカインズ）

つまり、一九九四年一〇月および前月の九月（五八七件）に出たほとんどの記事は、同年一〇月二日から一六日まで広島市で開催された第一二回アジア競技大会に関するものである。「幕を開けた　広島祝祭」（『文化日報』九四年一〇月二日）、「和合の場　アジアゲーム」（『国民日報』九四年一〇月三日）のように、多くのメディアが広島を「祝祭都市」として報じていた。だが一方では、女子バレー日韓戦を報道した『京仁日報』の「宿敵日（本）制圧　事実上優勝」（九四年一〇月七日）や、女子エアピストルの善戦を伝える『文化日報』「日本追越　二冠王の涙」（九四年一〇月八日）のように、韓国国民が歴史の悲しみから立ち直り、スポーツを通じて勝利を味わう舞台としても注目された。

このようなまなざしは、以後も度々、復活する。たとえば、図表1には二〇一〇年一一月にも広島をキーワードに含む記事が五一七件と、一時的に増加したことが示されているが、ちょうどこの時期に中国広州で第一六回アジア競技大会が開催されていた。アジア競技大会とともに、広島の記憶が想起させられたことが窺える。

2　オバマ米大統領の広島訪問

広州アジア競技大会を除けば、二〇〇〇年代以降、東日本大震災があった一一年三月にも記事は増加しているが、それ以上に注目すべき年は一六年である。とりわけ、同年五月には、一九九四年一〇月に次ぐ七七五件の記事が出されている。

この時、広島はアメリカ合衆国大統領のバラク・オバマを迎える準備の最中にあった。オバマは伊勢志摩サミット出席後、五月二七日に広島に到着、平和記念公園を訪問し、広島平和記念資料館を視察した後、慰霊碑に献花した。その後、「核兵器のない世界」について演説を行い、被爆者代表と抱擁する姿が、国内外のメディアによって大々的に報道された。

原爆を投下したアメリカの大統領による初の広島訪問をめぐって、多くのメディアが明るい未来を予想し、世界平和への期待を寄せた。この訪問は、図表1に示されるように、韓国でも大いに報道されたが、その中身は日本側とはかなりの温度差があり、この歴史的訪問でさらに説得力を得たと思われる国際平和文化都市・広島に対する評価も異なっていた。

訪問前から『中央日報』、『東亜日報』、『朝鮮日報』をはじめ、韓国主要日刊紙では日米両国の外交成果を認めながらも、今回の訪問で日本の戦争責任が軽減されるのではないかと憂慮する声が上がった[10]。韓国のテレビ局YTN（二〇一六年五月二八日）やSBS（二〇一六年五月二八日）は、この訪問により「戦犯国」日本に対して「免罪符」が与えられたかのように世界各国に思われることへの懸念を示した。他のメディアでも同様の報道が繰り返され、オバマ訪問が、「加害者」から「被害者」へと日本がそのアイデンティティを逆転させる政治的道具となることが危惧された。

こうした報道は、一方では、オバマが演説で若干触れたものの、平和記念公園内にある韓国人原爆犠牲者慰霊碑に足を運ばなかったことへの不満とも絡みあっていた。また、同年一二月に安倍晋三首相が真珠湾を訪れると、戦後処理に関わる問題を日米だけで片づけてしまうのではないかという危機感が、各メディアを通じてさらに深まっていった様子が観察できる。

以上のように、二〇一六年五月、韓国のメディアに映った広島は、オバマ演説で問われたような平和を約束する場所ではなかった。むしろ、広島は、日米が韓国を置き去りにして歴史問題に決着をつけようとしているという危機感と憂慮が募る場所であり、さらには、戦前の在日朝鮮人の過酷な生活や差別に触れ、まだまだ終わらない歴史問題の深刻さを再び思い起こす場所として表象されたのである。(11)

3　ヒロシマのもう一つの顔

ビッグカインズの分析からは、意外な結果も出ている。図表1のもととなった記事データを分野別に見ていくと、政治（四〇一一件）や文化（七三〇六件）は言うまでもなく、国際（一万三二〇四件）よりも上回って、もっとも多くニュースを出している分野はスポーツ（一万七〇二〇件）である。(12) スポーツ関連ニュースが大きな比重を占める様子は、各記事の関係性からも明らかになる。

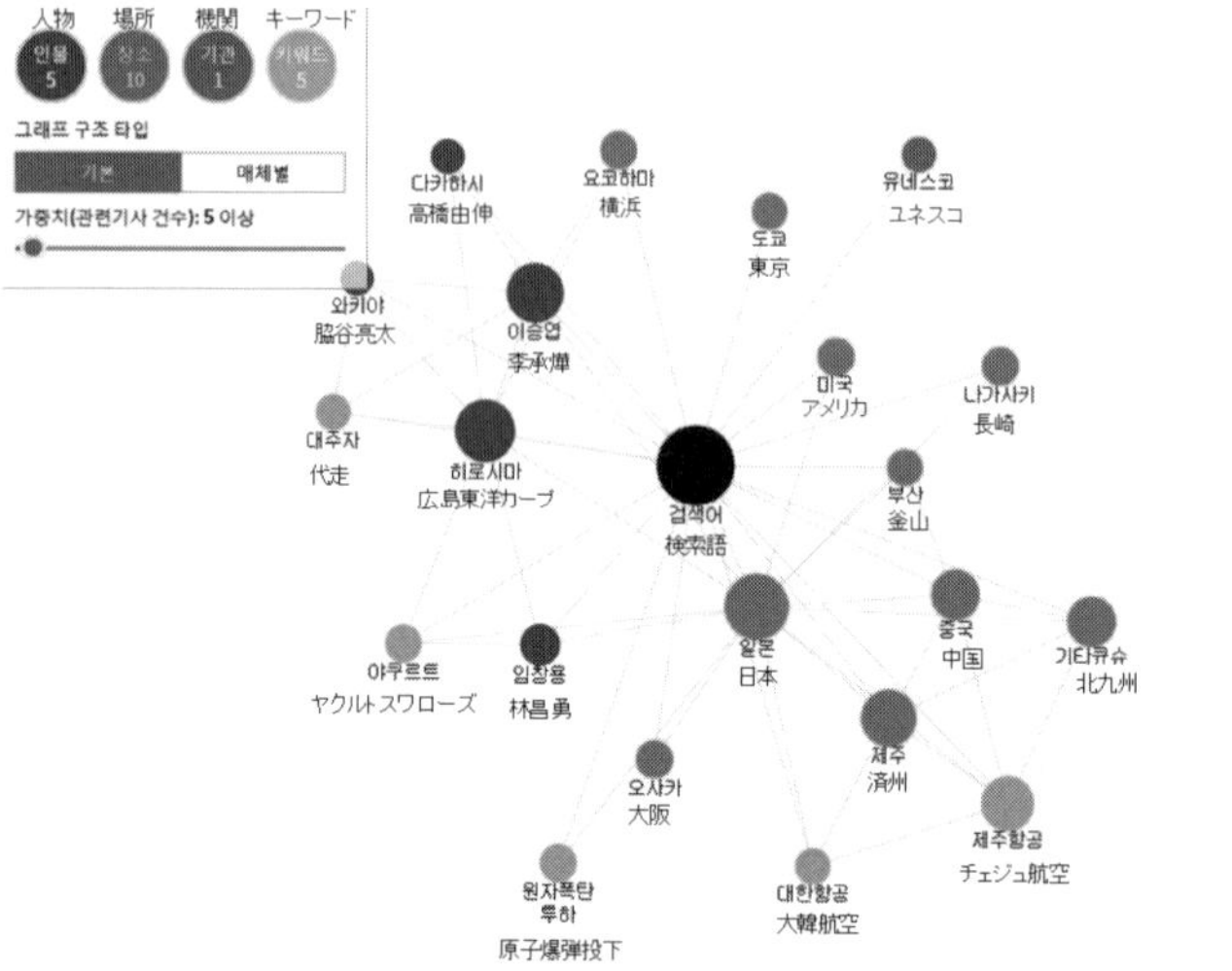

図表2　広島関係ニュースの関連性(13)
（出典：ビッグカインズ）

図表2は、二〇〇八年六月から一年間の記事を対象に関連性を分析した結果である。左側を見ると、「原子爆弾投下」を除いて、〇六年から一〇年まで読売ジャイアンツに所属していた李承燁選手をはじめ、野球関連の人名や

チーム名が挙がっている。この期間中、日本のプロ野球界で活躍する韓国人選手の近況や、所属チームの試合結果が頻繁に報道されたことが窺える。

このように、メディアが映し出す広島は、政治や歴史と直接関わるものばかりではなく、野球やサッカーのプロリーグをはじめ、後述する文化、観光、娯楽のようなテーマにおいても存在感を持っている。この傾向は、インターネット上の検索結果を通じても示される。

図表3は、韓国の大手ポータルサイトダウム（Daum）とネイバー（Naver）において広島を入力した時、検索頻度などを基準に自動的に示されるキーワードをまとめたものである。二〇一九年七月に始まった日本製品不買運動や、新型コロナウイルス感染症の拡大に影響を受け、検索の内容にも変化が生じていることを考慮しても、プロ野球関連の検索語が多く見られ、特に一九年は旅行やグルメなど、観光関連のキーワードが目立っていた。

Daum（https://www.daum.net/）		Naver（https://www.naver.com）	
検索日：2019年6月24日	検索日：2020年12月9日	検索日：2019年6月24日	検索日：2020年12月9日
原子爆弾	原子爆弾	原子爆弾	原子爆弾
旅行	中日	鹿島	れいこ
地図	読売	オリックス	原爆
読売	阪神	旅行	日本
天気	原子爆弾死亡者	日本	カクテル
ヤクルト	横浜	グルメ	長崎
阪神	原子爆弾威力	千葉ロッテ	思い出
グルメ	ヤクルト	原爆	思い出カクテル
カープ	天気	放射能	ガス
中日	れいこ		
ソフトバンク	大学		
横浜	領事館		
大邱	名古屋		
原爆記念館	思い出カクテル		

図表3　大手ポータルサイトにおける広島関連検索語(14)

（出典：Daum と Naver を参考に筆者作成）

三　観光客たちのヒロシマ

1　日本への観光客、広島への観光客

図表2（広島関係ニュースの関連性）に戻ると、その右側には、東京、横浜、大阪、長崎、北九州、釜山、済州のような地名とともに、大韓航空、済州航空のような航空会社も名を連ねている。おそらくこれらの多くは、韓国と日本を結ぶ航空便が出ている都市で、その全体は「ユネスコ」というキーワードから示唆されるように、観光産業を軸につながっていることが窺える。これから見ていくように、韓国人が見ている「ヒロシマ」や、さらには「ニホン＝일본」の大きな部分を占めるもう一つの要因は、観光である。この点を観光庁の調査から確認しておこう(15)。

訪日韓国人の数は、二〇一四年（二七五万人）から急増し、二年後には五〇〇万人台を突破し、その翌年には七一四万人に伸び、一八年にも七五三万人と、増加趨勢にあった。だが、一九年では前述した日本製品不買運動の影響を受け、五五八万人まで減少している。さらに、二〇年は新型コロナウィルス感染症の拡大を受けて各国で移動制限が行われたことで往来はゼロに近くなっているが、以前の状況を確認しておくことは大切であろう。本節では、一九年までの状況を念頭に置いて観光客のまなざしから広島を検討してみたい。

まず、日本への観光客と広島への観光客の間にはズレがある。「訪日外国人消費動向調査」では、広島県の訪問率は二〇一八年、一九年でそれぞれ二・九％と三％を占め、全都道府県の一五位にランクしている。四割以上を占める東京都や、三割後半台の大阪府に比べれば決して高い数字ではないが、中身に関して言えば、広島県がもっとも上位にある項目がある。欧米諸国から訪れる観光客の割合だ。

「宿泊旅行統計調査」によると、二〇一九年、広島県を訪れた外国人宿泊者の国・地域のうち一位を占めたのは

アメリカ（一三万五〇〇〇人）で、三位にはオーストラリア（八万九〇〇〇人）が入り、イギリス（七万一〇〇〇人）が五位、フランス（五万八〇〇〇人）が六位、ドイツ（四万人）が八位、イタリア（二万八〇〇〇人）が一〇位と、上位一〇カ国のうち、半数以上が欧米諸国である。ちなみに、アメリカは一二年以来、ずっと一位を占めている。

一方、アジアでは、中国（九万一〇〇〇人）が二位、台湾（八万一〇〇〇人）が四位、香港（四万六〇〇〇人）が七位を占め、韓国（三万六〇〇〇人）は九位に入っている。不買運動が拡散する前の二〇一八年にも順位に大きな差はなく、韓国（四万五〇〇〇人）は八位にランクしていた。

こうした観光客の傾向は広島の特異性を示している。二〇一九年に日本を訪れた観光客（三一八八万人）の七割を占めていたのは中国（九五九万人）で、韓国（五五八万人）、台湾（四八九万人）、香港（二二九万人）が続く。一方で、アメリカ（一七二万人）をはじめ、オセアニア、ヨーロッパ諸国は、全てあわせても一三％に過ぎない。

このような対比は、広島を訪れる訪日観光客数が他の地域に比べて特殊であるだけでなく、上位を占めるアメリカやヨーロッパ諸国からの観光客と、アジア諸国の観光客がそれぞれ異なるまなざしで「ヒロシマ」を捉えている事実を浮かび上がらせる。韓国から来る観光客は、広島・長崎に原子爆弾を落としたアメリカや、ホロコーストを経験したドイツの観光客とは異なる経験を求めて広島を訪れていることが窺えるのである。

2　「日流」と中小都市ブーム

広島に向けられる観光客のまなざしを理解するためには、訪日韓国人の数が二〇一四年以降、継続的に増加した理由に触れておく必要がある。

まず、海外旅行人口全体が増加したことが挙げられる。『東亜日報』の記事「寿司を食べに日本へ行こう『一夜海外旅行』ブーム」（二〇一八年九月一四日）によれば、一泊二日の短期旅行者数は一四年以降、増加し続け、特に日本と中国が二〇代と三〇代の間でもっとも人気のある旅行先に選ばれるようになった。

その背景には、韓国におけるライフスタイルの変化がある。訪日韓国人数が七〇〇万人台を突破した二〇一七年頃から「ワーク・ライフ・バランス」が流行語となり、仕事以外の活動や日常の幸せを重視する雰囲気が若い世代の間で一気に拡散した。一八年七月から週五二時間労働制が適用され、大手企業では社員に対して休暇取得が奨励され、週末を挟んだ短期旅行を促す社会的・制度的条件が整ったのである。さらに、このような雰囲気に応えてテレビでは、日本や中国など短期旅行に向いたアジア各国のグルメや観光スポットを紹介する番組が急増した。

空いた時間を使ってメディアによって喚起された欲望を実現する手段として、ローコストキャリア（格安航空会社）が次々と登場したことも重要な要因である。二〇〇六年に運行を開始した済州航空をはじめ、大手航空会社の系列社まで、アジア各国に就航する格安航空会社が〇八年以降、急成長した。なかでもアシアナ航空系列であるエアプサン（〇八年設立）とエアソウル（一五年設立）は日本路線に注力し、一六年から一八年にかけて東京、大阪だけでなく福岡、静岡、高松、長崎、山口、熊本、那覇のような地方都市を結ぶ航空便を増やしてきた。広島路線は一六年一〇月より運行を開始した。

さらに、社会制度や産業面の変化に加え、日本文化を消費する「日流ブーム」が拡散してきた現象にも注目しなければならない。「日流」の担い手となった二〇代と三〇代は、日本大衆文化の流入制限が緩和された一九九八年以降に幼少年期を過ごしたため、漫画やアニメ、音楽、映画、ドラマはもちろん、食、ファッション、小説など、ライフスタイル全般において幅広く日本文化を消費し、親近感を抱いている。

たとえば、若者の聖地と言われる梨泰院や弘大地区には、日本風の居酒屋やカレー・うどん店が並び、看板はもちろんメニューまで日本語で書かれ、従業員のあいさつも日本語が使われる店も少なくない。コンビニエンスストアでは日本酒や日本のビールが人気を集め、国内メーカーでも「チャーシュー豚骨ラーメン」など、味も名前も

「日流」を売りにする商品も多く、大手書店が集計するベストセラーには東野圭吾や薬丸岳のような日本作家の小説が多数、含まれるようになった。

日本を訪れる韓国人観光客数が急増した背後には、円安といった経済的影響もあったが、「日流」の消費者がそのまま日本を旅する観光客へと横滑りする流れができていたことが大きいだろう。また、前掲の統計データでは全人口の一五％近くが日本を訪れたことになるが、これは、少なくない人が一度だけでなく何度も日本を訪れたことを意味する。その結果、旅先も東京や大阪のような大都市から地方都市に拡大し、若い世代を中心にＳＮＳ上でブームが形成された。「日本小都市旅行」に特化したガイドブックが多数出版されるほど、日本の地方は旅の新しいジャンルとして定着し、広島もその選択肢の一つとして観光客のまなざしが向けられるようになったのである。

3　「原爆ドーム」を超えた体験

二〇二一年初めの段階では新型コロナウィルス感染症の拡大によりほとんどの路線が運休となっているが、本節のもととなった調査を行った一九年の六月では[16]、エアソウルから週に五回、仁川と広島を行き来する航空便が出ており、片道航空券の平均価格は八〇〇〇円から一万二〇〇〇円の間で設定されていた。往復航空券をわずか四〇〇〇円程度で利用できる割引キャンペーンも定期的に行われ、週末はほとんど満席の状態であった。

広島行きの便では到着前に機内映像が放送されていたが、この映像はエアソウルのサービスの宣伝目的というより、これから空港に降りて旅をはじめる観光客の視点に立った、ビジュアルガイドの役割を担っていた。映像は、広島空港に着いて私服に着替えた二人の若い女性キャビンアテンダントの案内からはじまる。彼女たちは広島の観光名所を巡り、食事や文化体験を楽しむ。伝統衣装や古い街並みなども取り上げられるが、特に時間が割かれるのはグルメの紹介である。牡蠣をはじめ、もみじ饅頭、お好み焼きなどが次々と登場し、それに加え、宮島のシカや大久野島のウサギのように可愛い動物と豊かな自然が広島の魅力ポイントとして描写される。

驚くべきことに、この映像には原爆ドームや平和記念公園、広島平和記念資料館が一切登場しない。本通り近くのお好み村や、瀬戸内しまなみ海道の入口にある尾道市のブティックホテルが生き生きとした女性たちの顔とともに描かれるのとは対照的に、国際平和文化都市・広島が誇りとしてきた「平和の聖地」の面影は全くない(17)。

さらに言えば、平和を象徴する場所はもちろん、それに意味を与えてきた歴史も排除されている。たとえば、ウサギの島と紹介される大久野島に旧日本軍の化学兵器製造工場があったことや、「軍都」広島に原子爆弾が落とされた経緯、それによって韓国人も含め、多数の犠牲者が出た事実については、断片的な情報すら与えられていない。

これを小手先のマーケティング術と批判し、航空会社のみを責めるのは酷であろう。航空会社は顧客のニーズに忠実に応えるために、広島を訪れる人々（観光客）がもっとも知りたがる情報を提供し、そうではないと思われるものを排除したに過ぎない。実際、広島の旅に関する記事を掲載したブログやＳＮＳなどを眺めていると、航空会社の判断が間違いではなかったことが証明される(18)。ある女性ブロガーは、自分を含め、韓国人が抱いてきた広島のイメージがあまりにも乏しかったことに驚き、自らの旅をもとに、広島には原爆だけでなく、宮島や路面電車、美味しい食べ物など、心を満たしてくれる経験が数多くあると書いている(19)。

観光客はあらかじめ決めてある望みを実現するために広島を訪れる。そして、原爆ドームやそこにまつわる歴史のような「過去」ではなく、自ら味わった経験を、平和や記憶を超える体験に代え、ＳＮＳ上で共有可能な対象として再構成するのだ。観光客たちの広島は一方では旅が与える非日常への欲望と、他方では日流の日常的消費を結びつけながら、楽しむべき「現在」として映し出される。

おわりに

本章では、国際平和文化都市を掲げてきた広島のアイデンティティを、他者のまなざしという観点から問い直してきた。これまで見てきたように、韓国社会におけるヒロシマのイメージや言説は、広島の自己像とかけ離れているだけでなく、そのなかには、研究者、メディア、観光客など、異なる立場からなる様々なヒロシマが入れ子状に重なり、作用しあっていることが確認できるだろう。

韓国人のまなざしには、二つの視線／時間軸が拮抗しながら絡みあっている。一つの軸は、植民地支配にはじまり、領土問題、慰安婦・徴用工問題に至るまでの歴史（過去）であり、国内外の政治的要因とも影響しあっている。もう一つの軸は、観光客のまなざしに代表されるように、ライフスタイルや文化消費に根差しており、「ヒロシマ」や「ニホン」は、今（現在）に向けられる欲望とともに、姿を変えてきている。この二面性は、韓国のメディアでしばしば取り上げられ、特に若い世代を中心に広がる歴史離れや個人中心の価値観が問題とされてきた[20]。

こうした傾向は、日本製品不買運動が拡散した後、一気に裏返ったように見えるかもしれないが、実際はそうではない。「日流」やその一環としての日本中小都市ブームがＳＮＳを介した経験の共有を前提にしていたことを考えれば、ネット空間を含んだ不買運動の展開はその共有やそれが目指していた社会的承認が一時的に中断されたことを意味する。歴史や政治が個人の価値観やライフスタイルを短期的に左右したことは確かだが、より根本的な部分では社会や仲間から認められたいという欲求が日本文化の消費につながっていたことこそ重要ではないだろうか。なお、同様の傾向は日本でも若い世代を中心に見られる[21]。

グローバリゼーションと情報化が進み、個人の意思行動をめぐる選択肢が無限に広がっているように見える今日、一方ではフェイクニュース（虚偽報道）が横行し、政治的な対立が目立ちやすくなっている。しかしながら同時に、技術的発展によって以前よりもはるかに容易に他国の文化に接することが可能になり、それらの経験を特殊と捉えるのではなく、日常の一部として消費する個人が大量に生み出された。本章で論じてきた韓国人の広島へのまなざしもまた、このような文脈から理解する必要があるだろう。

韓国社会やそのなかに暮らす個人に、広島の自己像と同じものを受け入れてくれることを期待するのは、限りなく不可能に近い。両者の違いを特定の担い手による努力によって「改善すべき課題」と捉えることも間違いであろう。異なるまなざしからもたらされる複数のヒロシマは、揺れやズレではなく、むしろ、他者による「変奏」の結果として受け入れられなければならない。

これからの時代、広島のアイデンティティがその可能性を広げ、さらなる価値を見出していく上で重要な役割を担うのは他者であり、他者からの／へのまなざしである。広島の意味や役割は、国際平和文化都市であると一方的に宣言したり、狭い意味での当事者に閉じた議論を繰り返したりするだけでは十分に伝わらない。世界に広がる他者による変奏に耳を傾け、自己と他者、双方にとって意味のある経験を模索する時、広島はこれまで以上に多様な声が交差・融合する場となり、新しいハーモニーを生み出すことができるだろう。

広島、ひろしま、廣島、Hiroshima、そして、히로시마――。まだまだ発見されていない複数の「ヒロシマ」を求めて――。自己のまなざしを超えたところに現れる他者の存在を知り、これまで築いてきた自己像にいかに取り込んでいけるだろうか。この問いが、今後の広島発の平和学において活発に取り組まれることを期待している。

【注】

（1）広島市『ひろしま　市民と市政』二〇二〇年八月一五日号（https://www.city.hiroshima.lg.jp/www/koho/shimintoshiseir

020815/shimintoshisei/paper.html　二〇二〇年一二月一四日アクセス）における「特集／総合計画を策定しました」より。
（2）松浦陽子・佐藤健一・川野徳幸「広島の平和観―平和宣言を通して」『広島平和科学』第三五号、二〇一三年、六七―一〇一頁。
（3）米山リサ（小沢弘明・小田島勝浩訳）『広島　記憶のポリティックス』（岩波書店、二〇〇五年）、直野章子『原爆体験と戦後日本―記憶の形成と継承』（岩波書店、二〇一五年）など。
（4）山口誠「廣島、ヒロシマ、広島、ひろしま―広島修学旅行にみる戦争体験の変容」福間良明・山口誠・吉村和真編『複数の「ヒロシマ」』青弓社、二〇一二年。
（5）「韓国学術誌引用索引」（https://www.kci.go.kr/kciportal/main.kci　二〇二〇年一二月一四日アクセス）は、韓国国内の学術誌情報、学術論文情報および参考文献情報をデータベース化し、論文の引用関係を分析するシステムである。
（6）イ・ファジュン「韓国と日本の選択された記憶と被害者意識―両国の記念館を中心に」（『社会科学論集』第四五巻第一号、二〇一四年、一―二四頁）、ハン・ジウン「戦場から観光地へ―東アジアの記憶産業」（『文化歴史地理』第二七巻第二号、二〇一五年、五五―七八頁）など。
（7）BBC NEWS JAPAN「日本のテレビ番組、防弾少年団の出演を見送り　原爆描いたTシャツ着用で」二〇一八年一一月九日（https://www.bbc.com/japanese/46148159　二〇二〇年一二月一四日アクセス）。
（8）ジュ・ジョンリプ「国家暴力の疎外論的分析―広島とアウシュビッツ、光州の『虐殺』を中心に」（『韓国東北亜論叢』第一二巻第四三号、二〇〇七年、一九七―二二〇頁）、キム・ミキョン「記憶の転換、抵抗そして妥協―光州五・一八民主墓域と広島平和資料館をめぐる記憶談論の分析」（『韓国市民倫理学会報』第二一巻第一号、二〇〇八年、一七七―二〇一頁）など。
（9）「ビッグカインズ」（https://www.bigkinds.or.kr/　二〇二〇年一二月九日アクセス）は、一九九〇年一月一日以降、現在までの主要日刊紙、経済紙、地域紙、放送局など、五四社による六八〇〇万件以上のニュースを収集し、記事全文の他に、キーワードの相互関係を分析できるツールも提供している。
（10）いずれも二〇一六年五月一二日の社説を中心に検討。
（11）このような報道はオバマのイメージにも打撃を与えた。ジン・ヨンジュ／ユ・ジェウン「米国国家指導者の日本広島訪問外交が韓国人に及ぼす影響」（『広告PR実学研究』第一〇巻第二号、二〇一七年、一四三―一六六頁）によれば、広島訪問後、オバマに対する韓国人の信頼度は、専門性、魅力とともに減少した。
（12）その他、経済関連二一五〇件、社会関連一七四七件、地域関連二五八七件、IT科学関連一一三〇件。
（13）ビッグカインズの検索結果をもとに正確度の高い上位一〇〇件のニュースから抽出した人物、場所、機関、その他キーワードの関連性を示した図。

(14) 二〇二〇年の検索結果にある「れいこ」とは、小説家・廣嶋玲子のことである。広島と直接関係はないが、発音が同じであることからランクインしていると考えられる。「思い出」や「思い出カクテル」は、「広島の思い出」という名前の、原子爆弾をかたどったカクテルを指している。

(15) 日本政府観光局「日本の観光統計データ」(https://statistics.jnto.go.jp/　二〇二〇年一二月一〇日アクセス)。

(16) 本章の執筆にあたり、二〇一九年七月五日に実施した広島市立大学「ヒロシマと核の時代」の特別講義で用いた資料に加え、その後の日韓関係および新型コロナウィルス感染症の拡大を受け、追加調査を行った。

(17) おりづるタワーも平和を感じ取る場所ではなく、「インスタ映え」する写真を撮るに適したおしゃれな空間として紹介されている。

(18) インスタグラム(Instagram)から韓国語で広島を検索すると、約五二万件の写真が確認できるが、グルメ、雑貨、風景写真がほとんどを占めている。

(19) 「『原爆』に代わって私たちの記憶を満たした場所」(https://brunch.co.kr/@wander-land/39　二〇二〇年一二月一四日アクセス)。

(20) 『韓国経済』の記事「二〇・三〇に吹く日流熱風　『歴史問題は別ですよね?』」(二〇一八年九月一〇日)および「三・一節連休に日本旅行行きますか?」(二〇一九年二月二六日)。

(21) 『FNNプライムオンライン』「整形目的が二割⁉　急増する訪韓日本人に聞く『YOUは何しに韓国へ?』」(二〇一九年六月一四日)によれば、訪韓日本人観光客数は、買い物や美容施術を楽しむ女性層を中心に増え続け、二〇一九年三月には過去最大を記録した。同記事によれば、多くの日本人観光客が韓国旅行や韓流を消費する上で政治問題は妨害要因にならないと答えた。二〇年には動画配信サービスを中心にKドラマが幅広い性別・年齢層の間で流行し、音楽や美容・ファッション、文学などをあわせた第四次韓流ブームが注目されている。

第四章　中国から見たヒロシマ
――戦後の対外政策の中で

徐　顕芬

はじめに

一九四五年八月六日、史上初めて原子爆弾が広島に投下された。その瞬間、地上は火の海となり、人々が塗炭の苦しみに喘ぐ地獄と化した。およそ一週間後、日本の国民は天皇の「玉音放送」で敗戦を知った。本章で用いる片仮名の「ヒロシマ」という表記は、原子爆弾という無差別大量殺傷兵器の投下によってもたらされた人類の大惨事の代名詞である。

なぜ、ここで中国から見たヒロシマを取り上げるのか。ヒロシマは戦争の悲惨さの一つのシンボルとなっており、中国におけるヒロシマの捉え方は、同国の平和に対する姿勢、いわば平和観を表すものとなるためだ。本章は対外政策の側面から、中国のヒロシマをめぐる捉え方を分析し、その平和観を探ることを目的としている。分析の素材は中国の新聞『人民日報』である。同紙は中国共産党の中央機関紙で、党と政府の公式見解を示しているものである。

『人民日報』のデータベースで記事本文に「広島」というキーワードが含まれる記事を検索してみると（二〇二〇

年一一月二〇日現在)、一九五〇年代(四九年一〇月一日の中華人民共和国建国の日から五九年一二月三一日まで)は四二八件、六〇年代(六〇年一月一日から六九年一二月三一日まで)は四〇〇件、七〇年代は八一件、八〇年代は二三八件、九〇年代は六二七件、二〇〇〇年代は一五九件、一〇年代(一〇年一月一日から二〇年一一月二〇日まで)は一七四件を数える。広島関連の記事では、特に広島で毎年開催される原水爆禁止世界大会(以下、世界大会)と広島市原爆死没者慰霊式並びに平和祈念式(以下、平和記念式典)に関連するものが多い。これらの開催を機に、中国はヒロシマと毎年出会っているともいえる。以下では、主に中国が世界大会に参加する情況、そして平和記念式典を報じる『人民日報』の報道姿勢と論調を分析し、中国のヒロシマをめぐる捉え方を考察したい。

一　外交的闘争を繰り広げる場

中華人民共和国は一九四九年一〇月一日の建国時からソ連の社会主義陣営に入った。翌日にソ連から承認されるも、米国をはじめとする資本主義陣営諸国からは認められなかった。国連に入れない「孤児」だった中国が、社会主義陣営以外の世界で「国際平和」に関連する動きと接触できるのは広島であった。広島で開催される世界大会の場において、中国は六〇年代後半まで外交的闘争を繰り広げた。その当初は反米(米帝国主義)を掲げ、ソ連を擁護していたが、六〇年代に入ると反米に加えて反ソ(ソ連修正主義)、そして世界大会の主催者である日本共産党まで批判するようになった。こうした「闘争」の中で、中国は自身の核政策についても表明した。

原爆の投下から一年後、『人民日報』のトップ記事「原爆外交の苦悩」では、米国は原爆の威力を誇大に喧伝し、世界を「独覇」する野心を抱いて、外交上「恫喝政策」を展開していると批判している(1)。中国は、「広島という言葉は、米帝国主義者が各国人民を恫喝する一つの呪文」であると捉えた(2)。

一九五五年、被爆一〇周年に広島で第一回世界大会が開催された。中国は一回目の世界大会から参加したが、六三年から世界大会の内部分裂が顕在化し、また六六年から中国で文化大革命が激化したため、六七年を境に世界大会への参加を中断する。中国は参加期間中、世界大会の開催地である広島という場で激しい外交的闘争を繰り広げていった。

第一回世界大会に参加するため、一九五五年八月二日に世界保衛和平大会中国代表の劉寧一が率いる代表団が中国を出発した。首都北京でも、八月五日に各界が世界大会を応援する大会を開いて、「六億の中国人民は全世界のすべての核兵器戦争に反対する人々の忠実な同志である」との決議を採決した(3)。広島大会では劉団長が、「中国人民は日本の原爆被害者の不幸な経験に衷心からの同情と深い関心を寄せる」と発言し、中国人民元五万元を大会に贈呈して被爆者への支援を表明した(4)。中国代表団は長崎と東京での会議を終えた後、八月一九日に再び広島入りし、平和記念公園の慰霊碑に献花した。また、広島赤十字病院では被爆者を慰問し二〇人余りと座談会を行った。その夜には広島市公会堂において、世界大会広島準備会会長の浜井信三、事務局長の森瀧市郎、県労会議議長の大原亨ら各界の代表、および広島市民約一三〇〇人が参加する歓迎会にも出席した(5)。代表団は三一日に北京に戻り、約一カ月の日本滞在を終えた。

その後、第二回大会では中国の六つの団体からの慰問文と慰問金人民元五万元を日本原水協事務総長の安井郁に渡した(6)。第三回大会では広島県議会議員の荒木武が、広島で死亡した二六人の中国人名簿（うち五人が原爆で死亡）を中国代表団に手交した(7)。

一九五八年は長崎国旗事件で日中交流が全面停止されたため、第四回と第五回の世界大会に中国代表団は派遣されていない。ただ、『人民日報』は同世界大会の開幕から閉幕までの動向を連日報道した。第五回大会には、中国人民保衛世界和平委員会と中国亜非（アジア・アフリカ）団結委員会が、七月三一日付で成功祈念の電報を打つとともに、その中で米国を「戦争集団」と批判した。

中国は一九六〇年から再び世界大会に代表団を派遣する。北京でも世界大会を応援する集会が開かれた。世界大会に参加した中国代表団の劉寧一団長は、日本国内の反安保闘争を「反米愛国統一戦線」と称え、日本人の闘争を「全世界人民の帝国主義に反対する闘争の一部」と位置づけた。併せて、日米軍事同盟と米軍基地に反対する見解を表明し、「日米の軍事同盟条約を廃棄し、日本軍国主義の復活さえ阻止すれば、中ソ友好同盟相互援助条約にある日本軍国主義再発防止条項は削除してもよい」、と日米安保条約の廃棄への期待感を示した。さらに、「帝国主義に対する最も広範な統一戦線を結成し、米国が率いる帝国主義の戦争と侵略勢力を打ち負かせれば、世界平和は守られる」とも主張した[8]。

中国代表団は翌一九六一年も世界大会に参加した。団長の周培源は「広島に原子爆弾を投下した米帝国主義者の野蛮な犯罪」と述べ、米国を批判した。また、「米国は日本において一貫して横暴をほしいままにし、現在、米軍はその信奉者と侵略的な日米『軍事同盟』を締結している」とし、改定された日米安保条約をも非難した[9]。翌六二年の第八回世界大会に参加した中国代表団の巴金団長は、「誰が広島の市民、日本の国民に災難をもたらしたのか、それは米帝国主義だ」と語り、「米帝国主義の反人類、反平和の滔天の罪行」を激しく非難した[10]。

この時期には世界大会の内部分裂が顕在化し、一九六二年の世界大会広島大会では、中国代表団が会場から退場する事態に至る。大会運営委員会が米ソ双方に核実験を停止するよう呼びかける「広島アピール」とソ連の核実験に抗議する決議案を発表したことに対し、中国代表は登壇して反対意見の表明を望むも叶わず、ソ連、北朝鮮の代表らとともに会場から退出したのである。中国代表の杨朔は大会後に談話を発表、「核兵器がソ連およびその他の社会主義国家の手に握られたら、それは平和を守る有力な武器であるが、帝国主義者の手に握られれば、それは凶悪な武器として使用される。このような違いを見出せなければ誤りだ」と、「平和の敵は米帝国主義だ」と世界大会が明確に指摘していないことを非難した[11]。この時、中国はまだソ連を擁護する立場にあった。

だが、翌一九六三年の世界大会から、中国はソ連を猛烈に批判するようになる。両国の代表は会議中も激しく応酬した。中国は米英ソ三国が締結した部分的核実験停止条約（ＰＴＢＴ）に欺瞞性があると強く批判した。ソ連の団長は条約の意義を肯定した上で、ソ連の核軍備は「すべての社会主義国家のために奉仕する」と力説した[12]。ソ連代表は八月一〇日に在日本ソ連大使館で声明を発表して中国代表団を非難し、翌日には中国代表団の広報官が記者会見でソ連代表の声明を批判した。「中国は米帝国主義に断固として反対するが、ソ連の指導者は敵と結託する」という記事タイトル[13]に示されるように、中国はこの時期から米ソの両方を批判するようになる。かくして、外交的闘争は頂点に達した。

一九六四年の第一〇回世界大会に中国は国務院総理の周恩来の名前で祝電を送った。日本に代表団を派遣するとともに、北京でも応援大会を開催し、代表団の帰国後には報告会も開いた。そのいずれでも、「平和の敵である米帝国主義」と「ソ連修正主義」を激しく非難している。実はその直後、同年一〇月一六日午後三時、中国は初めて核実験を行っていた。団長の発言にある「核戦争の根源は核兵器ではなく、米国をはじめとする帝国主義だ[14]」というのは、その変化を微妙に表現したものであろう。

一九六五年の第一一回世界大会にも周総理名で祝電を送った。劉寧一を団長とする代表団を日本に派遣し、北京では応援大会を開いた[15]。中国は、周総理の祝電で中国による核実験を擁護し、「中国が核兵器を開発してこそ、核の独占を打破し核兵器を完全に消滅できる」とした。また「いかなる時、いかなる状況下でも、中国は絶対に先に核兵器を使用しない、と中国政府は繰り返し厳粛に宣言している」と強調した[16]。

一九六六年の第一二回世界大会でも、七月二八日付で周総理の祝電が送られている。「反帝反修」の旗を掲げて米ソを激しく非難する一方、中国自身の核開発を擁護した[17]。実際、中国はこの世界大会を「連ソ反華」の分裂会議だと捉えた。六七年も同じ論調であった。加えて、「帝国主義と修正主義に反対する革命的路線を完全に裏切った」と題する『人民日報』の記事は、六六年の毛沢東主席と日本共産党書記長宮本顕治の会談決裂を受け、世界大会の主催者である日本共産党をも「修正主義集団」と批判した。「ソ連と連合して米国に媚び、反中国政策を積極的に遂行する宮本集団は、世界大会を利用して会議を分裂させ、裏切り活動を行う」という激しいトーンであった[18]。六八年もそうした罵倒ともいえる激しい批判は続き、「米帝」「蘇修（ソ連修正主義）」「宮本修正主義集団」などの強い表現を使った[19]。

一九六六年からの文化大革命運動は一〇年間続き、中国社会は大きな混乱に陥る。そのため、中国は世界大会に参加できる状況になかった。六九年以降、『人民日報』紙上には世界大会の関連記事も見られなくなった。

二　国際社会に平和的姿勢を表明する場

中国は文化大革命を経て以降、一九七八年末から改革開放の時代に入った。改革開放時代とは、中国が経済建設を国家建設の中心に据えることを意味した。中国の対外関係も画期的に変化し、ヒロシマをめぐる捉え方も従来と異なり、新たな段階を迎えた。

『人民日報』が再度、世界大会を取り上げたのは、一九八二年のことである。世界大会の開幕や参加者数、広島の全体会議と分科会および「広島アピール」の発表など、事実関係を淡々と報じている[20]。翌八三年の第二九回世界大会に中国は一八年ぶりにオブザーバーとして参加し、『人民日報』も詳しく報道した。これらの記事から、中国の世界大会に対する姿勢に大きな変化を読み取ることができる。広島はもはや外交的闘争の場ではなく、その報道も世界大会の開催や海外参加者、実行委員会代表委員による報告の内容、中国の参加者の状況などを感情的な論評をすることなく伝えた。参加した中華全国婦女連合会執行委員の施如璋は、会議の中で中国の核政策を次のように説明している。「中国は少量の核兵器を有しているが、その目的は超大国の核の独占と核による恫喝を打破するためである。中国は再三にわたり全世界に、いかなる時、いかなる状況下でも、中国は絶対に先に核兵器を使用しないこと、非核国家に対しては核兵器を使用しないことを無条件に保証する」(21)。この頃、中国は広島での世界大会と冷静に向き合うようになった。

中国は改革開放を掲げ、経済建設に専念するが、この点も施如璋が世界大会で強調したところだ。彼女は、中国は「長期的に平和な国際環境を必要としている」と述べ、世界大会に参加した印象を新華社通信記者に次の如く語っている。「各国の代表が違う意見を持つのは自然であり、率直に議論するのが有益だ」、「東京宣言」が言及する、「中国は両超大国と同様に、軍備競争と人類に一触即発の壊滅的局面をもたらしていることには責任を負うべきだ」との見解については、「断固として同意できない」と表明した(22)。ただ、反対意見を述べる際、罵倒のような強いトーンではなく、平穏な口調で述べていた。記事はまた、八月六日午前に広島の平和記念公園で開かれた平和記念式典についても事実を詳細に紹介した。四万八〇〇〇人余りが参加し、中曽根康弘首相が非核三原則を堅持すると発言し、荒木武市長が「平和宣言」を読み上げたことなども報じた(23)。

一九八四年の世界大会にも中国から五人がオブザーバーとして加わった。中国国際交流協会理事の羅冠宗は、「中国人は、日本と世界の人々と一緒に核兵器の全面的禁止と徹底的廃棄を勝ち取り、世界の平和を守るために共に闘う決意を表明する」と述べ、中国が世界大会に参加する意図を示した。『人民日報』は大会の開催、参加者の状況、荒木市長が読み上げた「平和宣言」など、事実関係を淡々と報じた。

一九八五年の世界大会には中国代表団が参加し、団長が「核戦争の危険は厳然として存在するが、全世界の平和を愛する国家と人民が団結して闘えば、新たな世界戦争は避けられる」(24)と述べ、この時期に中国で確立された「平和と発展」という時代認識を示した。新華社通信記者の署名記事は、平和記念式典を詳しく紹介している。[25] その後、中国はしばらくこのような姿勢で世界大会に関わった。八七年の世界大会に参加した中国人民保衛世界和平委員会の代表は、核軍備競争に反対し、世界の平和を守ると主張した。

一九八九年六月、中国で天安門事件が起きた。その年の世界大会について、『人民日報』は報道しなかった。九〇年は広島で総会が開かれたとの記事のみで、翌九一年は平和記念式典が紹介されるも、世界大会についての言及はなかった。九二年は世界大会のテーマや参加者などを簡単に紹介し、冷戦終結後も核戦争の危険が依然として存在するという大会の趣旨に触れる一方、平和記念式典については詳細に報じた。九三年は関連記事がなく、九四年は平和記念式典の紹介があった。

このように、広島は中国にとって世界大会に参加するための場から、中国が世界に向けて平和的な姿勢を示す象徴的な場となった。中日友好協会代表団は一九八七年四月に広島を訪問して巨幅の中国画を寄贈し、平和への期待感を表明した。四月二〇日には、広島市民に贈呈される中国画「鳳凰涅槃」（フェニックスの涅槃）の除幕式が広島市役所で執り行われた。式典に出席した中日友好協会名誉会長の王震団長は挨拶の中で、「郭沫若による『フェニックスの涅槃』という詩は、フェニックスが香木を集めて焼身して生まれ変わるという話だ。この典故に基づいて画家で中国美術家協会副主席の黄永玉が描いたこの中国画は、広島市が過去の不幸な歴史から生まれ変わったことを喩えるに相応しい」と述べている。広島の竹下虎之助県知事と荒木市長も挨拶し、広島市民を代表して謝意を表した。広島市役所のロビーに掛けられた中国画は幅六メートル、高さ三メートル。色彩豊かな美しいフェニックスが炎の中から天空に昇り、雲上に突き進む場面は壮観を極めた。[26]

一九八七年には、広島市と広島平和文化センターが五つの核保有国の新聞社の代表を広島に招待して「ジャーナリスト国際平和シンポジウム」を開催し、『人民日報』もこれを報じた。[27] 中国からは『人民日報』が招待され、他の招待者は米国の『ニューヨーク・タイムズ』、ソ連の『プラウダ』、イギリスの『タイムズ』、フランスの『ル・モンド』の代表であり、「核兵器、平和と新聞記者の役割」をテーマに議論した。これら海外の五大新聞の関係者に加え、日本からは全国紙の『朝日新聞』、そして地元広島の『中国新聞』の代表が登壇した。司会者が質問し、登壇者が最長でも五分間以内に答えるという質疑応答の形をとる二時間四〇分の議論は、広島の印象から、米ソ間の中距離ミサイル問題、世界の核脅威、チェルノブイリ原子力発電所事故、米国の戦略防衛計画、新聞記者の役割に至るまで多岐にわたった。その後、『人民日報』は広島を外国の主要都市の一つと位置づけ、現地の市民生活についても紹介するようになった。同紙は九一年三月一四日に広島で起きた交通システム建設工事の事故も報道した。広島でアジア大会が開かれた九四年、「広島」のキーワードが入った記事はスポーツ交流関連が圧倒的に多かった。

三　「過去の戦争」と「未来の方向」をつなぐ場

一九九五年は大きな転換点であった。同年八月七日付の『人民日報』は「対外侵略の悲惨な教訓」と題する第二次世界大戦の終結（中国人民抗日戦争勝利）五〇周年の論評を掲載した。「五〇年過ぎても、当時の惨状の記憶は少しも薄れていない」と書くとともに、原子爆弾による被害を詳しく記し、「二〇万人余りの無辜の死への同情、原爆投下への非難、日本人が戦後五〇年間核兵器反対を堅持する立場への理解」を表明した。そして、「しかし」という接続詞で、「広島が原爆投下に遭遇した原因を正確に認識し、歴史の教訓を正確に総括することが日本にとって極めて重要である」と続けた。その背景には、「日本では、ある人たちは自分たちが被害者であることを強調して、他国の人々への加害の罪を故意に覆い隠し、抹消している」という中国側の認識があった。この論評は、日本が長期的に対外侵略政策を遂行したことが、広島と長崎が原爆投下に遭遇した根本的な原因であると指摘した上で、

「日本の対外侵略と原爆投下との因果関係を明確にしてこそ、歴史の教訓を正確に汲み取ることができる」と強調した。最後に、当時の広島市長の平岡敬の文章を引いて、「広島の出来事は個別に存在するものでなく、歴史および戦争史全体の中で検討すべきもので、被害者の側面からだけではなく、加害者など多様な視点からも見るべきだ。広島は原爆に遭遇したが、それは日本の侵略の罪を免除するものではない」と、日本は過去を直視すべきだとの主張を強調した[28]。

『人民日報』の報道は、以下の四点を基調としているように思われる。第一に、広島の原爆被害は人類の大惨事であり、災難に遭った犠牲者とその関係者に深い同情と真摯な弔意を表明する。第二に、戦後、日本人の反核を堅持する立場を理解し支援する。第三に、広島が原爆投下に遭遇した根本的な原因は日本の長期的な対外侵略戦争政策にある。そして第四に、日本側の戦争責任の認識には問題があり、加害者としての視点からも見るべきで、「歴史の教訓を正しく総括すべき」である。

他方で、『人民日報』は一九九五年八月七日付で、広島の平和記念式典の様子を詳しく報じている。原爆死没者名簿の人数を紹介するとともに、村山富市首相や土井たか子衆議院議長、斎藤十朗参議院議長らの発言として、日本国憲法を厳守し、いかなる核武装の可能性も放棄して非核三原則を堅持するとともに、核不拡散条約（ＮＰＴ）を忠実に履行する義務を負うこと、核兵器の廃棄と世界の持続的な平和のために努力すること、などを記載した。平岡敬市長が読み上げた「平和宣言」も紹介し、「被害と加害との両面から戦争を認識しなければならない。戦争で亡くなった人々を忘れることなく、日本の植民地支配および侵略戦争で忍耐し難い苦しみを受けた人々にお詫びをする」と述べた旨を記した[29]。

このほか、一九九五年八月一六日付の『人民日報』には、「歴史は未来を警告する―日本で八・一五をみる」と題する長文が掲載されている[30]。「八月一五日」は何を意味するのかと問い、日本には二つの戦争観が鋭く対立していると指摘する。その上で、三つの対概念を挙げて論じた。「敗戦と終戦」について、「敗戦」でなく「終戦」に固執することは敗戦の事実を覆い隠すだけでなく、「軍国主義」からの日本人の解放をも曖昧にした、と指摘した。「加害と被害」に関しては、「被害」面が強調され、「加害」面が無視されている傾向があると指摘し、被害と加害の両方の面から戦争を直視するよう促した。そして、「過去と未来」について、「どこから来たのか」という過去について歴史問題を徹底的に清算していないために、「どこへ行くのか」という未来についての明確な方向性を見い出せないでいるのではないか、と指摘した。最後に、広島の原爆被害を記憶することは、未来への平和的な道を歩む決意を固める意味で、過去と未来の接点となる、と締めくくった。

同じ一九九五年の九月四日付の『人民日報』には、中日友好協会会長の孫平化の論文が掲載されている[31]。村山談話が過去の植民地統治と侵略戦争について謝罪と反省を表明したことに触れる一方、日本社会に存在する世界潮流に逆行する「怪しい現象」として、「不戦決議」の曖昧さ、閣僚の靖国神社参拝、島村宜伸文相の侵略戦争否認発言、広島と長崎の被爆の原因への不言及などを指摘した。孫会長は「怪しい現象」が存在する原因を分析した上で、日本は正しい歴史観、戦争観を確立し、先の戦争が侵略戦争であることを真摯に受け止め、謝罪し、国民に正しい歴史教育を実施するように期待を述べた。また、日中関係については、「前事を忘れず、後事の師とすべき」、との歴史の教訓を汲み取って前に進むべきで、日中双方とりわけ日本が国民に正しい歴史教育を行い、両国の国民に日中関係がここまで来るまでに先人たちの大変な苦労があったことを分かって欲しい、と強調した。そして最後に、中国人民の勝利の日であり、ある意味で日本国民の解放の日でもある九月三日（中国の抗日戦争ならびに反ファシスト戦争の勝利記念日）について、「九・三を記念して過去を回顧し、未来を展望し、歴史から学び、大多数の日本人と協力して未来志向の日中友好関係を発展させよう」と呼びかけた。こうした論説もまた、その後中国が歴史問題に関連した日中関係を語る際、よく見られる言説の一つになった。

同じ頃から日本国内、特に政界から侵略戦争を否定する言論が目立つようになる。『人民日報』は日本政界要人の侵略の歴史を否認する言行録を掲載し[32]、日本側の戦争責任の認識について報道し始めた。この時期、「広島市長、日本が戦争責任を取るべきと表明[33]」といった見出し記事が散見されるようになった。ここで中国が強調しているのは、「過去の戦争」に対する正しい認識は、未来の方向性の決定に有益であるということであり、未来に着目したプラス思考で過去の歴史認識を批判するという、いわば未来志向の歴史批判だと言えるだろう。

広島は単に「過去の歴史」を振り返るための場所ではない面があることも確認しておきたい。「異国風情」として広島を描いた記事は、また違う広島の「姿」を記録している。「平凡な小さなこと」として、ホテルの「避難経路図」を挙げて災害に備える意識が高い姿、街の信号や自動車のクラクションの音が少ないことに象徴される思いやりの姿、お辞儀や「すみません」という挨拶にみられる礼儀正しい姿、などを記して広島の人々を称賛した。最後には、記事の筆者が日本のお辞儀と挨拶に感心したことを日本の友人に話した際、その友人に「これらはすべて中国から伝来したもので、中国の孔子思想の影響を受けたから」、と言われたことを結びとした[34]。

二〇〇〇年代に入って以降、『人民日報』は時折、広島の平和記念式典の様子を紹介した。二〇〇一年の記事タイトル「広島は原子爆弾被爆五六周年を記念[35]」は、事実を淡々と記す。〇四年の記事も参加者数や死没者名簿の人数、政府関係者の発言、平和憲法の遵守および非核三原則を強調した、など事実関係を記した[36]。その後、〇七年、〇八年、一〇年、一一年は『人民日報』に平和記念式典の紹介記事が掲載される一方で、日本の歴史認識を批判する記事はあまりなかった。ただ、第二次世界大戦終結（「中国人民抗日戦争勝利」）六〇周年、七〇周年など、中国にとって特別な年には、ヒロシマと関連した戦争責任の認識問題が提起されている。六〇周年に当たる〇五年八月六日付の『人民日報』の記事「広島の悲劇、歴史的教訓はどこにある?」では、広島のテレビ局が、旧日本軍の戦争捕虜が六〇周年に当たって撫順戦争捕虜収容所を訪問したことを報道した。その上で、「より重要なのは、原子爆弾の惨劇は日本の対外侵略戦争がもたらしたことを意識しているかどうかだ」と指摘した[37]。また、日本の戦争責任の認識不足を批判する題材としてヒロシマを提起することもあった。たとえば、「日本はなぜ自分に罪がないと感じるのか」という記事（『人民日報』〇五年五月一八日付）では、第二次世界大戦に触れ、「日本は原子爆弾の攻撃に遭った広島と長崎をすぐに思い出して、自らを純粋な戦争被害者だと認識してしまう」と批判している[38]。

被爆七〇周年に当たる二〇一五年、「被爆の悲劇は侵略の歴史を覆い隠す口実にはならない」と題する記事が八月七日付の『人民日報』に掲載される。平和記念式典の様子から始まり、安倍晋三首相が発言の中で、一九九四年以来、首相が式典で言及してきた非核三原則に触れなかったことが民衆に抗議されたこと、被爆者七団体が平和憲法を守る請願書を提出したことを指摘するなど、記事の趣旨は安倍政権の安全保障関連法案に反対することにあった[39]。

二〇一六年五月にオバマ米大統領が広島を訪問したことについて、「米大統領の広島への旅は、誰が誰をカードとするか」と題する記事が掲載されている。米大統領が平和記念公園にある原爆死没者慰霊碑に献花したのは初めての出来事であるが、民衆は「核兵器廃棄」「米軍基地を撤退」などのプラカードを掲げ、「オバマの広島訪問に反対する」などのスローガンを叫んだと記した。記事はまた、日本の右翼に利用され、日本の「被害者」イメージが強められ、日本社会の右傾化がさらに進むことに警戒するよう注意も促した[40]。加えて、この年の広島平和記念式典での安倍首相の発言も紹介して、安倍政権が採決した安全保障関連法案を批判した[41]。

四　「広島」をめぐる随筆

『人民日報』には、政治社会の出来事や論評などの記事以外に、「広島」に関する随筆も散見される。それらは数こそ少ないものの内容が興味深い。随筆は文学的な色彩が強いエッセイであるが、ここでは以下の四編を取り上げて、その背景にある「平和」への思いを探ってみよう。

一つ目は「広島の鳩の群れ」[42]である。「私はまた広島を、広島の鳩の群れを思い出す」で始まる叙情的なこのエッセイは、原爆の翌年に赤い花を咲かせた夾竹桃が広島市の花だと言ったタクシー運転手の話を回顧する。また、「平和の灯」は全世界の核兵器が消滅する日まで灯っていると語る広島平和記念資料館の元館長高橋昭博の案内と解説を紹介しながら、平和を希求する高橋元館長の強い思いを伝えた。筆者はまた、慰霊碑前の広場で見た景色（川の流れ、遠い山、広い芝生、そして大空に羽ばたく鳩）を描くことで、平和と友情、そして広島の人々の平和への渇望を表す。同時に、広島は一九三〇年代には「軍国主義がアジアを侵略する跳躍台に陥れられた」ことに触れ、日本の侵略戦争は日本人にも多大な災難をもたらしたと書いた。そして、「可愛い鳩の群れは、広島の人々の平和への願望の象徴だ」、と平和を擁護する広島の決意を強調して文章を結んだ。

二つ目は「平和は広島の最強の声」と題する訪日の紀行文である。[43]筆者は平和公園で見た慰霊碑の碑文、少女の像と折り鶴、原爆ドームなどを紹介した。また、広島平和記念資料館館長の川本義隆の案内と解説、「記念館は戦争に対する反省のために建設され、日本は侵略戦争から教訓を汲み取り、永遠に広島の悲劇を繰り返さないようにしなければならない」という川本館長の話も紹介し、「過ちは繰返しませぬから」（慰霊碑の碑文）、「平和を促進するために努力する」（平岡市長が中国代表団にかけた言葉）など、広島で「平和」に関する「最強の声」を聞いたと記した。

三つ目は「広島への憂慮と思考」[44]。テレビプロデューサーの筆者は、他国の同業者と広島に招待された。広島平和記念資料館の展示、特に説明文を丁寧に読み、戦争の背景として日本の軍国主義者による南京大虐殺が言及されていないことに愕然とした。彼は錯覚に襲われる。あたかも自分が南京大虐殺記念館に引き戻され、門前の石碑に鮮明に刻まれる三〇万の数がずっと目の前に見え隠れしたのである。また、「母親の祈り」という映画を一緒に見たフィジー人との会話の中で、犠牲者数（広島の二〇万人と南京大虐殺の三〇万人、日中全面戦争八年間の三五〇〇万人の中国人犠牲者）の比較に言及した筆者は、結局は憤慨ではなく、「誰もが戦争は嫌いだ」というフィジー人の独り言の感慨を引いて締めくくった。そして末尾に慰霊碑の景色を描きながら、戦争への反省を呼びかけた。

四つ目は「広島の悲劇、歴史の教訓はどこに」と題するエッセイだ。(45) 何度も広島を訪問した筆者は、「日本は胸に手を当てて自問するのか、原爆投下に遭遇したのは日本が侵略戦争を発動した結果であることを認識しているのか」という内心の疑問を前置きに、広島での三つの出会いを紹介した。まず画家の平山郁夫との会話。筆者は平山の話から、この画家がいかに人類を愛し、日中友好の促進を重要視しているかがよく分かったと書く。次に原爆被爆の生存者であり、資料館の元館長の高橋昭博の話。高橋元館長は、「戦争の被害者は広島の人だけではなく、日本の侵略戦争で殺害された中国などのアジア諸国の人々もいる」と語り、筆者はその言葉から「多少慰めを得た」と感想を綴った。さらに、二〇〇五年七月二六日に一人の右翼が大理石の慰霊碑に書かれた「過ち」という文字を削ろうとしたこと、翌日に広島のラジオが、米国老兵の「日本は真珠湾攻撃の歴史を覚えておくべきだ」との発言を放送したこと、さらに同じ日に広島のテレビが旧日本軍の戦争捕虜が「抗日戦争勝利六〇周年を記念して」撫順戦争捕虜収容所を訪れたと報じたことなどを、羅列して紹介した。そして最後に、「歳月が流れても決して広島の人々の心の傷を消し去ることはできない」、「最も重要なのは、原子爆弾の惨禍は日本の対外侵略戦争によりもたらされたことを人々が意識しているかどうかだ。広島市長秋葉忠利の言葉に『歴史は記憶していないと繰り返す』とあるが、いかに歴史を正確に認識するかは、依然として人々が直面する課題である」とまとめた。

おわりに

以上、広島で開催される原水爆禁止世界大会と平和記念式典について、『人民日報』の記事を時系列に追って紹介した。これらの記事の分析から、中国のヒロシマをめぐる捉え方に三つの段階があることが読み取れた。第一に、中華人民共和国の建国後から一九六〇年代後半までで、広島という場で外交的闘争を繰り広げた時期である。反米から反ソまで外交的闘争を繰り広げた結果、中国は国際的な孤立状態に陥った。この時期の中国の平和観は「闘争」としての外交に立脚していたようにみえる。

第二に、一九七八年の改革開放時代に入ると、中国のヒロシマ観に大きな変化が現れる。中国は世界大会に再び参加するようになったが、従来の如く外交的闘争を行うのではなく、国際社会に平和的な姿勢を示すようになった。広島との付き合い方も変わった。広島の異国風情を描いて楽しんだり、広島での平和をめぐる議論を共有したりした。また、広島を外国の重要な都市と位置づけ、その市民生活にも関心を寄せた。広島で開催されたアジア大会でのスポーツ交流も楽しんだ。この時期の中国の平和観は、平和的姿勢を示すことを通して表明された。

第三に、一九九五年の「中国人民抗日戦争勝利」五〇周年の頃から、中国は日本の戦争責任認識に問題があるとみて、広島という「被害」の場で、日本側に「加害者」としての自覚を促そうとした。未来志向の「平和」の道を歩むには、「過去の戦争」を「正しく認識」しなければならない、と繰り返し日本側に求めた。こうした態度は、日本国内で中国が日本の戦争責任をむやみに追及していると受け取られたが、中国側は過去の戦争を正しく認識することを「日中関係の基本」と位置づけていた。換言すれば、中国はヒロシマを「過去の戦争」と「未来の方向」の接点と捉えていたのである。

戦争責任をめぐる日本側の認識を批判しつつ、未来の平和な道を呼びかけるのは、中国なりの「未来志向」へのメッセージかもしれない。こうした姿勢は、二つのレベルで歴史の記憶を共同構築する可能性を示唆している。一つは、「ノーモア・ヒロシマ（No more Hiroshima!）」をともに唱える中で、「要和平、不要戦争（平和を希求し、戦争をなくそう）」を一つの価値観として共有することである。つまり、核兵器を戦争に使う歴史の悲劇の繰り返しに反対することは人々の共通の願望だ、という主張を普遍的な価値とすることだ。前述した「核戦争の根源」は「核兵器」にあるか「米帝国主義」にあるか、といった論争から脱却して、核兵器廃絶に関心が集まる気運を高めることにつながるだろう。

いま一つは、市民社会レベルでの平和に向けた共同作業である。たとえば、二〇一七年に中国の南京民間抗日戦争博物館と広島の実行委員会が共同で「閉ざされた記憶　ノーモア南京展」を広島で開催し、一八年に日本の人々が南京大虐殺の被害者を追悼する活動に従事したように、両国の市民が共同で記念、追悼、記憶への活動を積み重ねていくことである。ちなみに、一七年の「ノーモア南京展」について、中国外交部の報道官は肯定的な評価をしている(46)。

ただ、真の意味での「未来志向」は、過去の戦争責任に対する認識を「正す」ことだけにとどまらない。「認識を正す」ことは現実には難しく、逆に「不信」を増幅させることもある。また、前述した共同記憶を構築していくだけでもなかろう。苦しみをともに感じられても、共通した幸福を創造することに必ずしもつながらないからだ。真の「未来志向」では、核兵器の非人道性そのものに着目して「政策」を正すというレベルで、国際社会の反核政策やその動向に関する情報を共有し、核政策も含めた政策の協調を模索することが求められるであろう。

【注】

(1)「原子弾外交的苦悩」『人民日報』一九四六年八月八日付、一面。
(2) 仁「不許広島的悲劇重演！」『世界知識』一九五二年第三三期、一一頁。
(3)「反対原子戦争、反対使用原子武器」『人民日報』一九五五年八月六日付、一面。
(4)「禁止原子弾和氢弾世界大会閉幕」『人民日報』一九五五年八月一七日付、一面。
(5)「我国代表団到広島慰問原子弾被害者」『人民日報』一九五五年八月二一日付、四面。
(6)「禁止原子弾和氢弾世界大会進行分組討論」『人民日報』一九五六年八月一二日付、五面。
(7)「親眼看看原子弾的禍害」『人民日報』一九五七年八月一九日付、六面。
(8)「劉寧一在禁止原子弾氢弾世界大会予備会議上講話」『人民日報』一九六〇年八月三日付、五面。
(9)「周培源団長譴責美国把日本拖向更大的戦争災難」『人民日報』一九六一年八月八日付、六面。
(10)「巴金在禁止原子弾氢弾大会予備会議上説核戦争的威脅来自美帝国主義」『人民日報』一九六二年八月二日付、四面。
(11)「出席広島禁止原子弾氢弾大会的中蘇代表譴責」『人民日報』一九六二年八月九日付、四面。
(12)「我国代表痛斥蘇聯代表団長的誹謗和挑衅」『人民日報』一九六三年八月八日付、三面。
(13)「中国堅決反対美帝国主義　蘇領導人却同敵人勾結」『人民日報』一九六三年八月二五日付、三面。
(14)「我代表団団長劉寧一発言賛揚日本禁止核弾運動偉大成就」『人民日報』一九六四年八月二日付、四面。
(15)「我代表団団長劉寧一在禁止核弾世界大会上講話」『人民日報』一九六五年七月二九日付、三面。
(16)「周総理電賀禁止原子弾氢弾世界大会勝利召開」『人民日報』一九六五年七月二八日付、一面。
(17)「周総理電賀第十二届禁止原子弾氢弾世界大会」『人民日報』一九六六年七月三一日付、一面。
(18)「徹底背叛反帝反修革命路線」『人民日報』一九六七年八月一一日付、五面。
(19)「日修集団為美帝蘇修效労」『人民日報』一九六八年八月一二日付、五面。
(20)「禁止原子弾氢弾世界大会在長崎閉幕」『人民日報』一九八二年八月一一日付、七面。
(21)「禁止原子弾氢弾世界大会在東京開幕」『人民日報』一九八三年八月二日付、六面。
(22)「我参加禁止氢弾大会観察員発表談話」『人民日報』一九八三年八月七日付、六面。
(23)「広島挙行悼念原子弾受難者大会」『人民日報』一九八三年八月七日付、六面。
(24) 王蘭英「我代表団長表示中国随時準備為核裁軍作出貢献」『人民日報』一九八五年八月四日付、六面。

(25) 孫東民「紀念遭受原子弾轰炸四〇周年」『人民日報』一九八五年八月七日付、六面。
(26) 姚力「中日友协向広島市民贈送中国画『鳳凰涅槃』」『人民日報』一九八七年四月二一日付、六面。
(27) 席林生「広島国際和平討論会去来」『人民日報』一九八七年八月一一日付、六面。
(28) 張国成「対外侵略的惨痛教訓」『人民日報』一九九五年八月七日付、六面。
(29) 張国成「悼念原子弾爆炸死難者」『人民日報』一九九五年八月七日付、六面。
(30) 李仁臣、孫東民、張国成「譲歴史警示未来」『人民日報』一九九五年八月一六日付、七面。
(31) 孫平化「牢記歴史　発展友好」『人民日報』一九九五年九月四日付、六面。
(32) 「近年日本政要否認侵略歴史言行録（資料）」『人民日報』一九九六年八月一五日付、六面。
(33) 王如君「広島市長表示日本応承担戦争責任」『人民日報』一九九六年七月三一日付、六面。
(34) 王如君「平凡小事看広島（異国風情）」『人民日報』一九九六年一二月一日付、三面。
(35) 「広島紀念遭原子弾轰炸五六周年」『人民日報』二〇〇一年八月七日付、三面。
(36) 「広島悼念原子弾爆炸死難者」『人民日報』二〇〇四年八月七日付、三面。
(37) 「広島悲劇、歴史教訓何在?」『人民日報』二〇〇五年八月六日付、三面。
(38) 「日本為何自感無罪」『人民日報』二〇〇五年五月一八日付、三面。
(39) 「核爆悲劇不是掩盖侵略歴史的借口」『人民日報』二〇一五年八月七日付、二一面。
(40) 高石・田泓・賈文婷・于景浩「美国総統広島行、誰是誰的牌?」『人民日報』二〇一六年五月二八日付、一一面。
(41) 「安倍出席広島核爆紀念活動遭抗議」『人民日報』二〇一六年八月七日付、三面。
(42) 韋平「広島的鳩群」『人民日報』一九八七年八月二日付、七面。
(43) 「和平―広島的最強音」『人民日報』一九九三年一月二日付、六面。
(44) 刘力「広島憂思」『人民日報』一九九七年四月七日付、一二面。
(45) 楊成緒「広島悲劇、歴史教訓何在?」『人民日報』二〇〇五年八月六日付、三面。
(46) 「中方積極評価中日地方団体合弁南京大屠殺相関展覧」『人民日報』二〇一七年七月一九日付、三面。

第五章　日本による東南アジア占領統治と第二次世界大戦後の発展に与えた影響

ナラヤナン・ガネサン

はじめに

日本による東南アジアの占領統治は、全域が日本軍の手に落ちた一九四二年六月から日本が降伏した四五年八月までの三年あまり続いた。タイを除く東南アジア全域が占領統治下に入ると、欧州による植民地支配が崩れ、占領統治終了後すぐの政治的独立の先触れとなった。日本の占領統治は地元住民への残虐行為により記憶され、第二次世界大戦とともに、一つの時代が終わる区切りとなっている。四五年以降の展開は東南アジアの歴史において近代とされることも多い。本章では、日本の東南アジア占領統治が第二次世界大戦後の発展に与えた影響を検討する。

一　欧州列強による植民地支配と第二次世界大戦時の日本の占領統治

1　一九世紀以降の植民地支配の加速

東南アジアのほとんどは一九世紀に入って植民地支配されたが、支配地域やそこから得られる重要な産物である香辛料や農産物、原料、鉱物などをめぐって対立があった。植民地支配のプロセスは様々であり、現地の指導者や先住民との戦闘により征服された国もある。大陸部では、カンボジア、ラオス、ベトナムの三カ国からなるインドシナの征服におけるフランスの砲艦外交が有名であった。同様に、インドを足掛かりに東南アジアの植民地化に乗り出した英国は、三度の戦いを経てビルマ全土を征服している。また、オランダはインドネシア、特にイスラム王国であったアチェの征服に長期にわたる戦いを強いられることになった。

一九世紀における植民地支配の急速な拡大は、欧州列強間の競争激化にもつながった。その結果、対立を避けるため、それぞれの国が支配・統治する地域の境界を定めるための国際協定が国家間で締結された。中でも注目すべき国際協定が二つある。一つは、一八二四年に締結された英蘭ロンドン条約であり、オランダはマレー半島にあるマラッカの統治権を英国に移譲し、代わりに英国からスマトラ島にあるベンクーレンを譲り受けた。この条約によって、両国はそれぞれの地域における裁量権を維持すると同時に紛争を回避することができた。その後、英国は、二六年にマラッカ、ペナン、シンガポールからなる海峡植民地を形成し、外国向け貨物輸送を円滑化し、強固な地位を築くことになった。

もう一つは一八九六年に調印された英仏宣言である。これにより、タイは自国の政治的独立を維持することになり、東南アジア大陸部における英仏間の対立を鎮めることになった。一九〇九年に結ばれた英泰条約によりマレー半島北部四県は英領となったが、ヤラー、サトゥーン、ナラーティワート、パッターニーの四県はタイが維持した。その結果、マラヤからタイ南部へのマレー系イスラム教徒の移動が自由になったが、その後、イスラム教徒による反政府活動へとつながり、タイの領域支配と統合が複雑化することになった。日本は、ケダ、プルリス、クランタン、トレンガヌの英領マラヤ北部の四県を、東南アジア大陸部への進出の報酬としてタイに割譲したが、四五年八月の日本敗戦後、この四県は英領マラヤに再統合された。

2　第二次世界大戦期の日本による占領統治

日本による東南アジア侵攻が本格化したのはかなり早く、日本軍がベトナム北部に進駐した一九四〇年であった。そこから日本軍の攻撃は東南アジアの大陸部へと拡大する。二度目の襲撃は二手に分かれて行われ、一つはコタバルへの上陸を追い風としてマラヤへと南下し、もう一つはビルマそしてビルマとインドの国境に向けて北に侵攻していった。この第二波により四二年二月までにマラヤとシンガポールを侵略した。島嶼部では、列島全体に展開した日本の部隊によりインドネシアが占領され、島嶼部の最後の大きな戦いとなったのは、四二年五月のフィリピンのコレヒドール島の戦いであった。四月のバタアン半島の陥落と五月のコレヒドール島の戦いはフィリピンの歴史に深く刻まれることになる。米軍とフィリピン軍の投降により、その捕虜は歴史的にも最大規模の七万六〇〇〇人となり、そのすぐ後に、「バタアン死の行進」が始まった。四五年八月に日本が連合国に無条件降伏をするまで、この地域全体が日本の占領統治下にあった。

第二次世界大戦の勃発とその後の日本による占領統治は、東南アジア全体に多大なる苦難をもたらすこととなった。日本軍の侵攻により、多くの生命が奪われ、爆撃で広範な財物が破壊された。連合軍にとって日本軍は太刀打ちできる相手ではなかった。また、日本軍は占領統治中に人命を軽視する残虐行為を行った。その具体例として、五万人に及ぶ華僑が集められて虐殺されたマラヤ・シンガポールの華僑粛清事件（大虐殺）がある。また、悪名高い「バタアン死の行進」では、多くのフィリピン軍と米軍捕虜の命が奪われた。大陸部の北部攻撃のためのタイとビルマを結ぶ泰緬鉄道、別名「死の鉄道」の建設では、約一〇万人の命が奪われたが、その多くは連合軍の捕虜と現地の徴集者であった。日本の憲兵隊はその厳しい取り調べや、批判者や協力しない人間を出さないための抑止力として切断した頭部を杭に乗せるなどして、地元住民に恐れられた。

米国による広島と長崎への原爆投下後、一九四五年八月に日本は連合軍に無条件降伏を行った。この原爆投下は、戦争の早期終結をもたらしたとして欧米では評価された。ここで注目すべきは、広島への原爆投下は日本軍を降伏させるために必要であった、というのが東南アジアの一般的な見解である点である。東南アジアのほとんどのエリートは、日本の軍国主義とその結果生じた侵攻と占領統治に対して極めて批判的であった。シンガポールのリー・クアンユーは日本に対して常に非常に厳しい意見を持ち、終戦後も長きにわたり日本の東南アジアに対する動機と野望に対して非常に慎重な姿勢を示し続けた。この地域の連合軍を指揮したダグラス・マッカーサーが日本の降伏を監督することになった。また、東南アジア地域の領土をかつての宗主国に返還するため、東南アジア軍司令部（SEAC）が設立された。この米英の取り組みは欧州の宗主国に領土を平和的に返還することを目的としたが、米英両国は地域各国の早期の政治的独立を強く望んでいた。米国は植民地には関心を持っておらず、四六年には早くもフィリピンの独立を容認し、英国は帝国による歴史の時代の終焉を認め、四八年のビルマを皮切りに地域における英国領の独立に対する交渉に取り掛かった。

二　反日感情と反植民地感情の発生

1　強い反日感情と反植民地感情の出現

戦争と日本による占領統治の最も直接的で大きな影響は、東南アジア地域における強い反日感情の出現であった。この反日感情は広く各国に及び、基本的には日本による占領統治の残虐行為だけでなく、戦時の殺戮と破壊によりもたらされたものであった。東南アジアへの日本軍の侵攻は、日本に対する強い負の感情を生み出した。広島と長崎への原爆投下は、多くの人命の喪失と破壊があったにもかかわらず、戦争の早期終結のために必要だったと考えられた。広島で平和研究と教育に携わる者として、東南アジアにおける日本軍の戦時中の行動が第二次世界大戦における原爆使用を正当化するものと考えられていることを認識しなければならない。

地元住民やその上に立つエリートは反日感情をはっきりと表した。植民地の再所有を求めた旧植民者にも軽蔑的な見方がされた。この反感は、欧州の植民者の優越感とその統制手段が日本によって瞬く間に覆されたことからくるものであった。東南アジアでは白人に対する畏敬の念を持つこともなくなり、地元民は自らの手による国の支配を求めた。

2　インドネシア、マレーシア、ビルマ、フィリピンへの影響

日本による占領統治は地域の住民に非常に強い負の影響を与えたが、国によって異なる独特の影響が見られた。東南アジアの四カ国は非常に特異な経験を共有した。まずインドネシアでは、一九四五年八月の降伏時にインドネシア共和国の独立を宣言した。独立宣言はスカルノとモハマッド・ハッタをはじめとするインドネシアの民族主義運動の主導者の協力により発せられ、オランダによる領土の再所有を阻むことを意図した。しかし、三〇〇〇人の日本兵がインドネシアにとどまり、オランダへの返還を阻止するために戦ったことにより、事態はさらに複雑化した。この展開による直接的、中長期的影響が見られた。

直接的影響として現れたのが、オランダへの返還に反対する強力な抵抗運動である。一九四五年八月から四九年一二月の間に、オランダは独立運動に対抗すると同時に交渉も行うことになった。インドネシアの独立が国際的にようやく認められたのは、米国と国連からの圧力によりハーグで会議が開かれた後の四九年一二月であった。この四年に及ぶ期間は、インドネシア政治の革命期と呼ばれ、インドネシアのその後の発展に大きな影響を及ぼした。スカルノとハッタをはじめとした戦いと交渉に関与した人々がインドネシアを率いることになり、「四五年世代」と呼ばれたこのグループは、その後三〇年にわたりインドネシアの国内政治を支配することになった。また、公式

見解として、インドネシアは四五年八月のインドネシア独立宣言により独立を成し遂げたと主張している。

この革命期に続くインドネシアの展開は、左派寄りのスカルノの下での国内政治と外交政策の形成である。スカルノは常に革新的な言葉で演説し、旧宗主国を「衰退する旧勢力（OLDEFOES）」と呼び、アジアやアフリカの新興国を「新興勢力（NEFOES）」と呼んだ。冷戦期の中国やソ連との友好関係など、外交政策におけるスカルノの左翼傾向は軍閥主義を支持する米国による内密の介入を招き、一九五七年から五九年にはスマトラ島とスラウェシ島で独立を企てる動きが起きた。この体制の中で、スカルノは五五年にアジアとアフリカから第三世界の指導者を集め、アジア・アフリカ会議をバンドンで開催した。スカルノの下でインドネシアは、カリスマ的エリートが率いるエジプト、インド、ユーゴスラビアとともに、六一年に非同盟運動を創設した。

さらに、この革命への情熱は、インドネシア列島の中心に位置するボルネオ島のサバとサラワクを含む、新たに形成されたマレーシアに対して軍事的対峙政策を宣言した際のスカルノの外交政策に、はっきりと表れていた(1)。スカルノの名前と革新的な内容の演説はインドネシアの政治と政党に大きな刺激を与えた。例えば、スカルノの娘であるメガワティ・スカルノプトゥリはインドネシア民主党の党首に就任している。メガワティが一九九九年に改めてインドネシア闘争民主党（ＰＤＩ―Ｐ）を結成した時にアルファベットの「Ｐ」が付け加えられたが、これはインドネシア語で闘争（*perjuangan*）を意味する。こうした動きは革命期が始まってから五〇年後のことであり、戦後の展開が長期的に続いていることを示している。

マレーシアの場合は、日本による占領統治の結果、英国と左翼系グループであるマラヤ共産党やマラヤ人民抗日軍などとの協力関係が作り上げられることになった。これらの組織は兵士を徴募し訓練して、占領する日本兵に対するゲリラ戦を戦った。そのため連合軍が戦争に勝った際、これらのグループの貢献も認められ、日本の降伏後にシンガポールで行われた戦勝パレードへの部隊参加が認められた。その後、英国は、これらの兵士が武装解除して市民生活に復帰することを望んだ。しかし、とりわけマラヤ共産党はそれを拒み、英国軍との戦いを続けた。そのため治安状況が悪化し、英国は一九四八年から六〇年までマレー半島に非常事態を宣言することとなった[2]。その間、共産党ゲリラの補給路を断つために、彼らが潜伏する国境沿い森林部の五〇万人の村民を強制的に再定住させる政策が実施された。時間とともに共産主義者の脅威を無効化することができたが、共産主義者には華人も多く民族の問題が重なったため、初期の国家建設の取り組みは難航した。日本による占領統治後の四六年に結成された統一マレー人国民組織の中で、マレー人のナショナリズムを支持するリーダーは、早期独立につながるものの、スズ鉱山やゴムのプランテーションで働くためにマラヤに連れてこられた多くの華人・インド人労働者に市民権を与えることにもなる英国主導のマラヤ連合計画に対して、反対するロビー活動を行った[3]。

ビルマにおける占領統治後の展開は、落ち着きを取り戻そうとする英国の取り組みを複雑にした。植民地支配の間、勇壮な資質を評価して高地人を軍人として積極的に採用してきた英国は、ビルマ軍に民族単位の部隊を編成した。また、高地地方ではマラリアを懸念し、植民地支配を行わず、辺境地域と位置づけ、現地の指導者と協定を結んでこの地域を分割統治した。この結果、直接統治により植民地化された低地と間接統治により比較的独立した状態の高地との間で大きな分裂を生むことになった。この状況をさらに複雑にしたのが、国の独立運動を率いていた「三〇人の志士」が日本軍の軍事訓練を受けていたことである。そのため、英国はこれまで占領統治していたにもかかわらず、日本仕込みの独立運動に直面することになった。幸いにも、一九四八年のインドとパキスタンに次ぐ早期の独立をビルマに対して認めたことで、その状況は抑えられた。独立運動の主導者であるアウン・サンは四七年に暗殺された。これは、国が武装分離主義に陥って一年が経過し、政治的独立が認められた直後、そして四八年の正式な独立の前のことであった。アウン・サンと一部の少数民族指導者の間で結ばれた四七年のパンロン協定の下で、高地人と低地人の統合が実現できなかった場合、一部の高地の少数民族に対し、分離の権利が約束されていた。主要民族であるビルマ族と仏教に優位な新国家の動きに対して、少数民族が不満を抱いたことにより、四九年に反政府暴動が勃発したが、これは二〇二〇年の今日まで続いている(4)。

先に述べた三カ国と同様に、フィリピンもまた日本の占領統治から特異な発展を遂げている。一九四二年五月に日本に陥落する前の戦闘が凶暴だったことや占領統治中に多くの民間人犠牲者を出したことから、フィリピンでは四五年の日本降伏後に強い反日感情が広まることとなった。日本兵に対する性的奉仕のために、多くの現地の女性が動員されたことに対する処罰や補償を求める声も上がった。中国や韓国の場合と同様に、慰安婦たちは日本に対し認識と補償を求めた。彼女たちは、子孫に対し自分たちの経験を詳細に語り継ごうとし、この慰安婦問題は現在でも、日比関係の火種となる。

米国はフィリピンを植民地化し、また戦争を連合国の勝利に導く上で主導的役割を果たし、戦後の諸取り決めにも影響力をもたらした。戦争中と占領統治中の日本軍による残虐行為の結果、フィリピンとともに米国は日本兵に対し戦争犯罪裁判を開始した。これらの裁判にはフィリピンの裁判官も参加し、一部の裁判官が関連業務のために東京に派遣された時にはその存在感を高めることになった。

両国間の強力な軍事協力は、米比軍事基地協定により続いた。この協定によりフィリピンはスービック湾に米国の国外最大の海軍基地を、そしてクラーク空軍基地の設置を受け入れた。グアムや沖縄のような他の太平洋の島に駐留する軍隊とともに、この両基地と軍隊の駐留は太平洋地域での攻撃を抑止する目的があった。フィリピンの人々には米軍や基地での就労に対し平等の権利が与えられ、フィリピン軍は一九五〇年代の朝鮮戦争そして六〇―七〇年代のベトナム戦争では米国による共産主義の封じ込めにも参加した。

三　東南アジアの政治的独立と冷戦の影響

1　ナショナリズムと独立運動の台頭

戦争と占領統治の直後の最も差し迫った政治的動きとして、ナショナリズムの台頭と宗主国からの政治的独立があげられる。占領統治による犠牲と疲弊に加え、宗主国が日本軍の猛襲から地域を守れなかったことに対し、地元民の間では強い反感があった。その結果として、東南アジアの人々の間で、独立を成し遂げ自分たちの尊厳を取り戻そうとする強いナショナリズムの気運と運動が起きた。カリスマ性の強い現地のエリートたちが、宗主国に対する抵抗と交渉の中でその運動の先頭に立った。

東南アジアでは、インドネシアのスカルノやベトナムのホー・チ・ミンなど、独立運動の先頭に立つカリスマ性の高いエリートたちが数多く出現した。同様に、独立協議が行われた国でも多くのカリスマ的エリートが生まれた。その代表として、ビルマのアウン・サンやマレーシアのトゥンク・アブドゥル・ラーマン、シンガポールのリー・クアンユーなどがあげられる。英国の植民地においては協議による独立の方がずっと容易であり、フランスやオランダとは異なり、英国は植民地としての統治領に対する独立受け入れに寛容であった。時とともに、地域のエリートたちは、国境を越えた地域的アイデンティティを新たに見いだし、それを存分に生かして、独立後の成長と発展に向けて協力しようと努めたが、冷戦時代の到来とそれに伴うイデオロギー的二極化により完全な協力体制を生み出すことはできなかった。

2　二段階に分かれる政治的独立

東南アジアは大きく二つの段階において政治的独立を果たした、という歴史的見解が一般的である。最初の段階は一九四六年にフィリピンで始まり、四八年にビルマが続いた。英領マラヤに対し独立を認めるための英国のマラヤ連合計画は地元の指導者たちから強く拒絶された。その結果、次に独立を果たしたのは四九年のインドネシアである。続いて、ラオスとカンボジアが国際介入により五三年の一〇月と一一月にそれぞれ独立を遂げたが、これには両国が中立を保つことによりベトナムから生じる共産主義の脅威を未然に食い止めてほしいという願いが込められていた。第一次インドシナ戦争で五四年七月に共産主義勢力ベトミン（ベトナム独立同盟）にフランスが敗れた後、主要国によりジュネーブ協定が成立し、ベトナムは北緯一七度線をもって共産主義の北ベトナムと西側（特に米国）の支援を受け軍事独裁政権になる南ベトナムに二分された。この展開は地域の政治的独立の第一段階を特徴づけるものとなった。

第二段階は、マレー半島の九つの州と海峡植民地であったペナンとマラッカが統合したマラヤ連邦が、英国から独立したことに始まる。海峡植民地であったシンガポールは、第二次世界大戦後、英国の直轄植民地としてその支配下に戻った。その後、一九六三年に英国は残りの領土を手放してマレーシアの一部とすることに決め、英領ボルネオのサバとサラワクとシンガポールの直轄植民地が合併し、マレーシアが形成された。サバとサラワクの間に挟まれたブルネイはこの連邦に加わらない選択をし、最終的に独立が認められる八四年まで英国の保護領の立場を維持した。

政治権力がマレー半島のクアラルンプールにあったため、マレーシアとして連邦を拡大することは容易ではなかった。この地域ではかつて例を見ない統一国家としての新体制が形成されたことに憤慨したインドネシアのスカルノ大統領は、すぐに新連邦に軍事的に対抗する政策を開始した。運よく、オーストラリア、ニュージーランド、英国の三国体制の下、第二次世界大戦後の英連邦の残留部隊がまだ駐留していたため、その脅威をかわすことができた。英国は早くも一九五七年には、マラヤ連邦とその拡大地域を外的脅威から守ることを保証する英マラヤ防衛協定を締結していた(5)。マレーシアとシンガポールの不安定な融合は、六五年八月にシンガポールがマレーシアから分離した際に早くも大きな犠牲をもたらした。両国の指導者の間には相性の問題や、民族・宗教における問題、政策の違いなど多くの面で意見の対立があった(6)。このシンガポールの政治的独立は、地域の政治的独立の第二段階の終わりを示すものとなり、八四年に独立したブルネイは一般に特異例と考えられている。また、二〇〇二年の東ティモールのインドネシアからの政治的独立は、伝統的な戦後の展開の枠組みからは外れると考えられている。

3　冷戦の東南アジアへの波及

日本による占領統治後に起きた東南アジアの政治的独立の時期は、米ソ間の冷戦時期と完全に一致する。他の地域と同様に、東南アジアでは敵対的政策策定につながることも多かった国家間のイデオロギー的両極化の顕著な特徴が見られる。

米ソの対立を基礎とする冷戦は、世界の多くの場所で展開したが、アジアではやや異なる様相を呈した。というのも、一九四九年に中国が共産主義になったのち、ソ連は、中国が共産主義のイデオロギーをアジアで広めることを認め、自らは欧州での戦いに集中したためである。欧州では、東欧のワルシャワ条約機構の加盟国と、米国が率いる北大西洋条約機構が対極的立場を取っていた。中国はアジアで地理的に近い上、東南アジアの多くの国とも国境を接しており、共産主義者による反政府活動の支援がかなり容易であった。中国共産党の指導者である毛沢東は革命の輸出に力を注いでおり、中国が五〇年から五三年まで朝鮮戦争に巻き込まれた時にもその傾向が見られた。

共産主義のイデオロギーは世界の他の地域と同様に、東南アジア全体に影響を及ぼした。東南アジアの場合、イデオロギーとともに武力紛争までもインドシナにもたらした。多くの国々と国境を接しており、しかも革命を輸出するという政策をとっていた中国は、共産主義者の活動に精神的・物質的支援を容易に提供することができた。この点で特に重要なのは、中国によるインドシナ共産党とホー・チ・ミンへの支援であった。中国の支援はフランスに対する共産主義者の戦いの早い段階から浸透していた。このように中国は共産主義者を支援していたが、その一方で米国はフランスを支援していた。第一次インドシナ戦争が一九五四年のジュネーブ協定により終結した後、すぐに第二次インドシナ戦争が勃発した。この戦いでは、共産主義者が勝利し、南ベトナムと同盟国であった米国が敗北する形で終わり、結果として、米国はベトナムから撤退した。ベトナムの隣国であるカンボジアとラオスも第二次インドシナ戦争に巻き込まれ、両国ともに共産主義国家となった。西欧列強はカンボジアとラオスに対して中立的立場を取らせて共産主義の拡大を回避しようと企てたが、その試みは挫折した。

中国は東南アジアのその他の国の共産党も支援したが、政治的にも軍事的にもあまり成功しなかった。東南アジアの大陸部の中で一番持ちこたえたのがビルマ共産党であるが、内部抗争と指導者争いにより一九八九年に崩壊した。米国と同盟関係にあるタイは反共産主義であり、フィリピンと同様に七〇年代には軍事独裁政権となった。島嶼部では、英国が共産主義対策としてマレー半島に非常事態宣言を発令した。インドネシア共産党はクーデター未遂事件により六五年に流血の結末を迎え崩壊した。インドネシアでは六五年九月から六八年初めにかけての大虐殺により約五〇万人の命が奪われたが、これは七五年から七九年の間に約一五〇万人が虐殺されたカンボジアのクメール・ルージュに次ぐ規模の国家主導の暴力であった(7)。フィリピン共産党とその武装組織である新人民軍は他の国に比べ成果を挙げており、今も存続し、ミンダナオ島を中心に反政府活動を展開している。

4　東南アジアの二分化

米国の研究者であるドナルド・ウェザービーが、冷戦の始まりにより東南アジアがどのように二分化したかについて述べているのはよく知られている[8]。その説明では、インドシナにおける支配的イデオロギーとしての共産主義の台頭と、共産主義を倒すことのできた国がどのように結集して共産主義を抑え込もうとしたのかについて言及している。共産主義の抑え込みの成功度合いはそれぞれの国々で異なるが、その多くは明確に共産主義への反対を唱え、東南アジア諸国連合（ＡＳＥＡＮ）を通じて、東南アジアにおける共産主義の封じ込めを図り、イデオロギーの一致と西側陣営寄りの政策をもたらした[9]。この状況はＡＳＥＡＮが結成された一九六七年から、七九—八九年までの一〇年に及ぶベトナムによるカンボジア侵攻と支配の後、八九年の第三次インドシナ戦争の終結まで存在していた。なお、第三次インドシナ戦争は七〇年代に中ソ関係が悪化したことによる両国間の代理戦争の様相を呈していた[10]。このイデオロギーの分断に巻き込まれなかった唯一の国は、六二年に孤立主義政策をとったビルマであった。

四　日本による東南アジア占領統治の歴史的遺産

日本の東南アジアの占領統治から生じた歴史的遺産は多くある。その中で最も重要な遺産の一つが、日本の軍国主義と覇権に対する地域の強い反感である。第二次世界大戦前に日本の覇権主義と軍事的優位性を証明したのが二〇世紀初頭の日清戦争と日露戦争であり、朝鮮半島の植民地化も同様の優位性を示している。しかし、この時期の日本の軍国主義的企ては北東アジアにとどめられており、第二次世界大戦中の日本の東南アジア侵攻は新たな展開であった。

東南アジアで日本が展開した戦争と、その後の東南アジアの占領統治は全くの想定外の出来事であった。特に予想されていなかったのが、占領統治下の人々と領土に対する残虐行為であり、消すことのできない大きな傷を残すことになった。それらの集団的苦痛によって、東南アジアの多くの人々は紛争と占領統治により強いられた犠牲の大きさを認識し、このような状況を再び許してはならないという決意を抱くこととなった。その結果、東南アジアの多くの国では、日本の敗戦に対し歓喜するとともに、日本の占領統治によりもたらされた死と破壊を忘れないよう、記念碑や記念館を建設した。今後も日本の軍国主義的企てを許さないというこの決意は、日本の経済発展の追求と犯罪行為を認めた戦争賠償にも影響している[11]。戦後、米国が起草した日本国憲法では、軍による攻撃的役割を明確に禁じており、東南アジアのこの願いをさらに揺るぎないものとした。

日本の占領統治は、東南アジアにおける三世紀以上にも及ぶ欧州の植民地支配を速やかに終結させる結果ももたらした。植民地支配のほとんどは一九世紀に行われたが、スペインやポルトガルの植民地支配はそれよりもずっと早く一六世紀に遡る。それ以降の長きにわたる一つの歴史的枠組みが急速に幕を下ろした。植民地領をかつての宗主国に返還するという英米のイニシアチブがそもそものＳＥＡＣの意図であったが、この目標もじきに消え去ることになった。英国は東南アジアでかつて自分たちが支配していた地域に対して、交渉により独立を認める用意があり、米国もフィリピンに対して早くに独立を認めるとともに、オランダに圧力をかけることでインドネシアの独立を推し進めた。そのため、独立が交渉により平和的に達成されようと、あるいはベトナムやインドネシアのように紛争を通じて成し遂げられようと、形はどうあれ、占領統治後すぐに東南アジア各国は独立し、これまでのような欧州列強に有利な経済搾取を目的とした構造的取り決めにも終止符が打たれた。

日本の占領統治が占領統治下の国々にナショナリズムの力強い台頭をもたらしたのは明白であり、そのな感情と熱意を背景に、多くのカリスマ的リーダーが、ナショナリズムの動きを明確に独立に向けて導いていくこととなった。欧州の宗主国は戦争に疲弊し、中には統治領を手放す準備をしている国もあった。このように、内外からの力が相まって東南アジアの政治的独立の追い風となり、先に述べたように二段階での独立を達成した。国家の独立とともに、地域の集団的アイデンティティも徐々に出現した。この気運は、国家統合や社会経済的発展を促進するための快適な地域環境を醸成すべく、新たな独立国家間で協力関係の強化をもたらした。時間的経過とともに、より強力な国境を越えた地域的アイデンティティが生まれることになった。その表れとして、一九六〇年代にはＡＳＥＡＮの先駆けとなった東南アジア連合の結成やマラヤ・フィリピン・インドネシアの三カ国間の団結を目的としたマフィリンド構想などが見られた。

日本の占領統治により、ナショナリズムが台頭し政治的独立を求める声が高まったことにより、当然のように紛争も発生するようになった。フランスとオランダがそれぞれのかつての領地の返還を期待していたインドネシアやベトナムがこのケースに当たる。これらの植民地からの経済的搾取を続けることにより、フランスとオランダは自国の戦後復興の助けとなることを期待していた。その結果、日本の占領統治が終わった後も政治的暴力や紛争が続く国もあった。インドネシアではその状況はかなり早い段階で打開することができたが、ベトナムはかなり長い時間を要した。ベトナムでは、一九四九年の中国における共産主義の勝利とベトミンによる対仏闘争を中国が支援したことにより状況は複雑化した。

国際構造的にも、一九五〇年の米ソ間の冷戦が始まることにより、国際関係は二極化の様相を呈した。その結果、米国が共産主義を封じ込め、永続化するかに思えるドミノ倒し現象を食い止めようと、共産主義のベトミンに対抗するフランスへの支援をしようとしたために、ベトナムの状況はさらに複雑化した。この新たな国際構造の現実が、地域の国際関係と新独立国家の対外政策に表れ、最終的には、インドシナの共産主義と反共産主義のＡＳＥＡＮという、地域におけるイデオロギーの二極化をもたらした。最後に、このような対立を引き起こしたインドシナ安全保障複合体により、東南アジアの四五年から八九年までの国際関係の方向性が決められたことも指摘したい(12)。この点からすると、冷戦とそれに続く中ソ対立が、この地域における紛争と破壊と死の拡大の原因となったとも言えよう。

おわりに

第二次世界大戦と日本による東南アジアの占領統治は、東南アジアの一つの歴史的時代の終わりを告げることになった。強い反ヨーロッパ感情も生まれ、政治的独立を求める声も大きくなった。それゆえ、ナショナリズムが強力な力として表面化し、急速な政治的展開の多くを決定した。その後、東南アジアは二段階にわたる独立を果たし、占領統治の終結により東南アジアにおける近代の発展期の幕開けを迎えることになった。

一九四五年八月の日本の降伏は、東南アジア地域の歴史的進化という点で、東南アジアにおける近代の出現を導いたとも言える。そのため、今に至るまで、この出来事は一つの時代が終わり、新たな時代がやってきたことをはっきり示す一つの区切りとなっている。この新たな時代は政治的独立の時期と一致するため、この近代という時代は新独立国家にとって新たな発展期の出現と重なっている。とはいえ、発展のペースは一様ではなかった。島嶼部は日本の占領統治後の平和の配当から恩恵を受けていた。反対に、東南アジアの大陸部、特にインドシナは四五年から八九年までの間、紛争の悪循環に陥り、その結果、冷戦の代理戦争の矢面に立たされることになった。このような展開は、独立後の発展の時期に地域格差が生じる結果をもたらし、革命的共産主義とその膨張の可能性に関し、地域の不安と疑念を生むことになった。

【注】

（1）この対外政策の目的については，Jamie Mackie, *Konfrontasi: The Indonesia–Malaysia Dispute, 1963–1966*（New York: Oxford University Press, 1974）の中で検討されている。また，次も参照。Donald Hindley, "Indonesia's Confrontation with Malaysia: A Search for Motives," *Asian Survey* IV: 6（June 1964）, pp. 904–913.

（2）Anthony Short, *The Communist Insurrection in Malaya, 1948–1960*（London: Muller, 1975）. これはこの時代の権威ある研究である。

（3）Albert Lau, *The Malayan Union Controversy, 1942–1948*（London: Oxford University Press, 1991）.

（4）Martin Smith, *Burma: Insurgency and the Politics of Ethnicity*（London: Zed Books, 1991）これはビルマにおける民族暴動の歴史を記録した最も優れた資料である。

（5）Chin Kin Wah, *The Five Power Defence Arrangements and AMDA*（Singapore: Institute of Southeast Asian Studies, 1974）.

（6）R. S. Milne, "Singapore's Exit from Malaysia: The Consequences of Ambiguity," *Asian Survey*, VI（March 1966）, pp. 175–184; Lau Teik Soon, "Malaysia–Singapore Relations: Crisis of Adjustment," *Journal of Southeast Asian History*, 10–1（January 1969）, pp. 155–176.

（7）共産主義者粛清にまつわる大虐殺についての研究資料は次の通りである。Douglas Kammen, "Counterrevolutionary Violence in Indonesia," in N. Ganesan and Sung Chull Kim, eds., *State Violence in East Asia*（Lexington: University Press of Kentucky, 2013）, pp. 159–184.

（8）Donald Weatherbee, *Southeast Asia Divided: The ASEAN–Indochina Crisis*（London: Routledge, 2019）.

（9）Michael Leifer, *ASEAN and the Security of South–East Asia*（London: Routledge, 1989）; Amitav Acharya, *Constructing a Security Community in Southeast Asia: ASEAN and the Problem of Regional Order*（London: Routledge, 2001）また，ＡＳＥＡＮに関するその他の優れた参考文献は次の通りである。Shawn Narine, *Explaining ASEAN: Regionalism in Southeast Asia*（Boulder: Lynne Rienner, 2002）; Alice Ba,（*Re*）*Negotiating East and Southeast Asia: Region, Regionalism, and the Association of Southeast Asian Nations*（Stanford: Stanford University Press, 2009）; "Roundtable: ASEAN at Fifty and Beyond," *Contemporary Southeast Asia*, 39–2（August 2017）, pp. 229–287.

（10）中ソ対立の詳細は次を参照。Donald Zagoria, *The Sino–Soviet Conflict, 1956–1961*（Princeton: Princeton University Press, 1962）.

(11) Sueo Sudo, *The International Relations of Japan and Southeast Asia: Forging a New Regionalism* (London: Routledge, 2002). これは日本と東南アジアの関係についての最も優れた研究である。このテーマに関する最近の研究は次の通り。Lam Peng Er, ed. *Japan's Relations with Southeast Asia: The Fukuda Doctrine and Beyond* (London: Routledge, 2012).

(12) 近接した国家間における力のランクを意味する「安全保障複合体」という言葉を広めたのはBarry Buzanである。東南アジアにはこのような複合体が二つ存在する。ベトナムを覇権国とするインドシナ安全保障複合体（Indochina Security Complex）とインドネシアを覇権国とするマレー諸島複合体（Malay Archipelago Complex）である。次を参照。Barry Buzan, "The Southeast Asian Security Complex," *Contemporary Southeast Asia*, 10-1 (June 1988), pp. 1-16; Muthiah Alagappa, "The Dynamics of International Security in Southeast Asia: Change and Continuity," *Australian Journal of International Affairs*, 45-1 (May 1991), pp. 1-37; Robert O. Tilman, *Southeast Asia and the Enemy Beyond* (Boulder: Westview Press, 1987) これは冷戦時代の東南アジア諸国の危機感について最も優れた研究である。

＊論文の原文は英文

Narayanan Ganesan, "The Japanese Occupation of Southeast Asia and Its Impact on Post-WWII Developments"

第六章　ヒロシマとマニラ

——第二次世界大戦における喪失体験と記憶

永井　均

はじめに

広島とマニラ——日本とフィリピンでよく知られる地名だ。ともに第二次世界大戦で甚大な戦禍を蒙った都市でもある。広島は被爆都市として世界で有名だが、マニラは市街戦で徹底的に破壊された都市としてワルシャワ（ポーランド）と並び称されながら、今日、そのことは必ずしも世界的に認知されていない。一九四五年二月に始まったマニラ市街戦自体、日本でもほとんど知られていないのが実情であろう。実のところ、マニラ戦は敗戦直後の日本で大きく報じられ、多くの関連情報が国内に流入した歴史的な出来事であった（報道の中心は日本軍の残虐事件だった）。だが、七五年を経た現在の日本で、マニラ戦は明らかに忘却の淵に沈んでいる。広島の原爆体験が日本国内はもとより、海外にも知られ、「ヒロシマ（Hiroshima）」としてグローバル化が図られてきたのとは対照的だ。マニラ戦はなぜ、日本社会の記憶からこぼれ落ちてしまったのか。かかる忘却は戦争当事国（日本とフィリピン）の関係にどのような作用を与えているのだろうか。このような問題関心に基づき、本章では次の三つの観点から検討を加えていく。

第一に、マニラにおける市街戦の展開状況と民間人被害を近年の研究によって明らかにする（市街戦の過程で日本軍の市民への暴力がエスカレートする要因も論じることになろう）。その際、広島の市民が直面した原爆体験との比較も意識したい。第二に、マニラ戦の情報が日本にいかに流れ込み、日本国民にどのように受け止められたのか、という問題を検討する。当時の新聞や個人の日記・手記、日米両当局の内部文書が分析の素材となろう。第三に、マニラ戦など日本軍の占領時代を経験したフィリピン人の証言を読み解きながら、彼らの原爆観とその背景を探る。また、フィリピン側から投げかけられた「問い」に対する日本側の「応答」についても吟味する。

以上のように、本章はマニラ戦の展開を追いつつ、市街戦をめぐる日本側の認識とその背景を分析し、戦後日比関係への影響を考察する。さらに、フィリピン側の原爆観を探ることで、「外」から見た広島像の再考をも試みる。かかる検討を通して、相手の戦争経験を自国のそれと結びつけ、共有する意義について考えてみたい。

一　大戦期の喪失体験

1　広　島

明治以来、広島は軍都であった。一九四五年八月当時、市の中心部には、本土決戦に備えて西日本の陸軍の諸部隊を統括する第二総軍司令部をはじめ、中国地方を所管する中国軍管区司令部や船舶輸送の中枢を担う船舶司令部が置かれ、兵器補給廠や糧秣支廠、被服支廠ほかの軍事施設が集中するなど、陸軍の重要拠点だった。近郊の呉市は鎮守府と海軍工廠を擁する海軍の拠点で、四五年三月から七月に複数回、米軍による大規模な空襲を受けたが、広島市は三月と四月の小規模な空襲以外、本格的な空爆を免れていた。[1] 四五年八月当時、広島市内には居住者や軍人、通勤者など約三五万人がいたとされる。八月六日は月曜で、朝から普段の通勤風景に加え、空襲の延焼を防ぐため、民家などを解体し、空き地を作る建物疎開に汗を流す人々の姿が各所で見られた。この頃、兵役義務のある一七歳から四〇歳までの男子（特に若者）の多くは軍に入営しており、銃後は「国民義勇隊」として防空や防衛の役務に携わり、学生生徒も軍需工場に徴用されるなど勤労作業に従事していた。

八月六日、米軍による核攻撃を受けた広島中心部の惨禍を正確に言い表すことは難しい。それは一瞬の惨劇で、人間の尊厳が顧みられる余地など一切なかったからだ。人々は無防備のまま、地表温度三〇〇〇℃から四〇〇〇℃と言われる熱線、秒速四四〇メートルの強烈な爆風と直後の火災、そして大量の放射線に襲われた。作家の原民喜が、「これらは『死』ではない、このように慌しい無造作な死が『死』と云えるだろうか」[2]と嘆いた不条理な死を、彼らは突然強いられたのである。爆心地に居合わせた人は強烈な熱線で骨や灰となり、周辺地域の人々も悲惨な姿に一変した。爆心地の島病院は廃墟と化し、医師や看護婦、患者など約八〇人が全滅した。広島市長の粟屋仙吉は水主町の公邸で孫を抱いたまま焼死し、中国軍管区司令部の藤井洋治軍司令官も西練兵場に隣接する官舎で被爆死した。[3]

広島高等師範学校の森瀧市郎教授は学徒を引率し、江波の三菱重工広島造船所で勤務中に被爆した。教授は右眼を負傷し、二日後に広島赤十字病院に担ぎ込まれたが、病院内は「負傷者瀕死者むらがりて呻吟の声ものすごし……苦痛をうったへる声聞こへ来たりて聞くにたえず」という惨状であった。[4]建物疎開に動員された学徒の運命も過酷だった。たとえば、森脇瑤子（一三歳）など県立広島第一高等女学校の一年生約二二〇人は、爆心地から七〇〇メートルの土橋で作業を始めた時に原爆に遭遇し、全員が死亡した。彼らのように被爆死した動員学徒は七二〇〇人に上る。[5]瑤子より年少で、神崎国民学校一年生の中沢啓治（六歳）も登校途中に被爆し、本人は軽傷で済んだものの、直前まで話していた近所の女性は熱線を正面から浴びて無惨な死を遂げた。[6]日本の植民地だった朝鮮や台湾の出身者をはじめ、中国人、ドイツ人、米国人（捕虜）など外国籍の人々も同様に被爆した。

八月六日に広島にいた者は、職業や地位、年齢、性別、国籍に関わりなく原爆被害を受けた。被爆直後より市内の学校や公園などが臨時の死体置き場となり、各地で遺体を焼き、埋葬する光景が見られた。遺体が発見されず、また身元確認のないまま集団で埋葬される例も少なくなかった。(7) 一四万人という原爆死没者の推定数さえ、今なお不確かなものにとどまっている。(8) 戦争が終わっても、原爆に遭遇した人々はケロイドや脱毛、癌や白血病などに苦しんだ。彼らは差別や偏見にさらされ、家族や知人が死に、自分が生き残ったことへの罪意識に苛まれるなど、心身に痛みや不安を抱えながら戦後を歩まねばならなかった。(9)

2 マニラ

一九四一年一二月八日、日本軍は米国の植民地フィリピンのバギオやダバオなどを爆撃した。フィリピンの防衛を担う極東米軍(USAFFE)のダグラス・マッカーサー司令官はマニラの都市と市民が戦禍を免れるよう、同市を「非武装都市(オープンシティ)」にすると宣言し(一二月二六日)、軍をコレヒドール島とバタアン半島に後退させた。かくて、四二年一月二日、日本軍は米軍と交戦することなくマニラを無血占領した。日本軍はその後、各島にも侵攻し、五月までに米軍を降伏に追い込んだ。

一九四四年九月二一日、米軍はマニラを空襲し、反撃に転じる。一〇月にレイテ沖海戦を制し、一二月にミンドロ島を攻略した後、四五年一月九日にルソン島のリンガエンに上陸してマニラを目指した。対する日本軍(第一四方面軍)は山下奉文司令官の指揮の下、ルソン島の北部(バギオ)と中部(クラーク)、そして南部(マニラ東方山地)の三拠点を中心にルソン防衛を図った。作戦の立案に際し、軍内部ではマニラの扱いをめぐり放棄論と死守論の間で対立した。特に市内の軍港や基地を押さえる海軍がマニラ死守を強く主張した。一時「非武装都市」宣言が検討されるも、日本軍の首脳は最終的にその案を退け、マニラを「固守」(死守と異なり、撤退の含みを持つ)する方針を定める。マニラ市民を戦闘に巻き込まないためには、日本軍が（緒戦時の米軍のように）マニラの防衛を断念して撤退するか、市民に退避命令を出すしかなかったが、いずれもなし得ぬまま、日米両軍による市街戦に突入した。[10]

マニラの防衛を担った日本の部隊は「マニラ海軍防衛部隊」（一九四四年一二月二二日に編成、以下、マ海防）であった。地上戦を見すえ、四五年一月六日以降、マ海防は陸軍部隊（振武集団）の指揮下に入った。岩淵三次海軍少将を司令官とするマ海防は、沈船から生き延びた海軍兵や戦局悪化で現地召集された残留邦人を含む、装備も訓練も不十分な雑兵部隊だった。一方の米軍は精鋭部隊であり、同胞の救出を最優先し、二月三日に米国人民間人が抑留されていたサント・トマス大学、翌四日には米軍捕虜の収容先のビリビッド刑務所に突入して抑留者を解放した。市街戦における米軍の攻撃は圧倒的で、マ海防は「攻撃ノ手ナク」、「敵教練射撃ノ目標トナリ居ルニ過ギズ」という有様だった。[11] 二月九日、岩淵司令官はマ海防の司令部をいったんマニラ南方のマッキンレー兵営に後退させ、上級指揮官（振武集団長）の指示を待ったが、結局、部隊の撤退命令は出ず、一一日の午前、岩淵は再びマニラ市内に戻った。[12] 二月一二日、米軍はマ海防を包囲し、砲撃と戦車による攻撃で日本兵を追い込んだ。

マ海防の電報によれば、米軍のマニラ突入直後より、市内では「『ゲリラ』ノ活動急激ニ活発化」した。日本軍にとってフィリピン人の大部分は「親米ニシテ敵国人ニ等シク」、「『ゲリラ』化セル一般市民」は「敵国人トシテ処置し、「断乎容赦セザルニ決」した。[13] 米軍に包囲され、追い詰められた日本兵は、フィリピン人への不信と敵意も重なり、市民を攻撃の標的として無差別に殺傷していく。二月九日、日本軍はマラテ地区のセントポール大学に近隣住民を集め、ダイナマイトと機関銃、銃剣で女性や幼児を含む約四〇〇人を虐殺し、同じ日、エルミタ地区の自宅から近くの実家に避難するエルピディオ・キリノ上院議員の妻子を狙撃し、射殺した。[14] 翌二月一〇日、エルミタのドイツクラブに避難していたドイツ人やフィリピン人など約四〇〇人の住民を集団殺戮し、一二日にはデ・ラサール大学（マラテ）でドイツ人修道士やスペイン人、フィリピン人など四一人を殺害した。当時、日本の同盟国だったドイツや中立国のスペインの国民も等しく犠牲になったのである。

日本兵にとって、ゲリラと一般市民を見分けるのは、およそ容易ではなかった。たとえば、第三一特別根拠地隊（マ海防の基幹）の西岡半一・元海軍一等水兵が書き残した「スペイン倶楽部」事件はその例示となろう。西岡元一等水兵によれば、マニラ戦の最中、上官は「スペイン倶楽部」にフィリピン人ゲリラが潜伏しているとみて、「ゲリラは一兵も逃さず全滅せよ」と命じた。この命令を受けて、西岡らは建物の出入口に爆雷を装置し、その後、爆雷に点火、その爆発により「飛び出して来る者を待ち構えていて機関銃にて射殺」したという。建物から逃げ出してきたのは、「〔日米比の当事国以外の〕三国人の婦女子、修道士等が多」く、「フィリッピン人のスパイらしい者は数少なかった」。日本軍はこれら「無抵抗で両手を上げて来る者」に向けて容赦なく狙撃したのであった[15]。この事件のように、当時、現地の指揮官は「近くに寄ってくるものは、すべて敵と見なして射て」、「ゲリラを見たら、皆、殺せ」といった命令を発しており[16]、現場の日本兵は疑心暗鬼に駆られ、結果として無差別な殺戮に発展したものと考えられる。

他方、日本軍の頑強な抵抗に直面した米軍は、二月一二日にマッカーサー司令官の許可を得て市街地への砲撃を開始した。米軍の砲撃で死傷したマニラ市民は少なくなかった。窮迫する事態に、振武集団は二月一五日から一七日にかけてマ海防に撤退を指示したが、すでに部隊は米軍の包囲網にあり、岩淵司令官からは「脱出不能」、「市外迄突破はむつかしく、全滅は火を見るよりも明らかなり」という悲痛な電報が返ってくるばかりだった[17]。二月二六日頃、岩淵司令官がマ海防司令部（農務省ビル）で自決、米軍による掃討戦の末、三月三日までに日本軍の組織的抵抗が終わる。マニラ戦では日米両軍の銃撃戦と米軍の砲撃、そして日本軍の残虐行為などにより一〇万人もの市民の命が犠牲となった。市内には死臭が漂い、身元不明の多くの遺体が公園などで集団埋葬された。かつて「東洋の真珠」と呼ばれたマニラの美しい街並みは廃墟と化し、市街戦を生き延びた人々も心身に深い傷を負った[18]。

二　流入した情報の行方

1　「マニラの暴虐」

マニラ戦での日本軍の残虐行為に関する情報は、すぐに米軍当局の耳に達した[19]。南西太平洋戦域軍（ＳＷＰＡ）のマッカーサー司令官は直ちに情報収集を指示、その意向に沿って同軍は「マニラの破壊と日本軍の残虐行為に関する報告書」を作成し、一九四五年三月に米陸軍省へ送った[20]。報告書には戦地で押収した日本軍の作戦命令書や生存者の目撃談とともに、米軍部隊が撮影した写真が添付されていた。四月の組織再編で米太平洋陸軍（ＡＦＰＡＣ）が新設されると、傘下の戦争犯罪支隊を中心に残虐事件の捜査が本格化した。同支隊の手で集団殺害事件や集団強姦などに関する捜査報告書が作られ、東京裁判など対日戦犯裁判の検察側書証の基盤となった。

一九四五年八月三〇日、連合国軍総司令部（ＧＨＱ）の最高司令官マッカーサーが来日し、占領政策が始まる。マッカーサーの副官シドニー・マッシュビア大佐は九月三日に日本の政府高官（終戦連絡中央事務局の岡崎勝男長官）と接触する中で、日本側が日本軍の残虐行為を認識していないと知り、岡崎にマニラ戦等での残虐事件の報告書を見せた。岡崎は顔面蒼白となり、衝撃を受けたようだった[21]。ＧＨＱは日本人が「在外日本軍ノ残虐行為ニ付何等知識ヲ有セザル」とみて、九月一二日に情報局（内閣直属の言論統制機関）に「フィリピン解放時における日本軍の典型的な残虐行為」と題する米軍の報告書を手交し、「国内ニ於テ報道方」を指示した[22]。こうした外圧により、九月一五日から翌一六日にかけて、国内各紙はマニラ事件を含むフィリピンでの日本軍の残虐行為を一斉に報じた。戦争中の検閲下で国民に伏せられていた日本軍の暗部が表面化した瞬間であった。

その後も、日本軍の残虐行為に焦点を絞ったマニラ戦情報が日本で報道され続けた。米軍の資料提供により一九四五年一二月八日から各紙で連載が始まった「太平洋戦争史」では、「マニラ、狂乱の殺戮」（一四日付）と題してマニラ戦の残虐事件が取り上げられた。翌四六年一月の『世界画報』創刊号は、マニラ戦被害者の写真や日本軍の作戦命令書を掲載し、同年三月創刊の『真相』は内田丈夫「マニラの掠奪」を収録したが、[23]いずれも米軍の資料提供によるものだった。同じ時期に始まった戦犯裁判の関連報道もマニラ事件に触れた。たとえば四六年一二月の東京裁判の検察側立証では、セントポール大学における民間人虐殺やベイビューホテルでの集団強姦事件がフィリピンのペドロ・ロペス検事によって告発された。[24]東京裁判の判決が出た翌四九年一月、永井隆の『長崎の鐘』が日比谷出版社から出版されるが、GHQによる出版条件は、マニラ戦での残虐事件を記録した米軍の報告書（"Japanese Atrocities in Manila"）の翻訳「マニラの悲劇」を同書に付すことだった。[25]このように、戦後間もなく、マニラ戦関連の情報は確かに日本に流れ込んだが、そのほとんどが米軍当局の要請や資料提供に基づいており、残虐行為の責任追及を基調とし、日本の非を問うものであった。

2　日本側の受け止め

マニラ戦については、市街戦の当初から日本のメディアが報じており、国民もそのニュースを見聞きしたはずだ。当時の新聞は、「凄絶マニラ市街戦　我精鋭〝出血〟に奮迅　猛火狂ふ修羅場」（『朝日新聞』一九四五年二月八日付）や「到る所で破壊と殺戮　マニラ　米鬼の畜性を発揮」（『読売報知』同年二月二六日付）など、市街戦の激烈さや日本兵の敢闘を伝え、米軍の非道ぶりを批判する論調がみられた。日本軍の暴虐に関する情報は報じられず、それだけに敗戦直後の「比島日本兵の暴状」の記事は日本の読者に衝撃を与えたのであろう。

GHQから記事の掲載を迫られた時、日本側（情報局関係者）は「内容ガ甚シキ残虐、暴露的記事ナル為、大イニ困却」した。こうした抵抗感から、「『聯合国指示ニ基ク発表』若ハ『聯合国資料ニ基ク発表』」といった、新聞当局が文責を負わない発表形式が模索された[26]。かくて、九月一五日に『毎日新聞』が「比島戦における日本軍兵士の暴行（太平洋米軍司令部発表）」、翌一六日に『朝日新聞』が「〝比島日本兵の暴状〟太平洋米軍総司令部発表」などと、主要各紙が一斉に報じる。これら記事はデ・ラサール大学やサンチャゴ要塞での民間人虐殺のようなマニラ戦での残虐事件を伝えていた。ただ、被害者や加害者の個人名や年齢は記されず、事件内容も簡潔であり、やや抽象的であった。

九月一五日と翌日の記事について、一七日の『朝日新聞』は「求めたい軍の釈明　〝比島の暴行〟発表へ国民の声」の見出しで、読者の反応を紹介している。そこでは報じられた事件に、「かゝる暴虐は信じられない」と困惑し、米軍の報道意図に疑念を抱く複雑な国民感情が映し出されていた。衆議院の島田俊雄議長が、「全くこんな事実のあることは知らなかつた、何よりも道義を重んずる国民の一人として誠に遺憾にたへない……いま国民としてはこの事実の前にいさぎよく懺悔し罪を世界に謝すよりすべもない[27]」と述べた如く、謝罪や反省を口にする者もいたが、こうした態度が支配的だったとは考えにくい。

たとえば、兵庫県の小学校教師は日記（九月一六日）に次のように書いている。「比島戦における日本軍の残虐行為が、太平洋米軍司令部から発表。全く意外であり、国民として申しわけのないことである。だが、原爆による無差別の殺りくはどうであろうか。勝てば官軍、ともいえそうだ[28]」。記事を読んだ作家の高見順も、原爆と無差別爆撃を引き合いに出しながら、「戦勝国の残虐は問題にされないで、戦敗国の残虐のみ指弾される」と日記（九月一六日）に記した[29]。広島で被爆した峠三吉（詩人）は九月一六日にラジオでフィリピンでの日本兵の「惨虐暴行為」のニュースを聞き、これら情報は「単なる勝者の得手勝手」だと憤慨した（ただ、戦争中の「我方の行為が悪くない」と言えるのかと自問するなど、割り切れなさも残った[30]）。このように、日本人には原爆や空襲などで被害を受けたという意識があり、日本側の非のみを咎める報道に反発したのである[31]。加えて、当時、日本に進駐した占領軍兵士による日本人への暴行事件が起きており、それへの批判を封じ、正当化を図る米側の意図的な発表やプロパガンダとみて、不信感を募らせる向きもあった。鳥取県の市議は「進駐軍ノ暴行ヲカムフラージユスルマツカーサーノ一策ダロウ」と話し、同県の市職員は「マツカーサーガ米軍ノ暴行ヲ正当視セン為ノ策略ダラウ」と語っている[32]。さらに、報道のような事件は「戦争中ニ当然有ル事ダ」と、戦場の常として当然視する意見もあった[33]。公表を前提としない個人の日記や警察当局の国民への聴取記録からは、米軍提供の情報に対する反発と不信が読み取れ、残虐事件について被害者のフィリピン人との関係で捉えるよりも、対米関係の文脈で捉える見方が顕著であった。

以上の如く、敗戦直後、日本国内に関連情報が流れたことは、マニラ戦を認識する上での分岐点となった。だが、それから数年後、一九五〇年代初めに渡比した日本人が日本軍の残虐行為に通じておらず、マニラ市民から聞かされて衝撃を受けたように[34]、日本側で認識が定着に向かっていたとは思えない。日本人の間では、マニラ戦情報が勝者（米国）から強いられた報道だったことへの反発があり、さほど深刻に受け止められず[35]、また報道からはフィリピン人個々人の体験として具体的な被害像を思い浮かべることも難しかった。さらに空襲や原爆に象徴される日本側の被害者意識も、相手方の戦争経験の受容を妨げる要因となった。

三　「ヒロシマというとき」

1　フィリピン人の見方

一九八一年一一月五日、フィリピンの小説家シオニール・ホセは川崎市で開催された国際会議の席上、広島・長崎に同情するインド人作家の発言を否定し、原爆投下を当然視する解釈を示した。「三十五年前のフィリピン人の考え方は、広島、長崎ばかりでなくて、東京も京都も大阪も、全部やってしまえばよかったのに、と。戦争を始めたから当り前だ」と感じていた、と述べたのである[36]。彼がこう語るには理由があった。四二年一月、日本軍がマニラを占領した時、シオニールは一八歳だった。市内各所に日本軍の検問所が設けられ、フィリピン人は日本兵へのお辞儀を強要された。彼はファーイースタン大学近くで日本兵を見つけ、避けて通ろうとしたが、「オイ、コラ」と呼び止められ、ビンタを張られた。四三年一一月には、タルラック州の農家の親戚から米を譲り受けてマニラに戻る途上で日本兵に捕まり、激しい暴行を受けて人事不省に陥った。四五年一月に米軍がルソン島に上陸すると、彼は米軍に加わる。それは日本に行って「できるだけ多くの日本人を殺したい」という復讐心からだった。日本兵に何度も暴力をふるわれたシオニールは、広島と長崎に同情する気になれなかったのである[37]。

ミゲル・ペレス＝ルビオは、マニラ戦で両親と兄、妹を日本軍に殺された。一九四五年二月一二日、ビトクルス通り（シンガロン）の自宅を日本兵が襲撃し、家族を虐殺したのである。ミゲル自身も一六歳の時（四二年）、デ・ラサール大学の近くで自転車に乗ったまま日本兵にお辞儀をしたところ、その仕方に立腹した日本兵に殴り倒され、銃剣で突かれた。その後、彼は抗日ゲリラに加わるも、四五年一月に憲兵隊に逮捕され、拷問を受けた。広島への原爆投下の話を聞いた時、ミゲルは喜び、より多くの原爆が日本に落とされ、存在自体がなくなればいいと願った[38]。他方、一二人の親族をマニラ戦で日本軍に殺されたファン・ロチャは、マニラ戦と違い、広島がいわば特権的に世界に知られていることに不満を抱いた。日本軍が銃剣などで直接手を下し、殺傷されたマニラ市民の恐怖や心身の痛みも理解して欲しい、というのであった[39]。

このように、戦争を経験したフィリピン人の原爆観は日本側に厳しいものだった。彼らの見方の根底には、日本占領時代の熾烈な体験が横たわっており、その原体験を参照軸に原爆投下を捉えたのである。ところで、戦後生まれのフィリピン人（特に若い世代）は、広島に原爆が投下された事実こそ知っているが、それ以上ではなく、関心も薄いようだ。たとえば、現地の生徒が学ぶ歴史の教科書では、第二次世界大戦の終戦プロセスの一部として原爆投下が短く言及されるが、投下後の広島や被爆者について生徒が知る機会はほとんどない[40]。その一方で、大戦の記憶はフィリピン人の間で薄れつつあるものの、当時を生きた親族の体験談や犠牲者の追悼式、戦争記念碑、報道などを通じて、世代を越えて継承されている面があることには注意を要する[41]。マニラ戦についても、一九九三年一〇月に市民団体「メモラーレ・マニラ１９４５（Memorare-Manila 1945）」が結成され、市街戦五〇年の九五年二月にイントラムロスに記念碑《モニュメント》が建てられた。彼らは体験者をはじめ、家族や歴史家からの協力を得ながら、マニラ戦の証言の掘り起こしや追悼行事、講演会を主催している[42]。今日、フィリピン人の対日観は一般に良好とみられるが、フィリピン人の心の深い部分にある日本への感情は、なおデリケートさを残していると思われる[43]。

2　日本側の「応答」

翻って、戦後、多くの日本人はフィリピン人の戦争経験をほとんど知らず、彼我の戦争認識の懸隔は大きかった。それゆえ、たとえば一九五一年九月に現地を訪れた武田清子のように、フィリピン人から直接、戦争中の体験を聞かされてショックを受けたのである。彼女は欧州での国際会議の帰路、飛行機の故障で一週間ほどマニラに滞在した。クリスチャンで英語も堪能な彼女は、毎日のようにマニラ市民の家庭に招かれた。どこの家でも「戦争中、日本の兵隊によって非常にひどいめに遭ったという経験」を聞かされ、「なぜ日本人はあのように残酷なのか」と問われた。先方の話に耳を傾けるしかなかった。彼女は帰国後、マニラでの体験を文章で発表した[44]。他方、一三歳の時、広島（己斐）の自宅で被爆した桂《けい》和子（旧姓津野）は、六〇年代前後に一〇年以上、マニラで暮らした。フィリピン女子大学大学院で教鞭をとっていたが、教え子に左腕の肘から先がないフィリピン女性がおり、日本兵に刀で切られたと告白され、衝撃を受けた。彼女はその女子学生から詳しく話を聴き、日本兵の行為を詫びて一緒に泣いた。「戦争中の出来事」という理屈は被害者には通用しないことを痛感し、「生涯忘れることのない」この体験を手記に書き残した[45]。

栗原貞子のように広島にいながら国内の報道を咀嚼し、フィリピン人の痛みを思う詩人もいた。被爆者の彼女は一九五二年七月、「旗」と題する詩でマニラでの日本軍の暴虐に触れた[46]。七二年五月には「ヒロシマというとき」を発表、「〈ヒロシマ〉といえば　女や子供を　壕のなかにとじこめ　ガソリンをかけて焼いたマニラの火刑」と、マニラ戦に言及し[47]、広島の被爆体験を日本の立場だけで語ることを戒めた。このように、五〇年代から七〇年代にかけて、日本の側からフィリピン人の戦争経験を心に刻む動きがみられた。

一九八〇年代以降、二〇〇〇年代にかけて、研究者やメディアの間でマニラ戦に注目する兆しが現れる。一九八四年刊行の鈴木静夫・横山真佳編『神聖国家日本とアジア―占領下の反日の原像』（勁草書房）は、毎日新聞記者たちがアジアで現地取材した成果だ。同書所収の「残っていた『マニラ大虐殺』の現場」は、デ・ラサール大学での虐殺事件に光を当て、フィリピンから見たマニラ戦を描いた先駆的な論考である。また、一橋大学の中野聡教授は二〇〇七年度から科学研究費助成事業（科研費）で「『マニラ戦』の記憶と実像―平和のための地域研究」を推進し、日比の研究者と連携してマニラ戦や「メモラーレ・マニラ１９４５」の活動を紹介した[48]。加えて、NHKのマニラ戦特集の存在も見逃せない。金本麻理子ディレクターは、日比双方への取材に基づいて「証言記録 マニラ市街戦―死者12万　焦土への一ヶ月」を制作し（〇七年八月五日、NHKハイビジョン特集で放送）、その七年後には「憎しみとゆるし―マニラ市街戦 その後」を手がけた（一四年八月二九日、NHK・BSスペシャルで放送）。両作品とも数々の賞を受賞し、数回にわたって再放送されるなど高い評価を得た。このように日本占領下のフィリピンについて、学術的な知見に基づき、複眼的な視点で、かつ日比両国の関係者が協力して再考する流れは、池端雪浦・東京外国語大学教授を中心に展開された「日本のフィリピン占領期に関する史料調査フォーラム」（トヨタ財団の研究助成、一九九〇―九四年）など、日比研究者による共同研究を契機に少しずつ形作られていったように思われる。

二〇〇〇年代には、日本の公人からマニラ戦におけるフィリピンの被害と日本の責任を認知する発言が相次いだ。安全保障や経済面の協力関係に加え、日本占領期に関する学術研究が進展し、さらに両国間で歴史認識が政治問題化していなかったことが背景にあった。二〇〇六年二月一八日、山崎隆一郎・在フィリピン日本大使は「メモラーレ・マニラ1945」の追悼集会に日本大使として初めて出席し、「私は、マニラの悲劇的な運命に対して心からの謝罪と深い自責の念を表します」と、謝罪の言葉を述べた[49]。さらに、日比国交正常化六〇年の節目にフィリピンを訪問した天皇（明仁上皇）の「おことば」も注目される。天皇は一六年一月二六日、フィリピンへの出発時に、「フィリピンでは、先の戦争において、フィリピン人、米国人、日本人の多くの命が失われました。中でもマニラの市街戦においては、膨大な数に及ぶ無辜のフィリピン市民が犠牲になりました。私どもはこのことを常に心に置き、この度の訪問を果たしていきたいと思っています」と語った[50]。天皇が公的な発言で（海外の）特定の戦闘に言及するのは異例で、マニラ戦に対する関心とフィリピン人への配慮が窺える。以上のように、マニラ戦などフィリピン人の戦争経験を自分たちの歴史の一部と捉える認識が、日本側からわずかながら示されてきたのだが、かかる見方はいまだ日本社会で共有されるには至っていない。

おわりに

マニラでの市街戦は沖縄戦のいわば前哨戦であり、広島と長崎への原爆投下の前史に位置していた。一カ月に及ぶ首都攻防戦に市民も巻き込まれ、膨大な犠牲者が出た。敗戦直後、日本国民は報道でマニラ戦の惨禍の一端を知ったが、それらは日本軍の残虐行為に絞った内容で、「勝者」米軍の提供による報道でもあったことから、人々の間に一時的な戸惑いと反発をもたらすにとどまり、日本の「戦争の記憶」として定着しなかった。対照的に広島への原爆投下は、一九五四年三月の第五福竜丸事件とその後の原水爆禁止運動の高まりを契機に、国内外に広く知られるようになった。マニラ戦はその後も日本で語られることなく歳月が流れたが、二一世紀に入って変化が現れる。二〇〇七年以降、NHKが相次いでマニラ戦関連の番組を制作し、注目を集めた。さらに、一六年一月の天皇のフィリピン訪問時におけるマニラ戦への言及は、他国のまなざしを取り込んだ、対話を前提とする戦争観の在り方を示したものとして重要であった。

広島の原爆被害は歴史的にはマニラ戦の延長線上にある。むろん広島が史上初めて核攻撃を受け、放射線被害が市全体に及んだという次元の違いこそあれ、いずれも市民の犠牲が広範囲にわたり、都市が壊滅状態に陥るなど被害規模が甚大という共通点があった。広島とマニラの戦争経験を別個の出来事としてではなく、結びつけて考えてみる。同じ時期、共通の戦争の中で、互いの人間がいかなる事態に直面し、何を失い、どのような記憶を残したのか。自国の「戦争の記憶」を想起するに際し、より広い観点から理解の補助線を引くことで、自国の戦争の世界史的な位置を知り、他国との対話の余地が生まれうるかもしれない。

一九四五年の二月に始まったマニラ戦と八月の広島への原爆投下――当時、その場所で生きていた多くの市民が人間の尊厳を顧みられることなく、理不尽に命を奪われた。二つの都市の戦争経験は、後世の者たちに破滅的で制御困難な戦争の現実と帰結を伝え、これらの苦い先例から他国との戦争回避の教訓を引き出すよう、今も我々に働きかけている。「戦争の記憶」を未来に生かすには、史実の正確な理解に努めるだけでなく、他者を尊重し、複眼的な視点で過去と向き合うことが大切であろう。

【注】

（1）　本項の叙述に際しては、広島市役所編『広島市役所原爆誌』（広島市役所、一九六六年）、広島市・長崎市原爆被災誌編集委員会編『広島・長崎の原爆災害』（岩波書店、一九七九年）、被爆70年史編修研究会編『広島市被爆70年史』（広島市、二〇一八年）を参照した。
（2）原民喜「夢と人生」『原民喜戦後全小説』講談社、二〇一五年（同作品の初出は一九四九年）、二二一頁。
（3）津上毅一編『粟屋仙吉の人と信仰』待晨堂、一九六六年、一九九頁。松村秀逸「原爆下の広島軍司令部―参謀長の記録」『文藝春秋』第二九巻第一一号、一九五一年八月、七〇頁。
（4）森滝市郎「さいやく記」一九四五年八月八日条、『広島県史　原爆資料編』広島県、一九七二年、二五四―二五五頁。
（5）永井均「ヨウコとサダコ―『きのこ雲』の下の子供たち」国際平和拠点ひろしま構想推進事業実行委員会編『広島の復興の歩み』広島県・広島市、二〇一五年、四三―四五頁。
（6）中沢啓治『はだしのゲン　わたしの遺書』朝日学生新聞社、二〇一二年、三六―三九頁。
（7）広島の平和記念公園内にある原爆供養塔には、引き取り手のない被爆者の遺骨約七万柱が収められている（堀川恵子『原爆供養塔―忘れられた遺骨の70年』文藝春秋、二〇一五年、参照）。
（8）「ヒロシマの空白　被爆75年」『中国新聞』二〇一九年一一月二八日付。
（9）ロバート・リフトン（湯浅信之ほか訳）『死の内の生命―ヒロシマの生存者』（朝日新聞社、一九七一年）、中澤正夫『ヒバクシャの心の傷を追って』（岩波書店、二〇〇七年）参照。
（10）本項の叙述に際しては、Alfonso J. Aluit, *By Sword and Fire: The Destruction of Manila in World War II 3 February-3 March 1945* (Manila: National Commission for Culture and the Arts, 1994); Richard Connaughton et al., *The Battle for Manila: The Most Devastating Untold Story of World War II* (London: Bloomsbury, 1995); James M. Scott, *Rampage: MacArthur, Yamashita and the Battle of Manila* (New York and London: W. W. Norton & Company, 2018); 前原透『マニラ防衛戦―日本軍の都市の戦い』（防衛庁防衛研修所、一九八二年）、林博史「日本軍の命令・電報に見るマニラ戦」（『自然・人間・社会』第四八号、二〇一〇年一月）を参照した。
（11）同前、前原『マニラ防衛戦』一八九頁。
（12）同前、一七三―一七五、一八六―一九四頁。
（13）ＪＡＣＡＲ（アジア歴史資料センター）Ref. C19010013900; C19010014000、『菲島方面電報綴（昭和二〇、二～二〇、三）』（防衛省防衛研究所）。
（14）永井均「忘れられた東京裁判フィリピン判事―デルフィン・ハラニーリャ判事の生涯」粟屋憲太郎編『近現代日本の戦争と平

和』現代史料出版、二〇一一年、三二〇—三二二頁。永井均『フィリピンBC級戦犯裁判』講談社、二〇一三年、一六七—一七二頁。

(15) 西岡半一「私の戦争体験—比島の海軍兵」私家版、一九六三年、一六七—一六九頁。西岡手記の記載によれば、この事件は一九四五年二月二〇日頃に起きたものと思われる。

(16) 小林勇「マニラ市街戦」『秘録大東亜戦史　比島篇』富士書苑、一九五三年、二一五頁。金本麻理子「マニラ海軍防衛隊—フィリピン　絶望の市街戦」NHK「戦争証言」プロジェクト『証言記録 兵士たちの戦争②』日本放送出版協会、二〇〇九年、四二—四三頁。

(17) 萱嶋浩一『秘録マニラ戦闘概報』私家版、一九六八年、七四、八〇頁。

(18) 筆者によるベニータ・サントス氏へのインタビュー、二〇一〇年三月一七日、マニラ市にて。Also see, Lourdes R. Montinola, *Breaking the Silence: A War Memoir* (Quezon City: The University of the Philippines Press, 1996). 日比両国は戦争を境に関係が壊れたが、戦犯裁判（一九四五—四九年）や賠償協定の締結（五六年五月）などを経て、五六年七月二三日に国交が回復した。

(19) G-2 Advon [C. A. W.] to G-2, USAFFE（Attn: Colonel Thorpe）, 28 February 1945, Box 310, Entry 40, Record Group 496, Records of General Headquarters, Southwest Pacific Area and United States Army Forces, Pacific, National Archives at College Park, Maryland, USA（hereafter NACP）.

(20) Ibid.; C. A. W. to G-1, G-3, G-4, et al., "Report of Destruction of Manila and Japanese Atrocities," 29 March 1945; GHQ, SWPA to CG, USAFFE, 1 June 1945, Box 310, Entry 40, RG 496, NACP.

(21) Sidney F. Mashbir, *I Was An American Spy* (New York: Vantage, 1953), pp. 332-334.

(22) General Headquarters, United States Army Forces, Pacific, "Typical Japanese Atrocities during the Liberation of the Philippines," 12 September 1945（外交記録D'1.3.0.1-13『本邦戦争犯罪人関係雑件　調書資料関係』第四巻、外務省外交史料館所蔵）、および終戦事務連絡委員会幹事会メモ、一九四五年九月一四日（内閣官房総務課長『昭和二十年八月　終戦関係書類』2A-40-資373、国立公文書館所蔵）参照。

(23)『真相』創刊号、一九四六年三月、一二—一三、一六頁。

(24)『朝日新聞』一九四六年一二月一一日付。

(25) モニカ・ブラウ（立花誠逸訳）『検閲　1945-1949—禁じられた原爆報道』時事通信社、一九八八年、一三四—一四二頁。

(26) 前掲、終戦事務連絡委員会幹事会メモ、一九四五年九月一四日。

(27)『朝日新聞』一九四五年九月一八日付。
(28) 井上勇『日記　昭和二十年』のじぎく文庫、一九七四年、一二二頁。
(29) 高見順『敗戦日記』文藝春秋新社、一九五九年、三二七頁。
(30)「峠三吉日記」一九四五年九月一六日条、広島平和記念資料館所蔵。
(31) 鳥取県警察部長「比島に於ける日本兵の暴行報道に対する部民の反響に関する件」一九四五年九月二七日、粟屋憲太郎編『資料日本現代史2』大月書店、一九八〇年、二〇八―二一〇頁。
(32) 同前、二〇七―二〇八頁。
(33) 同前、二〇八―二〇九頁。
(34) 酒井俊彦「マニラの横顔」『財政』第一七巻第五号、一九五二年五月、一二一頁。
(35) 辻豊『モンテンルパ』朝日新聞社、一九五二年、一一四頁。
(36) 日本アジア・アフリカ作家会議編『民衆の文化が世界を変えるために―アジア・アフリカ・ラテンアメリカ文化会議の記録』恒文社、一九八二年、一一九頁。
(37) 筆者によるシオニール・ホセ氏へのインタビュー、二〇一五年九月二日、マニラ市にて。Also see, F. Sionil Jose, "Hiroshima and Us" (*Remembering World War II in the Philippines*, Vol. II, Manila: National Historical Institute, 2007), pp. 81-87.
(38) 筆者によるミゲル・ペレス＝ルビオ氏へのインタビュー、二〇一五年六月一三日、マカティ市にて。Also see, Miguel A. Perez-Rubio, *Nine Lives: The Reminiscences of Miguel A. Perez-Rubio* (Quezon City: Vibal Group, 2017).
(39) 筆者によるファン・ロチャ氏へのインタビュー、二〇一一年三月三日、マニラ市にて。
(40) Celia D. Soriano, et al. *Kayamanan: Kasaysayan ng Daigdig* (Manila: Rex Book Store, 2016), p. 338. 筆者による野村ミカエル介氏への電話によるインタビュー、二〇二〇年六月二八日。
(41) 早瀬晋三「戦争認識のすれ違い―日本人学生とフィリピン人学生」『大学教育』第九巻第一号、二〇一一年九月、一二五―一三一頁。
(42) *The Manila Bulletin*, 9 February 1995, 10 February 2005.「メモラーレ・マニラ１９４５」については、中野聡「フィリピンが見た戦後日本―和解と忘却」（『思想』第九八〇号、二〇〇五年一二月）も参照。
(43) フィリピン大学のリカルド・ホセ教授の談話（「失われた『平衡感覚』」『まにら新聞』二〇一五年一月八日付）参照。
(44) 武田清子「フィリッピンに残つた戦争の傷跡」『婦人画報』第五六九号、一九五二年二月、一三四―一三六頁。
(45) 桂和子「人生を導いたこの経験―犠牲となった学友に捧げて」被爆60周年記念証言集編集委員会編『平和を祈る人たちへ』広島

女学院同窓会、二〇〇五年、二九八―三〇一頁。
(46) 八島藤子「旗」『広島生活新聞』第一二八号、一九五二年七月二〇日、二頁。八島藤子は栗原貞子のペンネームである。
(47) 栗原貞子『ヒロシマというとき』三一書房、一九七六年、一〇二―一〇三頁。
(48) 日本学術振興会「科学研究費助成事業」ホームページ（https://kaken.nii.ac.jp/ja/grant/KAKENHI-PROJECT-19401007/ 二〇二〇年一〇月二四日アクセス）。
(49) 中野聡「日本・フィリピン戦没者追悼問題の過去と現在―『慰霊の平和』とアムネシア」森村敏己編『視覚表象と集合的記憶―歴史・現在・戦争』旬報社、二〇〇六年、三一二―三一五頁。山崎大使の発言は日本国内で報じられていない。
(50) 「フィリピンご訪問ご出発に当たっての天皇陛下のおことば（東京国際空港）」（宮内庁ホームページ https://www.kunaicho.go.jp/page/okotoba/show/3#6 二〇二一年一月一三日アクセス）。

第七章　ヒロシマの語られ方
――ドイツの事例から

竹本真希子

はじめに

二〇世紀後半の「核の時代」において、「ヒロシマ」は象徴的な意味をもつものとして取り上げられてきた。だが、米国に今なお根強い原爆投下正当化説をみるまでもなく、「ヒロシマ」についての理解や受容のあり方が国や地域ごとに異なっているのは明らかである。広島にいるわれわれが「ヒロシマ」を伝えようとするとき、それが世界各地でどのように受け止められているのか、あらためて検討する必要がある。

本章ではドイツ（特に西ドイツ）の例から「ヒロシマ」の受容について考える。ドイツにおける原子力問題については日本でも関心が高く、すでに多くの研究が出されている。従来は科学者による核開発の歴史や西ドイツの環境保護運動と反原発運動、緑の党の活動や統一ドイツの脱原発の決定などが個別に扱われることが多かった。しかし近年では、特に二〇一一年の東京電力福島第一原子力発電所の事故以降、原子力受容全体の歴史に対する関心が高まったこともあり、ドイツの核の問題を核兵器と原発の両側面から捉える研究が増えてきている。津崎直人が西ドイツの核兵器保有と核不拡散条約（ＮＰＴ）に加え、一九九〇年以降の脱原発政策に関する議論を含んだ形でドイツの核保有問題を扱う著書[1]を出版し、また筆者は一九世紀末から二〇世紀後半に至る平和運動史の中で反核運動の特徴を明らかにし、反原発運動についても触れている[2]。

本章もヒロシマを扱ううえで、こうした先行研究を踏まえるが、その際、政治史よりも文化史や日独交流史に力点を置くことにし、政治史では取り上げられてこなかったヒロシマの文化的受容に焦点を当てる。これにより、ヒロシマのトランスナショナルな側面を明らかにすることを目的とする。国際平和都市としてのヒロシマと「ヒロシマの世界化」についてはしばしば話題になるが、多くの場合、米国との関係や国際ＮＧＯの活動が取り上げられており、他の地域についてはは十分扱われてこなかった。したがって本章はこうした研究の不足を埋めることも目指す。特に西ドイツおよび統一ドイツの例を中心にヒロシマを他の地域から見るに際しての論点を整理し、ヒロシマ論の発展のための資料としたい[3]。

一　核兵器と原発

1　核兵器開発と核政策[4]

第二次世界大戦以前のドイツは原子物理学研究の先進国であった。一九三八年のオットー・ハーンとフリッツ・シュトラスマンによるウランの原子核分裂の発見が原爆開発につながっていった。ナチ体制下ではヴェルナー・ハイゼンベルクやカール・フリードリヒ・フォン・ヴァイツゼッカーらが原子力研究を行っていたが、原子爆弾を製造するところまでには至らなかった。

一方、「ヒトラーの原爆」に対して危機感を抱いたレオ・シラードがアルバート・アインシュタインを促し、米国が原爆を開発するよう求める手紙をフランクリン・ローズヴェルト大統領あてに書いたことはよく知られている。

アインシュタインはドイツのウルムの出身で、一九二〇年代にベルリンで教鞭をとり、平和運動に参加していた。彼はユダヤ人であるがゆえにナチ体制下のドイツを去り、米国へと亡命していた。原爆開発のマンハッタン計画にアインシュタインが関与したこと、米国の原爆がドイツに対抗するために作られたこと、原爆が使用される前にドイツが無条件降伏していたこと、またドイツと日本が同盟国であったこと――、こうした背景が「広島・長崎に使われた原爆はドイツに落とされるはずのものだった」という言説を戦後のドイツにもたらした。また、「ドイツは原爆を製造する能力があったのか」それとも「科学者たちが『ヒトラーの原爆』に反対するために原爆開発を遅らせたのか」といったテーマも、科学者のナチ体制への関与と責任、あるいは米国のマンハッタン計画と広島・長崎への原爆投下の正当性と絡んで議論された(5)。

一九四五年五月八日に無条件降伏したドイツは、米・英・仏・ソの四カ国による占領下に置かれ、四九年にドイツ連邦共和国（西ドイツ）とドイツ民主共和国（東ドイツ）が建国した。初代首相コンラート・アデナウアーは自国の核保有の意図を隠さず、西ドイツの再軍備と核保有問題は欧州の安全保障にとって重要な議題となった。フランスなどの反対がありながらも、最終的に西ドイツは北大西洋条約機構（NATO）に加盟し、その際にさしあたりは自国では核を保有しないと決定して、米国の核の傘に入った。キューバ危機など冷戦が緊迫する中で、東ドイツやソ連の核と対峙するために西ドイツ独自の核保有が模索されたが、社会民主党（SPD）のヴィリ・ブラント政権下の七四年にNPTを批准している。

西ドイツにおいて核戦争の危機が再び意識されるのは、一九七〇年代末から八〇年代初頭である。米ソの対立による新冷戦、とりわけソ連の戦域核SS20配備と米国による中性子爆弾の計画は、新たな緊張をもたらした。NATOは七九年、新型中距離核ミサイルであるパーシングⅡと巡航ミサイルの西ヨーロッパへの配備を決定し、これが各地で大規模な反核運動を引き起こした。パーシングⅡは八五年一二月までに西ドイツに一〇八基配備された。

これらは八七年に米ソの間で締結された中距離核戦力（ＩＮＦ）全廃条約により破棄され、また統一の決定後に東ドイツにあったソ連の核兵器は撤去されたが、それ以降も西ドイツおよび統一ドイツはＮＡＴＯと米国の核勢力を共有する形でその能力に頼っている。二〇一〇年に冷戦期の西ドイツを代表する政治家であるヘルムート・シュミット、リヒャルト・フォン・ヴァイツゼッカー、エゴン・バール、ハンス＝ディートリヒ・ゲンシャーの四名がドイツ国内の米国の戦術核兵器の撤去を呼びかけた際にはこれを高く評価するものもあったが、実際には今日まで撤去されていない。脱原発政策とともに、核兵器の撤去によってドイツの完全な非核化が望まれるが、日本と同様、ドイツ政府も核兵器禁止条約に対して政府として賛同しておらず（二一年三月現在）、核廃絶に積極的に取り組んでいるとはいえない状況がある。

2　原子力政策と反原発運動

西ドイツにおける原発開発は、日本と同様、ドワイト・アイゼンハワー米大統領の国連での「平和のための原子力」演説以降に進展し、一九五九年の原子力法により本格的に進められることとなった。米国との協力により原子力発電所の建設を進めたが、七五年にブラジルと核エネルギー平和利用に関する一五カ年協定を結び、西ドイツがブラジルに原子力発電所を建設するのに対して、ブラジルがこれに見合う天然、濃縮ウランを長期安定供給するという提携を結ぶなど(6)、独自の原子力政策も進められた。

一方、一九六八年の学生運動の高揚により環境保護運動や平和運動が発展していく中で、七〇年代には組織的な反原発運動が展開されるようになった。ヴィールに代表される森での反原発運動はよく知られている。こうした運動はブロックドルフの建設予定地やゴアレーベンの最終処分場問題をめぐって激化し、八六年のチェルノブイリ原発事故により西ドイツでも大規模な反原発運動が展開され、脱原発の世論が力を増した。八九年四月にはバイエルン州のヴァッカースドルフで進められていた核燃料再処理施設の建設が断念を余儀なくされた。

反原発の世論を反映する形で、一九九八年に成立した社会民主党と緑の党による「赤緑政権」が二〇〇二年に脱原発法を制定した。キリスト教民主同盟（CDU）のアンゲラ・メルケル政権下で脱原発政策のモラトリアムが導入されたものの、一一年の福島の事故が起こると、メルケル政権は二二年までの脱原発を決定し、一七基の原発が停止されることになった。

二　ドイツにおけるヒロシマ

以上、簡単に西ドイツを中心に原子力をめぐる歴史を振り返った。この中で、ヒロシマ情報はどのように伝わり、受け止められてきたのだろうか。以下では、さまざまな分野でのヒロシマ受容の例を追う。

1　ドイツの文化とヒロシマ

ヒロシマ情報の伝播　占領下のドイツでは、一九四五年八月八日にベルリンの日刊紙「モルゲン（朝）」がワシントンからのロイター通信の報道を「日本に初の原爆」という見出しで伝えた[7]。ヒロシマを世界に伝えたことで名高いジョン・ハーシー著『ヒロシマ』のドイツ語版は四七年にスイスで出版され、蜂谷道彦の『ヒロシマ日記』は五五年にドイツ語訳されている[8]。これに先立ち、五〇年七月に当時の楠瀬常猪・広島県知事と浜井信三・広島市長が西ドイツを訪問し、朝鮮戦争での原爆使用反対を表明した[9]。自国も戦後復興の最中であったにもかかわらず、西ドイツでは比較的早くから広島への関心が向けられていた。四八年から五〇年代初頭にかけて、広島市幟町にある世界平和記念聖堂の再建にあたって、広島で被爆したフーゴ・ラサール（帰化名・愛宮真備《エノミヤマキビ》）らドイツ出身の神父たちが世界中に呼びかけて募金を集めた。西ドイツの司教やローマ法王の支持も得て、西ドイツの各都市からパイプオルガンなど多くのものが寄贈されている。また、アデナウアー個人からもキリストをモチーフとしたモザイク壁画が贈られている[10]。この例に限らず、ヒロシマ情報の世界への伝播に対して宗教団体が果たした役割は大きく、カトリック教会がローマ法王の二度の広島訪問を実現したほか、谷本清の流川教会などのプロテスタント教会は特に米国との関係の構築に尽力した。広島ＹＭＣＡや三滝寺は、のちに広島とアウシュヴィッツの交流に大きな役割を果たした[11]。このほかにも、宗教者の宗派を超えた平和活動は多く、現在まで引き続き行われている。

一九五四年のビキニ水爆被災事件は被爆・被曝双方に関する情報を世界に広め、人々に放射能の恐怖を意識させた。欧州での被爆証言活動は、翌五五年には始まっていた。広島の被爆者である日詰忍は、イギリスで一カ月過ごしたのち、西ドイツの民主婦人同盟の招きでデッセンドルフ（デュッセルドルフのことか）、ハンブルク、キール、デュースブルクを訪れた。平和運動、婦人運動の活動家たちと交流し、「もし戦争がおこるとすればその発火点はドイツだという意識が強く平和運動の積極的なものもその故《ママ》かも知れません」との感想を残している[12]。

西ドイツ初の原爆調査視察団は、一九五八年に広島・長崎を訪れている。同年三月の西ドイツ連邦議会での連邦軍の核武装の決議に対して、フランクフルト議会でその是非を問う住民投票の実施が議論された。これを踏まえて、五月から六月にかけて放射能の人体や社会への影響を調査するために、市参事会員、原子力・放射線医学・遺伝学・社会学の学識者、教会牧師、ジャーナリストの計一二名が日本に派遣された。帰国後、フランクフルトでの市民向けの講演などで核兵器の威力や被害について報告がなされ、市内では反核集会が行われている[13]。

しかし、「ヒロシマ」を広く欧州に知らしめたのは、ジャーナリストのロベルト・ユンクであっただろう。ベルリンのユダヤ系家庭の出身であったユンクは、一九五六年に亡命先の米国で原爆製造に関与した科学者の倫理や責任を問う『千の太陽よりも明るく』（*Heller aus der tausend Sonnen*）を出版している。翌五七年広島を訪れ、被爆者や医師、広島市職員などにインタビューを行い、同年七月に『世界週報』(*Die Weltwoche*)で「広島での出会い[14]」と題する記事を発表、五九年に著書『灰墟の光』(*Strahlen aus der Asche*)を出版した。六〇年には再び広島を訪れて同名のテレビ・ドキュメンタリー番組を製作し、被爆から一五年たった広島と被爆者の姿を欧州に伝えると同時に、各地の反核デモで自らの眼で見たヒロシマを語った。ユンクは生涯に少なくとも五度広島を訪れ、広島の人々と交流を深めている[15]。

文化のなかのヒロシマ　ヒロシマ情報は相次ぐ各国の核開発によって核戦争の危機が意識される中で世界に伝わったが、西ドイツにおいて「ヒロシマ」は今後起こりうる核戦争の危険としてだけでなく、自国の戦争体験との関連でも意識され、加えて新たな「核の時代」の到来の象徴としても受け止められた。「一九四五」はナチ体制の終焉を意味するだけでなく、世界史的にもう一つの重要な数字となったのである。『飛ぶ教室』などの作品で知られる作家、エーリヒ・ケストナーにとってもそれは同様であった。ケストナーはのちに一九四五年の日記を出版する際、六月で途切れた日記に八月について書き足し、広島と長崎への原爆投下の際に気象観測機を操縦したクロード・イーザリーの精神病や「爆撃機の中の一機の操縦士がのちに自殺したという、確認されない報道」について触れ、人間が没落の道に進んでいると述べた。そして「一九四五年を忘れるな!」と結んだのである[16]。

亡命していた知識人にとっても、原爆は衝撃的なものであった。米国に亡命していた作家トーマス・マンは、いわばナチに対抗する民主主義的亡命ドイツ人の顔であった。彼は原子爆弾を「ある意味では歴史の終わりを意味する[17]」と捉え、一九四五年八月六日の日記に次のように記している。「分裂させられた原子(ウラン)の力が作用する爆弾がはじめて、日本への攻撃に使われる。かくして秘密は明るみに出た。ドイツでも完成寸前だったのが、アメリカが競争に勝った――もしかするとドイツ人の援助があったのかもしれない。数多くのドイツ人物理学者が今アメリカで働いているということだから――ヒトラーのドイツのためにするのと同じ熱意をもって[18]」。ドイツ人物理学者が米国で働いているというのはうわさに過ぎなかったが、広島への原爆投下に対する衝撃と当時の見方の一端がここに表れている。

日本と同様、西ドイツにおいても文学はヒロシマを伝える重要な手段となった。すでに挙げたユンクの『灰墟の光』では、最後に原爆から一〇年後に白血病で死亡した佐々木禎子について触れられていた。ここから着想を得て書かれたオーストリアの作家カール・ブルックナーの『サダコは生きたい』(*Sadako will leben*)は、ドイツ語圏のみならず世界中で読まれ、サダコ物語が各地に広がることとなった。

原爆に関する日本の著作も、前述の蜂谷『ヒロシマ日記』の他に、大江健三郎『ヒロシマ・ノート』や長田新編『原爆の子』などがドイツ語訳されている。後述するように、一九八〇年代には反核運動の高揚により原爆に対する関心が高まり、この時期にヒロシマ関連の多くの書籍が出版された。八三年には、広島で被爆したドイツ人神父で、上智大学で教鞭をとったヘルムート・エアリングハーゲンが自身の被爆体験を西ドイツで出版している[19]。さらに八七年には『原爆に夫を奪われて』(神田三亀男編)をドイツ語訳したヴォルフガング・シャモニ教授らの尽力により、ハイデルベルク大学日本学研究所に原爆文庫が開設された[20]。八〇年代にはヒロシマをテーマとした日独の文学者の交流も活発になった。西ドイツの作家の呼びかけに応える形で日本の作家たちが反核声明を出したほか、栗原貞子ら広島の原爆作家がケルンで開催された文学者会議に参加している[21]。八八年六月には広島市で核問題をテーマとした日独文学者のシンポジウムが開かれ、小田実の提唱で日本側から堀田善衛、水上勉、中野孝次、松元寛、栗原貞子ら六名、西ドイツからは四名が参加した[22]。

第二次世界大戦後、ナチズムの経験とホロコーストが西ドイツ文学界の主要テーマになったが、原子力時代の到来とその意味も問われた。直接ヒロシマをテーマにしたものではないが、西ドイツを代表する作家のひとりとして知られるギュンター・グラスは『女ねずみ』(*Die Rättin*)で原子力時代を扱っている。一九八七年に出版されたグートルン・パウゼヴァングの青少年向け小説『みえない雲』（*Die Wolke*）は、チェルノブイリ原発事故を背景として書かれ、核被害の恐ろしさを伝えるものとして広く読まれている。同書は映画化や漫画化もされ、福島の事故以降日本でもあらためて読み直されている。

原爆とそれによってもたらされた核時代はまた、ホロコーストの問題とならんで哲学的考察の対象になっている。カール・ヤスパースやハンナ・アーレントといった著名な哲学者たちが核と人間の関係や原爆の意味に向き合った。ギュンター・アンダース（アンデルス）は『橋の上の男』（*Der Mann auf der Brücke*）などの著作で知られ、ユンクらとともに欧州反核運動のイニシアチブをとるなど、実践の面でもヒロシマに深くかかわった。

音楽の分野では、栗原貞子の詩「ヒロシマというとき」がウド・ツィマーマンの作曲によりドイツ語で歌われている。ツィマーマンは東ドイツのドレスデンを中心に西ドイツやヨーロッパ各地で活動する指揮者・作曲家で、ヒトラーとナチへの抵抗運動により命を落としたショル兄弟をテーマとしたオペラ「白いバラ」（*Weiße Rose*）も作曲している。広島出身の作曲家で日独で活躍する細川俊夫は、「ヒロシマ・レクイエム」（改題「ヒロシマ・声なき声」）を作曲した。ヒロシマをテーマとした音楽を分析した能登原由美によれば、「『ヒロシマ』を物語る作品の多くは、『復興』や『再生』、あるいは『平和』などの『希望』が見いだされる」ものとなっている中で、細川の作品は死者の声に耳を傾け、「原爆やホロコーストを生み出した人類の危うい営みを、根本から見つめ直す世界」を示す、独自の視点をもったものとなっている。(23)

ヒロシマに関する映画は、ドイツのものよりもフランス映画「ヒロシマ・モナムール」（*Hiroshima mon amour*, アラン・レネ監督、邦語タイトル「二十四時間の情事」）の印象が強く、同時代の人々にとって、この映画がヒロシマのイメージを代表するものの一つとなっているといえよう。またテレビドラマ「デイ・アフター」（*The Day After*）のように、米国の核戦争をテーマとした映画やドラマは西ドイツでも多く上映されている。直接的にヒロシマを扱っているわけではないが、演劇の分野では、映画に比べて原水爆を主題としたタイトルが多く挙げられるようである。東西両ドイツで活躍したハイナー・キップハルト作の「J・ロバート・オッペンハイマー事件」（*In der Sache J. Robert Oppenheimer*）がその例である。[24] また、日本の漫画は今日のドイツでも人気があり、中沢啓治の『はだしのゲン』や、こうの史代の『この世界の片隅に』といったヒロシマ関連の作品がドイツ語訳されている。

反核運動におけるヒロシマ

核兵器の登場により反核運動が各地の平和運動の主流となったが、東西冷戦の前哨地とみなされた西ドイツでは、より危機感をもって核問題が議論された。[25] 当初、アデナウアーの核武装案に反対したのは、科学者たちであった。一九五五年、ハーンやマックス・ボルンの呼びかけにより核兵器に反対する「マイナウ宣言」が提案され、リンダウで開催されたノーベル賞受賞者会議で湯川秀樹を含む科学者たちがこれに署名した。また五七年にも、同じくハーンら一八名の科学者によって反核アピール「ゲッティンゲン宣言」が出され、社会民主党や労働組合を主体とした「原爆死反対闘争」とともに、西ドイツの反核運動の本格的な始まりを告げるものとなった。広島から欧州に戻ったユンクはアンダースらとともに、オーストリアや西ドイツで反核運動に尽力した。アンダースは五八年に東京で開催された第四回原水禁世界大会に参加するため、日本原水禁協議会の招待で来日し、その際に広島を訪れ、森瀧市郎ら広島の原水禁運動の担い手と交流をもった。アンダースの訴えを聞き入れる形で、この原水禁世界大会では「原子力時代の人間の新しい道徳的義務」について議論する分科会が設置されている。[26]

一九五〇年代から西ドイツの核武装論に反対し、西ドイツの中立化を主張した政治家がグスタフ・ハイネマンであった。ハイネマンはアデナウアー政権下で内相を務めるも、西ドイツの再軍備をめぐる見解の相違から辞任し、反核運動に参加した。社会民主党のブラント政権下で大統領に就任すると、現職の大統領として七〇年五月に広島を訪れ、平和記念公園と広島平和記念資料館を見学している。ハイネマンは原爆死没者慰霊碑（広島平和都市記念碑）の前で行ったスピーチで、「破壊の町からよみがえった広島に深い感銘を受け、生命力は破壊力よりも強いという証明を見た。しかし今日の核開発を見ると、破壊力より生命力が強いといって、安心してはならない。人類が壊滅の危機にさらされていることを、真剣に考えねばならない」と述べた[27]。当時資料館長を務めていたのは小倉馨で、ユンクが『灰墟の光』執筆のために広島を訪れてからの彼の友人であり、協力者であった。小倉はのちにハイネマンについて「格調高い語り方に、偉大な政治家の心を見る思いがした。ドイツの心と日本の心は、重なり合い、触れあっていた」と記している。ハイネマンはその後も広島と交流を持ち、七二年のミュンヘン・オリンピックに「折鶴の会」の河本一郎と子どもたちを招待している[28]。

第二次世界大戦前のドイツでは、平和運動は知識人を主な担い手とする平和団体によって行われていたが、戦後の西ドイツにおいては団体に属さない個々人が反核・反戦デモに参加し、平和運動が草の根の活動へと変化していった。一九六〇年代後半からの「新しい社会運動」の発展は平和運動を活気づけ、平和運動と環境保護運動が連携して反核運動を行う土壌を作った。八〇年代初頭のＮＡＴＯによる「二重決定」に対する反対運動では、欧州各地で「ヨーロッパの核戦場化」に反対する「ノー・ユーロシマ」（Euroshima は Europe と Hiroshima を合わせた造語）のスローガンが叫ばれ、広島・長崎の経験があらためて注目された。八一年一〇月の首都ボンでの三〇万人集会を始めとして欧州各地で反核デモが行われ、米国や日本でもこれに連動して大規模な反核運動が行われた。この頃、西ドイツと広島の平和運動の交流は活発であり、森瀧市郎などが被爆証言のため広島から西ドイツを訪れ、西ドイツからは環境保護運動と平和運動の支援を受けて勢力を伸ばしつつあった新しい政党「緑の党」の党員が広島を訪れた。八三年には緑の党のペトラ・ケリーらのイニシアチブにより、ニュルンベルクで核兵器の使用に関する模擬裁判が開廷され、広島からのちに「平和のためのヒロシマ通訳者グループ」を設立する小倉桂子が参加し、被爆証言を行っている[29]。

2　日独の平和観とヒロシマ受容

アウシュヴィッツとヒロシマ

「アウシュヴィッツとヒロシマ」はしばしば第二次世界大戦を、そして二〇世紀の悲劇を象徴するものとしてならべられるが、両者を並列のものとして扱うのは簡単なことではない。アウシュヴィッツに象徴されるユダヤ人虐殺が欧州で長い歴史をもつユダヤ人差別の究極的な形だとすれば、ヒロシマは第二次世界大戦における軍事作戦の一つであるという位置づけもある。だが、同時に両者は近代の最先端の技術を用いて行われた大量殺戮であり、人間性を問う二〇世紀最大の悲劇という共通性をもつものとして見なされることもある。「核ホロコースト」といった言葉の広まりや、ユンクのようなユダヤ人による「ヒロシマとアウシュヴィッツ」の犠牲者の同一視[30]はこうした例といえるであろう。文学や芸術の分野でナチの過去をテーマにした作家が核の問題を扱ったのは、アウシュヴィッツとヒロシマを同一視する、あるいは単純に比較するということではなく、これらがもつ象徴的な意味を重要視したことを意味する。また、ホルガー・ネーリングが指摘しているように、西ドイツの平和運動の中でヒロシマの記憶が自らの空襲被害や自国の戦争の記憶との関連で扱われることもあった[31]。また、これまでも多くの論者が論じてきたように、「ヒロシマとアウシュヴィッツ」は今日でもドイツと日本それぞれの加害に対する問題提起でもあり、ヒロシマは必ずしも「平和」のメッセージとしてのみ伝わってきたものではない[32]。

原子力とヒロシマ

西ドイツの人々が放射能の危険性を意識したのは、広島・長崎への原爆投下のニュースよりも第五福竜丸事件の衝撃による。環境意識の高まりや原発事故の影響によって反原発運動が高まり、一九八〇年代初頭までには反核兵器の運動と結びついて、反原子力の運動へと変化していった。当時の平和運動は、反戦、反核だけでなく、安全な生活を求めるための運動として展開された。西ドイツにおいては、核兵器は政治上の問題というだけでなく、原発と同時にエコロジーや環境政策としても議論され、さらには外交問題としてのみ扱われる問題としてではなく、生きるための市民運動として原子力全体に対する抵抗運動が行われてきた。

ヒロシマが核兵器の脅威を知らしめると同時に「平和」のメッセージを伝えているとしても、その「平和」が意図するように伝わっているわけではない。「アウシュヴィッツ」で示されるものの多くは破壊と人類の悲劇のイメージであり、ヒロシマのように「平和」の前向きなイメージが示されることは少ない。そして現在に至るまでドイツで「ヒロシマ」が話題になるとき、それは戦争不在の平和や核兵器のない世界へ向けたメッセージというだけでなく、人権蹂躙という脈絡で捉えられることがある。こうしたドイツのヒロシマ受容の一端をよく表しているのが、被爆者で医師の肥田舜太郎である。肥田は一九八〇年代初頭に平和団体の招きで西ドイツを訪れた。彼が呼ばれた集会はすべて原発反対集会であり、「…原発反対と書いてあるから変だなと思った。でも、そこでは放射線の恐ろしさを好きなようにしゃべっていいということだから、私はその話をずっとしたんです」[33]。肥田によれば、西ドイツの人々の被ばくの影響や放射線に対する関心は高く、平和運動が「人を殺さない」ということを重視し、「アウシュヴィッツと原爆が人類最大の人権侵害」とみなしていることに強い印象を受けたようである。こうした強い人権意識はホロコーストを経験した西ドイツの平和運動の大きな特徴であり、現在でもドイツの平和論の中では、戦争の不在よりもしばしば人権擁護がより強調されることがある。

ヒロシマの名が再び注目されるのは、福島の事故後である。ドイツが二〇二二年までの脱原発を決定したとき、ヒロシマ・ナガサキのみならず、福島の事故も経験した日本が原発依存を変えないのはドイツの人々にとって大きな疑問であった。「フクシマ」が偶然にもヒロシマと韻を踏んだことで、「ヒロシマ――ユーロシマ――フクシマ」は一本の糸としてつながったのである。

おわりに

本章ではドイツの例からヒロシマ情報の受容の例の一部を追った。日本と第二次世界大戦の敗戦という共通の経験をもち、しばしば戦争と平和の議論に関して比較されるドイツでは、「ヒロシマ」は戦争の脈絡だけでなく、エネルギーや環境問題も絡んだ複合的な問題として捉えられ、現在まで一定の関心を持ち続けられている。だがその一方、核兵器そのものについては、冷戦期には米ソの対立の前哨地としての危機感から活発に議論されたが、冷戦終結後のドイツでの関心は薄れているとされる。一九八〇年代に成立したＩＮＦ全廃条約は二〇一九年に失効したが、現代のドイツの若者はこれに関心がなく、「若き世代は気候変動を通して政治への関心を抱き、結集しているのであって、軍備競争を通じた核兵器の脅威などは視野に入っていない」[34]。同時に近年の極右政党「ドイツのための選択肢」の勢力伸長により、再び脱原発も危うくなっている[35]。また今後、新型コロナウィルス感染拡大による各国の自国優先の政策により、七五年かけて築いてきたドイツと隣国の関係が変化することもありうるだろう。

こうした中でヒロシマを伝えるとき、われわれはあらためてその意味を考える必要がある。核兵器が依然としてなくならないという事実とともに、核兵器禁止条約の成立と被爆者の核廃絶のための尽力に対する国際社会の再評価を見ても、グローバルな議論におけるヒロシマが依然として重要なのは明らかである。そのためにも各国での受容や冷戦終結以降のヒロシマ論への展望、他の戦争被害や核被害との関連性も含めて広い視野を持ちつつ、これらを一つ一つ追うことで、ヒロシマの意味を考えていく必要があるだろう。

【注】

（1）津崎直人『ドイツの核保有問題―敗戦からNPT加盟、脱原子力まで』昭和堂、二〇一九年。同書に対する佐藤温子の書評「津崎直人『ドイツの核保有問題』」『歴史学研究』第九九四号、二〇二〇年三月、五七―六〇頁も参考にした。

（2）竹本真希子『ドイツの平和主義と平和運動―ヴァイマル共和国期から一九八〇年代まで』法律文化社、二〇一七年。本章は同書とともに、一部以下の論稿を踏まえたものになっている。Makiko Takemoto, "Nuclear Politics, Past and Present: Comparison of German and Japanese Anti-Nuclear Peace Movements," *Asian Journal of Peacebuilding*, Vol. 3, No. 1, 2015, pp. 87-101; Makiko Takemoto, "Hiroshima and Auschwitz: Analyzing from the Perspectives of Peace Movements and Pacifism," in Urs Heftrich, Robert Jacobs, Bettina Kaibach and Karoline Thaidigsmann, eds., *Images of Rupture between East and West: The Perception of Auschwitz and Hiroshima in Eastern European Arts and Media* (Heidelberg: Universitätsverlag Winter), 2016, pp. 65-81. なお本章については、若尾祐司氏から貴重な助言を得た。ここに感謝したい。

（3）東ドイツの原子力問題については、白川欽哉「東ドイツ原子力政策史」若尾祐司・本田宏編『反核から脱原発へ―ドイツとヨーロッパ諸国の選択』昭和堂、二〇一二年、一〇五―一一五頁、木戸衛一「東独のなかの『原子力国家』―ウラン採掘企業『ヴィスムート』の遺産」若尾祐司・木戸衛一編『核開発時代の遺産―未来責任を問う』昭和堂、二〇一七年、一六四―一九二頁。

（4）ドイツの核問題の歴史については、前掲、津崎『ドイツの核保有問題』に詳しい。

（5）Mark Walker, "Legenden um die deutsche Atombombe," *Vierteljahrshefte für Zeitgeschichte*, Jg. 38, Heft 1, 1990, S. 45-74.

（6）中国新聞社編『年表ヒロシマ―核時代五〇年の記録』中国新聞社、一九九五年、九九二頁。

（7）Florian Coulmas, *Hiroshima. Geschichte und Nachgeschichte* (München: Beck, 2005), S. 37.

（8）John Hersey, *Hiroshima* (Zürich: Diana, 1947); Michihiko Hachiya, *Hiroshima-Tagebuch: Aufzeichnungen eines japanischen Arztes vom 6. August bis 30. September 1945* (Freiburg, Breisgau: Hyperion-Verlag, 1955). これらの書誌情報については、LinguaHiroshima（リンガヒロシマ）「ヒロシマ・ナガサキ　多言語で読む広島・長崎文献」のウェブサイトにある文献検索のデータベースを参照。https://www.linguahiroshima.com/jp/（二〇二〇年一二月三日アクセス）。

（9）前掲、中国新聞社編『年表ヒロシマ』八五頁。

（10）世界平和記念聖堂については、http://noboricho.catholic.hiroshima.jp/（二〇二一年一月七日アクセス）。

（11）広島とアウシュヴィッツの関係については、ラン・ツヴァイゲンバーグ（若尾祐司・西井麻里奈・髙橋優子・竹本真希子訳）『ヒロシマ―グローバルな記憶文化の形成』名古屋大学出版会、二〇二〇年に詳しい。

(12) 日詰忍「欧州に招ねかれて」『開拓者』一九五五年八月、第五〇巻第八号、第五〇九号、二五頁。同記事については、金子哲夫氏より情報を提供していただいた。ここに感謝したい。
(13) 視察団について詳しくは、北村陽子「フランクフルト・アム・マインにおける反原発市民運動」前掲、若尾・本田『反核から脱原発へ』一八五―一九六頁、特に一八八―一九〇頁。
(14) 若尾祐司・小倉桂子編『戦後ヒロシマの記録と記憶―小倉馨のR・ユンク宛書簡』(上) 名古屋大学出版会、二〇一八年、二五―三一頁。
(15) ユンクの日本での活動とユンクに関する日本で出された記事や論文については、竹本真希子「日本におけるロベルト・ユンクの言論活動とその受容」『専修史学』第六四号、二〇一八年三月、(三〇)―(五二)頁。
(16) エーリヒ・ケストナー(髙橋健二訳)『ベルリン最後の日―一九四五年を忘れるな』新潮社、一九六二年、二四七―二四八頁。
(17) クラウス・ハープレヒト(岡田浩平訳)『トーマス・マン物語Ⅲ―晩年のトーマス・マン』三元社、二〇〇八年、四二頁。
(18) トーマス・マン(森川俊夫・佐藤正樹・田中暁訳)『トーマス・マン日記―1944-1946』紀伊國屋書店、二〇〇二年、五五六頁および前掲、ハープレヒト『トーマス・マン物語Ⅲ』、四二頁。トーマス・マンの引用については、Coulmas, *op. cit.* も参照。
(19) 『読売新聞』「被爆ドイツ人一冊の本」一九八三年一月五日付、一二頁。
(20) 前掲、中国新聞社編『年表ヒロシマ』一五七八頁。
(21) Takemoto, "Nuclear Politics, Past and Present," p. 97.
(22) 前掲、中国新聞社編『年表ヒロシマ』一六三四頁。
(23) 能登原由美『「ヒロシマ」が鳴り響くとき』春秋社、二〇一五年、五〇―五四頁、うち引用箇所は五四頁。音楽については、「ヒロシマと音楽」ウェブサイト http://hirongaku.com も参照(二〇二一年五月六日アクセス)。
(24) ドイツの核をテーマとした演劇については、八木浩「反核時代の世界の文学―ドイツと日本のドラマを比較して」『民主文学』第二二五号、一九八四年八月、一五〇―一五七頁。
(25) ドイツの反核運動について詳しくは、前掲、竹本『ドイツの平和主義と平和運動』。
(26) 渡名喜庸哲「ギュンター・アンダースのヒロシマ―政治でも、道徳でも、ヒューマニズムでもなく」『現代思想』四四―一五、二〇一六年八月、九九頁。
(27) 小倉馨『ヒロシマに、なぜ―海外よりのまなざし』渓水文庫、一九七九年、二〇六頁。小倉によれば、ハイネマンの広島訪問に先立つ一九六五年一一月に、当時の西ドイツ大統領ハインリヒ・リュプケが来日した際に広島訪問を希望していたが、これは果たされなかった。同書、二〇五頁。

(28) 同前、二〇七頁。

(29) ニュルンベルク国際法廷（模擬裁判）については、モニカ・シュペル（木村育世訳）『ペトラ・ケリー』春秋社、一九八五年、二三〇―二三五頁。

(30) ユンクは一九七〇年に広島で行ったインタビューで、ヒロシマとアウシュヴィッツを「人間の人間に対する残忍性の最たるもの」とし、「常に一つのもの」と述べている。インタビューはＲＣＣ―ＴＶ『広島との対話　原爆二五周年記念・テレビ特別番組の記録』中国放送、一九七〇年、三頁。これについては、前掲、竹本「日本におけるロベルト・ユンクの言論活動とその受容」（四六）頁を参照。

(31) Holger Nehring, "Remembering War, Forgetting Hiroshima: "Euroshima" and the West German Anti-Nuclear Weapons Movements in the Cold War," in Michael D. Gordin and G. John Ikenberry, eds., *The Age of Hiroshima* (Princeton and Oxford: Princeton University Press, 2020), pp. 179-200.

(32) なお、ドイツにおける空襲被害の記憶とヒロシマの関係にとって重要なのは、東ドイツの街ドレスデンである。第二次世界大戦時に連合軍の空爆によって甚大な被害を受けた都市として、ドレスデンは早くから広島との連携を模索していた。これについては、東ドイツのヒロシマ観を含めて、今後別稿で取り上げることにしたい。

(33) 肥田舜太郎『肥田舜太郎が語る―いま、どうしても伝えておきたいこと』日本評論社、二〇一三年、一二七―一四三頁、引用は一三〇頁。

(34) ロータル・ヴィガー（鈴木篤訳）「ドイツにおけるヒロシマの遺産―歴史と今日の課題」『教育哲学研究』一二一、二〇二〇年、五―六頁。

(35) 木戸衛一「ドイツにのしかかる核の重荷」非核の政府を求める京都の会『ＮＯ　ＮＵＫＥＳ　まちの便り　まちの声』第二一号、二〇二〇年一月、五―六頁、http://hikaku-kyoto.la.coocan.jp/no_21_all20200117.pdf（二〇二一年五月三一日アクセス）。

第Ⅱ部　平和な世界を創造する手立て

平和学が目指す目標として、平和を創造する手立てを考えることは、重要なことである。では、グローバル社会における平和はどのような手立てを通じて創造されるのであろうか。第Ⅱ部では、多面的な平和の領域（核開発、冷戦、紛争、武力行使、核兵器）と、平和を創造する手立て（国際交渉、国際組織、国際制度、国際法、憲法九条）について、国際法学、国際政治学、国際関係論、憲法学の視点から検討する。

まず第八章では、朝鮮半島の分断と北東アジア安全保障の行方について、孫賢鎮が分析している。朝鮮戦争が依然として休戦状態にある中、北朝鮮は核開発を進めている状況の下で、本章では北朝鮮の非核化プロセスの進め方を検討している。続いて、第九章では、欧州の安全保障における信頼醸成措置について、吉川元が分析している。冷戦期の欧州で、欧州安全保障協力会議（CSCE）が果たした役割について、共通の安全保障概念の共有と社会信頼醸成措置の開発の観点から整理し、筆者の見解をまとめている。第一〇章では、気候変動と紛争の関連性について、沖村理史が検討している。気候変動と紛争および人間の安全保障の関係性について現時点での知見を整理した上で、気候危機に立ち向かう国際社会の取り組みの現状と課題を分析している。第一一章では、佐藤哲夫が平和な世界の創造に向けた手立てとして、武力行使禁止原則の現状を分析している。本章では、国際法秩序の分権的構造と実効性の観点を踏まえ、同原則の内容と例外に加えて課題や影響などを含む全体像を提示している。最後に第一二章では、河上暁弘が憲法九条と核兵器について検討している。ここでは、日本政府による核兵器の保有と使用をめぐる政府見解を歴史的に分析するとともに、核兵器をめぐる憲法九条解釈や安保法制などの法制度との関連についても検討を行い、核時代における憲法九条の意味を再考している。

第八章　朝鮮半島の分断と北東アジア安全保障の行方

孫　賢鎮

はじめに

朝鮮半島では、朝鮮戦争が依然として休戦状態にあり、互いに異なる体制のまま南北に分断されている。休戦後、軍事的対立と緊張緩和を繰り返す中、すでに北朝鮮は、六回にわたり核実験を行い核開発は最終段階に至っており、北東アジア地域のみならず、世界の安全保障上の脅威となっている。二〇一八年には、南北首脳会談や米朝首脳会談が開かれ、画期的な変化が期待されたが、ハノイで開かれた二回目の米朝首脳会談は、北朝鮮の非核化問題や対北制裁の問題、米朝関係の改善などについて何の成果も得られず終わっている。

朝鮮半島情勢は北東アジア全体の平和と安定を確保する上で大きな課題となっているが、その歴史的背景は必ずしもよく理解されていない。特に日本では敗戦により大学や研究機関で朝鮮研究のための体制が十分整えられることなく今日に至っている。

本章では、戦後七五年を経て、公正かつ冷静な歴史観の醸成が求められる中、改めて朝鮮半島分断の歴史を振り返り、二〇一八年に開かれた南北および米朝首脳会議の成果と課題を考察し、北朝鮮の非核化を含む朝鮮半島の平和体制と北東アジアの安全保障に向けて重要な前提条件となる朝鮮戦争終結の道を探る。

一　朝鮮半島分断の歴史的背景

1　朝鮮半島の植民地支配

朝鮮半島の歴史は、戦争と苦難の連続と言っても過言ではない。一九一〇年八月二二日、日本と大韓帝国の間に「韓国併合に関する条約」が締結され、朝鮮半島は日本が四五年に敗戦するまで三六年間、日本の植民地支配下に置かれた。一九三〇年代以降、三一年の満州事変勃発、三七年の日中戦争開戦、そして四一年から始まったアジア太平洋戦争へと日本の戦線は拡大し、東南アジア全域に日本軍による軍政が敷かれ、いわゆる「大東亜共栄圏」に入った。そして、朝鮮人の官僚や軍属などがこうした占領地拡大のために動員され、さらに大戦末期には朝鮮で徴兵制も敷かれた。その結果、朝鮮や台湾は、日本本国とともに「大東亜共栄圏」の支配の中心に置かれることを余儀なくされた。

朝鮮半島では、戦時体制への動員のために民族運動は徹底的に弾圧され、日本の支配体制に巻き込まれる朝鮮人も増加した。右翼勢力の一部を独立運動戦線から離脱させて親日化させたり、農村の自営農民層を地主と小作農民の両極に分断させ、地主を保護して親日化させたりする一方で、小作農民を抑圧し没落させるなど民族分裂の画策があり、このような日本による独立運動分裂の試みの中、いわゆる「親日派」が生み出された。それが日本の敗戦によって植民地支配からの解放がもたらされた後に、新しい独立国家を担うべき実力と業績をもった勢力が存在せず、朝鮮半島が分断される一因となった(1)。朝鮮半島分断についても、その根本的原因は日本の植民地統治にあり、直接的原因は米軍とソ連軍の朝鮮半島分割統治にあったという指摘がみられる(2)。また「そもそも日本の植民地支配がなかったなら、朝鮮半島への米ソ両軍の進駐もなく、南北分断も生じなかった[3]」という分析は、日本の植民地支配が朝鮮半島の分断の元凶となったとの認識を示している。このように韓国では分断の原因究明と統一への道を探る際、植民地支配から現在までの歴史を追及する傾向がある。

また、第二次世界大戦末期に日本軍が朝鮮半島を最後の決戦場として、三八度線以北と以南に分けてそれぞれを関東軍と大本営の指揮下に置いたことが、植民地解放後において米軍とソ連軍が三八度線の南北に進駐する原因となった[4]。

2　朝鮮半島における米ソの分割統治

朝鮮半島における信託統治　第二次世界大戦中、フランクリン・ローズヴェルト米大統領には、戦後朝鮮の独立を保証し、朝鮮をめぐる関係国の利害調整の妙策として、解放後の朝鮮に国際信託統治を実施する構想があった[5]。ヤルタ会談では、ソ連の対日参戦の条件が取り決められ、その中に朝鮮問題は含まれなかったが、米ソ首脳は会議中に私的な会合を行い、ローズヴェルトが、朝鮮人が自立準備を整える間、信託統治が必要だと述べると、ヨシフ・スターリンはその期間が短ければ短いほどよいと答え、朝鮮に外国軍が駐留しないよう要請したのである[6]。

一九四五年七月二六日、米英中の三カ国首脳により日本へ無条件降伏を勧告するポツダム宣言が発せられた。しかし、日本の降伏が遅れることによって米国は八月六日と九日に広島と長崎に原子爆弾を投下し、ソ連も八月八日に日本に対して宣戦布告して対日参戦し満州国および朝鮮へ侵攻を開始した。八月一四日、日本政府がポツダム宣言を受諾し降伏する旨を連合国側に通告するが、ソ連の侵攻は九月二日に日本が正式に降伏するまで続き、中国東北部・千島列島および朝鮮半島の北緯三八度線以北を占領するに至った。

ソ連の対日参戦の目的は、第二次世界大戦の早期終結に寄与すること、日本帝国主義を壊滅して、極東におけるソ連国境の永久的な安全保障を確保することであった。さらに，旧ロシアの権益を回復し，太平洋地域における戦略的，政治的，経済的な影響力を強化することにあった。ソ連軍参戦の結果，朝鮮半島の北をソ連軍が，南を米軍が分割統治することになり，朝鮮を分割占領した米ソはそれぞれの占領地域で具体的な政策を実施した。

米軍の軍政下に置かれた南は，生産回復が遅れ，インフラの未整備と食料が不足するなどで人々が苦しい状況にあった。また，信託統治を定めたモスクワ協定は朝鮮を再び従属の地位に縛るものであるとして抗議集会が連日開かれ，混乱が続いた。このような状況に対し，米国は軍政への反発に対処するために朝鮮人の政治参加の機会を拡大し，南朝鮮臨時立法議院および臨時政府の樹立により朝鮮人の議員や官僚を増やした。しかし，実権は依然として米国人顧問が握っていたため，朝鮮人の軍政批判が弱まることはなかった。

一方，北朝鮮ではソ連の指導によって各地域に人民委員会が組織され，朝鮮共産党の活動が活発になった。朝鮮解放直後にはソ連から金日成が帰国して，一九四六年二月，「北朝鮮各政党，社会団体，各行政局，各道，市郡人民委員会」代表が参加して協議会が開催され，金日成を委員長とする「北朝鮮臨時人民委員会」が結成された。この委員会は北朝鮮を代表する行政機関であり，将来の朝鮮民主政府の基礎となるものだとされた(7)。北朝鮮ではこの委員会の下で，地主の土地を小作農に分配して土地改革が進められ，軍隊や警察も創設されて社会は安定に向かった。

北朝鮮におけるソ連軍の初期政策は，占領軍の地位を利用して親ソ勢力の拡大を計りつつ，すでに同意を与えた信託統治の成否を含めて，以後の朝鮮半島情勢の展開に備えることだったと考えられる。北朝鮮のソ連軍司令部が自らを占領軍ではなく解放者であり助言者であると称して，いち早く北朝鮮の民主勢力の権力基盤を固めた事は，南で米国の軍政が朝鮮人の政治活動を厳しく抑圧した事と好対照をなしていた。

このように，米ソ占領下の朝鮮半島の北と南はそれぞれに全く異なる改革が進められていった。世界中で米ソ対立が激化し冷戦が始まると、両国の影響下に置かれていた朝鮮半島にも大きな影を落とした。米ソ協調による朝鮮政府の樹立に失敗する一方、国連ではソ連圏諸国が棄権する中で米国の主導権が強くなっていった。

米ソ交渉　朝鮮半島に進駐した米ソ両軍司令部は、しばらく政策で歩調を合わせることもなく、南北で独自の占領政策を行った。米ソ交渉の焦点は、南北に分断されている朝鮮をいかなる方式で統一し、いかなる時期にその独立を実現するかという点にあったが、南北朝鮮の間では実質的な調整や連絡などが遮断されたため、米ソの占領政策は順調ではなかった。

朝鮮統一問題についての米国案は、統一はまず米ソの軍司令官を頂く占領行政府の下で行われ、ついで米英中ソ四カ国の信託統治に移管されるという内容であった。これに対してソ連は、現地の米ソ司令部が協力すべき緊急の課題が存在すること、および信託統治を行うことに関して賛意を示した上で、米国案への対案を提出した(8)。ソ連側の対案は、統治において朝鮮人の参加を大幅に多く見込んでいること、信託統治の期間を最長五年に限定し、最終的な決定は米ソの両国間で行うという内容であった。すなわち、米ソによる「共同委員会」を発足させ、朝鮮半島内の民主的な諸政党および社会団体と協議しながら施策を行い、臨時朝鮮政府の樹立を準備することであった(9)。米国側はソ連の対案に対し、信託統治の際は英国と中国の提案も検討することを明記するよう希望したのみで、その他はすんなり受け入れた(10)。その結果、一九四五年一二月二七日に公表されたモスクワ協定の朝鮮に関する条文では、ソ連の提案がほぼそのまま生かされたのである(11)。

一九四六年三月二〇日に米ソ共同委員会が発足し、米国側は南側の朝鮮人代表を、李承晩を議長とする代表民主議院に一元化したいと提案した。これに対し、ソ連側は民主議院を認めず、個々の政党・社会団体が独自に協議する権利を持つと主張した。ただしソ連側は、モスクワ協定に賛成した朝鮮人代表のみを協議資格の対象とすべきだとの立場を堅持した。これに対し米国は、あらゆる朝鮮人に言論の自由を保障すべきであり、たとえモスクワ協定に反対を表明する組織であろうと、協議の資格を剝奪すべきではないと論じて譲らなかった(12)。

朝鮮半島の問題は、もはや米ソ両司令部間で解決できる問題ではなくなり、南北間の冷戦認識は米ソ両政府の政策転換を余儀なくさせた。こうして米ソ共同委員会の決裂後、米ソ両政府は包括的な冷戦政策の観点から、朝鮮半島問題を新たに評価し直すことになった。再開された共同委員会の目的は朝鮮の統一ではなく、それぞれの地域に単独政権を樹立させることにあり、南北単独政権の樹立は、あくまで朝鮮民族の合意と決意に基づく結果だとすることが必要であった。それは朝鮮人のナショナリズムに対処するためにも、また、自国の政策を正当化する上でも必須の要請であった。米ソが臨時政府に関する討議にいかなる朝鮮の代表者を加えるかに固執した理由もそこにあった。

米ソ共同委員会の結果、ソ連はこの交渉で米国の政策が北朝鮮に及ぶ余地を完全に封じた。そして、モスクワ協定の順守という点でソ連の立場が米国に比べ一貫していたことは、朝鮮の民族勢力と国際世論にソ連の正当性をアピールできるという点で意味があった。

二　朝鮮戦争の背景と朝鮮半島の分断

1　朝鮮戦争の背景

日本の敗戦直前に、日本軍の武装解除を名目として朝鮮半島に進駐した米軍とソ連軍は、三八度線を境にそれぞれ軍政を実施した。これにより朝鮮半島の北と南は、民間人の往来が遮断され、電話や郵便、鉄道運行も禁止されることとなった。

北朝鮮に進駐していたソ連軍は、日本軍を武装解除し、全国に単一政府を樹立しようとした「建国準備委員会」

を解体し、「民政府」を立てた。北朝鮮を占領したソ連軍とは別に構成された「民政府」は、交通・通信・財務・教育・政党活動まで北朝鮮の統治を主導し、一九四六年二月に金日成を首班とする「北朝鮮臨時人民委員会」が成立するまで継続した(13)。ソ連軍政下の北朝鮮は、この「臨時人民委員会」を中心にあらゆる工業施設、鉱山、炭鉱、鉄道その他の交通機関、通信手段、銀行などを無償で没収し、迅速に社会主義化を断行した。また、北朝鮮臨時人民委員会中央学校が創設され、幹部の育成に極めて大きな役割を果したが、ソ連政府も朝鮮人幹部の政治意識と実務機能が向上するよう支援した(14)。

ソ連は北朝鮮に軍事力を備えるため、一九四五年末頃から北朝鮮の青年一万人以上に対してシベリアで軍事訓練を施した。彼らの多くは三年間ソ連に留まり、四九年に帰国後、ソ連製の新型戦車や戦闘機を操縦し、また、ソ連の軍事顧問とともに砲兵学校で軍事教育にあたったとされる(15)。そして、四八年二月に北朝鮮最高人民会議は人民軍創設案を採択し、直ちにソ連軍司令部の援助を要請した。ソ連はこれを受け入れ、極めて短期間のうちに陸・海・空軍が編成された。

一九四七年一一月一四日、米国が支配していた国連は、国連監視下で南北で総選挙を実施することを可決した。これに基づいて派遣された国連臨時朝鮮委員団は、南朝鮮だけの単独選挙による政府樹立を提案したが、ソ連圏諸国がこの提案を棄権した。翌年五月一〇日、南側では国連監視下で政府樹立のために総選挙が行われた。その後、七月一七日に大韓民国の憲法と政府組織法が公表され、八月一五日、李承晩を初代大統領として「大韓民国政府」が樹立された。

一方、ソ連の支援を受けた北朝鮮でも単独国家樹立へ向けた動きが加速した。一九四七年一一月には憲法草案の作成が開始され、四八年に入ると国会にあたる最高人民会議の代議員が選出され、同年九月九日、金日成を首相に推戴し、朴憲永を副首相として「朝鮮民主主義人民共和国」が樹立された(16)。

このように、朝鮮半島の北側は、国連管轄の総選挙に背を向け、単に共産化を成し遂げるための準備を推し進めた。しかし、朝鮮半島を占領した米ソは、どちらも独立国家樹立に否定的だったのである。分断国家として成立した韓国と北朝鮮は、互いに自国の正当性を主張し、武力による朝鮮半島統一を公言していた。韓国は米国に軍事援助を要請したが、米国は独裁やインフラなどの不安定な韓国情勢を憂慮して攻撃用武器を除く援助にとどめ、しかも一九四九年には米軍を撤退させた。

一方、一九四八年九月一〇日に朝鮮人民最高会議は、米ソ両政府に対して直ちに軍隊を撤収するよう要請する声明を出した。この頃までに北朝鮮では、正規軍がすでに完備していたのである。この声明を受け入れて、ソ連軍も四八年末までに北朝鮮から撤退していたが、四九年に北朝鮮はソ連・中国と軍事協定を結んだ。そして、ソ連から戦車や戦闘機、艦船などの軍事援助を受け、中国軍に所属していた精鋭の朝鮮人部隊も帰国して朝鮮人民軍に編入されるなど戦争の準備を整えた。

こうして朝鮮半島から米ソ両国軍が撤退して力の空白が生まれるとともに、韓国と北朝鮮の軍事力のバランスが不均衡になった。また韓国では、各地でパルチザン闘争が展開され、一九五〇年の国会議員選挙では与党が大敗する事態となった。このような不安定な情勢の中で、五〇年六月二五日に北朝鮮が南下を始め、朝鮮戦争が開始された(17)。

2　朝鮮半島の分断

東アジア地域では朝鮮・中国・ベトナムに社会主義政権が成立し、しかもそれらはすべて分断国家となった。その他の地域でも、民族運動や共産主義運動が活発に展開される中、朝鮮戦争が勃発した。一九四九年六月二九日、朝鮮半島の南側に駐屯していた米軍の撤収に伴い、九月一九日にソ連も北朝鮮から撤収する計画を発表した。駐韓米軍が撤収する頃には三八度線を境界に南北間の衝突が頻繁に起こった。

一九五〇年六月二五日、ソ連の後ろ盾を背景にした北朝鮮の金日成が韓国へ奇襲侵攻して始まった朝鮮戦争は、二〇カ国以上の国家が参戦した世界大戦であり、西側自由主義陣営と東側社会主義陣営との「代理戦」の様相を呈していた。

米国は直ちに国連安全保障理事会の招集を要請し、ソ連が欠席する中で北朝鮮を非難して三八度線以北への撤退を求める決議を可決した(18)。北朝鮮軍が釜山を除く韓国全土を制圧すると、米軍を主力とする国連軍が仁川に上陸してソウルを奪回した。さらに国連軍は安保理事会の枠を越え、中国国境付近まで北朝鮮軍を追い込んだため、中国が人民志願軍を参戦させて、再び国連軍と韓国軍を南に撤退させた。

こうして両勢力は三八度線を挟んで膠着状態となり、一九五三年に入って米国でアイゼンハワー政権が誕生し、ソ連でスターリンが死去するなど情勢が急変すると、国連軍と朝鮮人民軍・中国人民志願軍の間で休戦協議に入った。同年七月二七日に締結された休戦協定は、非武装地域（DMZ）の設定、軍事停戦委員会および中立監視委員会の設置、捕虜交換などを規定し戦闘を停止させた。三年間の戦争で、南北朝鮮軍だけでなく国連軍の被害も甚大であった。明らかになった被害だけでも韓国軍六二万人、国連軍一六万人、北朝鮮軍九三万人、中国軍一〇〇万人に及ぶ死傷者を出した。また、民間人二五〇万人、被災者三七〇万人、戦争未亡人三〇万人、戦争孤児一〇万人、離散家族一〇〇〇万人など、当時の南北両側の人口三〇〇〇万人の半分を超える一九〇〇万人が被害を受けた(19)。

三　朝鮮半島情勢の変化

朝鮮半島では朝鮮戦争以降、南北が七〇年間にわたり休戦状態の中で軍事的対立を維持している。特に、北朝鮮の核開発や挑発などにより、戦争再開の瀬戸際まで緊張が高まる状況も頻繁に発生した。

二〇一八年には、このような朝鮮半島情勢が画期的な展開を見せ、六月一二日、シンガポールで歴史的な米朝首脳会談が行われた。ドナルド・トランプ米大統領と金正恩北朝鮮国防委員長の首脳会談は朝鮮戦争以来、両国間に続く六五年間の敵対関係を解消し、新たな関係を目指す初めての会談である。そのわずか九カ月前の一七年九月、北朝鮮は六回目の核実験を断行し、同年一一月には米国本土を威嚇する大陸間弾道ミサイル（ICBM「火星一五」）の発射実験を行った。これに対してトランプ大統領はレッドラインに近づいたと判断し、朝鮮半島周辺での大規模軍事演習を展開し、さらに先制攻撃などの軍事行動までを検討したとされ、再び戦争再開の危機が高まった。だがその後、北朝鮮は平昌五輪への参加を発表し、金英哲朝鮮労働党副委員長兼統一戦線部長ら北朝鮮高官三人が訪韓したことから雰囲気が急転換した[20]。

平昌五輪以後、三月五日に韓国政府の特使が訪朝し、金正恩国防委員長と非核化問題や、米朝関係正常化のための米朝および南北首脳会談の開催についての協議を行った。そして四月二七日には一一年ぶりの南北首脳会談が行われた。その後、トランプ大統領は「北朝鮮の敵対的な態度が原因」だとして、一度は米朝首脳会談を取り消すの書簡を北朝鮮に送ったが、韓国の文在寅大統領がトランプ大統領と金正恩国防委員長との仲介役を果たした結果、六月一二日に米朝首脳会談が実現することになった。

1　南北首脳会談

文在寅大統領と金正恩国防委員長との南北首脳会談は、二〇〇〇年の金大中大統領と金正日北朝鮮総書記、および〇七年の盧武鉉大統領と金正日総書記との首脳会談に続く三回目で、一八年四月二七日に板門店で行われた。首脳会談の結果、両首脳は「朝鮮半島の平和と繁栄、統一に向けた板門店宣言」（以下、板門店宣言）と題する共同宣言に合意した。板門店宣言は、北朝鮮が〇八年に六者協議への不参加を宣言して以来、一〇年ぶりに対外的に非核化に合意したという点で重要な意味を持つ。特に北朝鮮の金正恩政権は一三年三月に、経済建設と核戦力建設を並進させるべきだという党の戦略路線を示して以来、核実験およびミサイル発射実験を強行してきた。だが、今回の板門店宣言を通じて南北首脳は、朝鮮半島の完全な非核化の実現と、年内に終戦宣言を行うこと、休戦協定から平和協定への転換などにより、南北関係を画期的に改善させ発展させる意志を示した。

何よりも「完全な非核化」により、核のない朝鮮半島を実現する、という共同目標を確認したことは重要な意味を持つ。しかし、「完全な非核化」という表現が、国際社会が北朝鮮に求めている「完全かつ検証可能で不可逆的な非核化（ＣＶＩＤ）」を意味するのかについては議論がある。

金正恩国防委員長としては、米国からの体制保証が担保されてない状況においては完全な非核化の履行は難しいだろう。金正恩国防委員長は、韓国特使団が訪朝した際、「安保不安と体制不安がない場合は、核武装をする理由がない」と言及し、中国の習近平国家主席との会談でも「関係国が敵対的政策や安全保障への脅しを停止すれば、北朝鮮は核を必要とせず非核化は実現できる」と発言している。要するに、金正恩国防委員長が板門店宣言の中で「完全な非核化」という表現に同意したのは、前提条件として「米国による北朝鮮への軍事的脅威の解消と体制保証」が存在する事を示唆している。

しかし、北朝鮮の非核化における問題の核心は、「完全かつ検証可能で不可逆的な非核化」実現の具体的な期限とその方法論である。米国は、ジョン・ボルトン国家安全保障問題担当大統領補佐官を中心に「先に核放棄、後から体制保証」という「リビアモデル方式」による解決を提示したのに対し、北朝鮮は「段階的核放棄と体制保証は同時」という非核化方式を主張している。一方、韓国の文在寅大統領は二〇一七年七月にベルリンで行った演説を通じて「北朝鮮の核問題と平和体制に対する包括的なアプローチにより、完全な非核化と平和協定の締結を推進する」という「段階的・包括的方式」を強調した[21]。

結局、板門店宣言には北朝鮮の非核化についての具体的な道筋は示されず、最終的には米朝首脳会談で妥結することが期待された。しかし、米朝首脳会談でも具体的な内容はなく、「完全な非核化」を約束することの確認に止まった。

2　米朝首脳会談の成果と課題

トランプ大統領と金正恩国防委員長は二〇一八年六月一二日、シンガポールで史上初めての首脳会談を行い、朝鮮半島の完全非核化と平和体制構築を目指す「シンガポール共同声明」に署名した。トランプ大統領は北朝鮮に安全の保証（security guarantees）を与えることを約束し、金正恩国防委員長は朝鮮半島の完全非核化（complete denuclearization of the Korean Peninsula）への確固たる揺るぎのない約束を再確認した。

米国と北朝鮮は、互いに平和と繁栄を切望していることに応じ、新たな米朝関係の確立と、朝鮮半島において持続的で安定した平和体制を築くために共に努力することに合意した。また両国は板門店宣言を再確認した上で、北朝鮮は朝鮮半島における完全非核化に向けて努力することを約束した。最後に、両国は朝鮮戦争の米国人捕虜や身元特定済みの遺骨の即時返還を含む、行方不明兵士の遺骨収集を行うことに同意した。

発表された共同声明は、板門店宣言で言及された朝鮮半島の非核化を再確認したものの、米国が目指すＣＶＩＤが盛り込まれなかったことへの批判もある。これに対しトランプ米大統領は、「この合意文は包括的なもので、完全な非核化という表現の中にＣＶＩＤの意味が含まれている」と言及した。また「北朝鮮が完全な非核化の措置を履行したことを検証するまでは、経済制裁の解除はあり得ない」とも述べて、非核化の検証が先行すべきことを確認した。これまでの北朝鮮の核問題に関する合意文書に比べ、具体的な措置の内容や実施期限が明示されていない点が、米朝の共同声明の限界であり、今後の実務者協議で詰めるべき課題として残された。

ハノイで開かれた二回目の米朝首脳会談でも北朝鮮の具体的な行動を引き出そうとする米側と対北朝鮮制裁緩和（解除）措置を求める北朝鮮の齟齬を埋めることができず、会談は決裂してしまった。今後、米朝間の会談を進展させ、完全な非核化とともに朝鮮半島の平和体制を構築するためには、相互信頼を基にした具体的かつ実質的な行動が求められる。

トランプ大統領と金正恩国防委員長は三度も会っており、数度にわたって親書を交わしていたが、米朝間の非核化交渉は合意点には至っていない。新たに発足する米バイデン政府は、以前の政権とは異なる対北朝鮮政策を展開しなければならないだろう。すなわち、実務者間で積み上げるボトムアップ型の交渉方式によるスモールディールの各段階を経て最終的に完全な非核化を実現するというロードマップに進まなければならない。

3　北朝鮮の意図

北朝鮮が主張する「非核化」とは、北朝鮮の非核化に加え、朝鮮半島に米国の核兵器が展開せず北朝鮮に核の脅威を与えないことを含む「朝鮮半島全体の非核化」である。北朝鮮は「先に平和協定締結、後から非核化論議」という立場である。自ら核保有国であると主張し、その地位を担保に米朝間の平和協定締結を求めている。

北朝鮮の核開発の動機は、対外的には米国による北朝鮮への攻撃の抑止、対内的には韓国との軍拡競争の負担軽減や体制の安定化などが挙げられる。北朝鮮の『労働新聞』や『朝鮮中央通信』などをみると、北朝鮮の核は「朝鮮の尊厳と力の絶対的象徴であると同時に最高の利益である」と主張し、「米国が対朝鮮敵視政策を放棄しない限り、核戦力を中枢とする朝鮮の自衛的国防力強化措置は倍加される」などと強調している。また、金正恩国防委員長は二〇二〇年の年頭、「米国の敵視政策がある限り核は絶対放棄できない」と発言している。このような姿勢から見る限り、北朝鮮にとって核は自衛手段として絶対に放棄できないものである。

こうした中、北朝鮮の核実験およびＩＣＢＭの発射実験に脅威を感じた米国による北朝鮮への先制攻撃が、現実に起こり得るものとして表面化した。また、北朝鮮の六回目の核実験以降、友好国である中国とロシアが国際社会の対北朝鮮制裁に積極的に加わり、自分たちに背を向けたことも指摘できる。そして何よりも重要な点は、北朝鮮は自分たちが「すでに核兵器を完成して核保有国になった」という「自信」を持ったこと、また核保有により「一人前の国家」として認められることで、国際社会の支援と経済協力を引き出すことが可能になり、それが体制保証につながると判断したことである。

金正恩国防委員長は二〇一八年四月二〇日、朝鮮労働党中央委員会で、「我々にはいかなる核実験、中長距離ミサイル、ＩＣＢＭ発射も必要なくなり、これにより北部の核実験場を廃棄することも決めた」と発表した。さらに経済路線と核戦力建設の並進路線の成功を宣言し、社会主義経済建設に総力を集中するという決定を採択した。そして北朝鮮の国民に対して核開発の完成を宣言し、非核化という措置の一部が妥当であると述べた。つまり、並進路線の成功に基づいて今後は経済発展に集中することで、対外関係の改善も推進するという新たな経済発展の戦略路線を提示したのである。そして先行して行うべき非核化措置として、核実験とＩＣＢＭ発射実験の全面中止および核実験場や核関連の研究施設の廃棄に向けた国際的な意思と努力に協力し、核兵器と核技術移転の禁止などの非核化措置を決定したのである。

北朝鮮が米朝交渉で使用すべき非核化カードを、まず先行的に使用することによって、今後行うべきさらに具体的な非核化措置についても、すでに決定しているという印象を国際社会に与えている[22]。だが重要なことは、このような北朝鮮の一連の非核化措置が、今後どこまで持続されるのか、どう実効性を確保するのかという問題である。

四　北朝鮮の非核化への道

1　北朝鮮の非核化プロセス方式

北朝鮮が核兵器を先制的に廃棄（解体・搬出）する場合、短期間内に実質的なＣＶＩＤを達成することができる。つまり、北朝鮮がすでに生産配備した核兵器の核弾頭とＩＣＢＭ（火星一四および一五など）を先に廃棄すればよい。しかし、このような非核化プロセスを求めたとしても、北朝鮮は完全な武装解除だと反発し、それに見合う体制保証などの措置を要求する可能性が高い。

完全な非核化プロセスは、核凍結、核プログラムの申告および査察・検証、核物質や核施設の封鎖・閉鎖などの核廃棄プロセスを経なければならない。ここで非核化のための重要なプロセスは「査察」と「検証」である。今まで北朝鮮の核問題を解決するため、米朝枠組み合意や、六者協議の共同声明などの合意がなされたが、完全な実行までには至らなかった。その理由は、北朝鮮の非協力的な姿勢に加え、査察および検証の段階で北朝鮮が拒否したためである。過去、北朝鮮は、「凍結→査察・検証→廃棄」という段階的過程の中で、様々な支援だけを手に入れる一方、核・ミサイル開発能力は高度化させたため交渉失敗の原因となった。

米国は「一括履行・一括妥結」方式の合意を望んでいる。これは、北朝鮮の非核化と平和協定の締結、関係正常化など、米国が北朝鮮に提供する体制保証カードを同時に切ることを意味する。その代わりに経済制裁は非核化が完了するまで続くという立場を維持している。問題は実行方式である。北朝鮮は非核化プロセス履行段階に合わせて補償を受けるべきだという立場である。

2　北朝鮮の非核化の段階別プロセス

北朝鮮の非核化とは、北朝鮮がすでに保有している核兵器、プルトニウムおよび濃縮ウランなどの核物質、そして核施設および核に関連するすべての計画の廃棄を意味する。北朝鮮はすでに大量の核・ミサイルを保有しており、核関連施設も国内全域に隠しているため、北朝鮮の積極的な協力がなければすべての核施設を閉鎖するのは現実的に難しい。さらに米国は、北朝鮮が保有している化学兵器や生物兵器など、核兵器以外の大量破壊兵器（ＷＭＤ）と約三〇〇〇―一万人に達する核関連業務に従事する核研究者や技術者などの人材まで、非核化の対象に含まれるべきだと要求している。北朝鮮では核関連の研究に関わっている人は約三〇〇〇人、核技術者約五〇〇〇―六〇〇〇人、そして核兵器生産などに直接関与している人は二〇〇人以上に達すると推定される。

具体的な北朝鮮の非核化プロセスを成功させるためには、まず北朝鮮がＮＰＴに復帰し、全面的保障措置を履行するための議定書を締結する必要がある。次に、北朝鮮の国内に存在するあらゆる核兵器と核物質、そしてそれらの生産施設を含むすべての核プログラムを可能な限り透明な形で廃棄することに北朝鮮が合意しなければならない。

この合意に基づいて行う措置の第一段階は、北朝鮮が保有している核兵器や核物質、核施設などの正確な実態把握である。北朝鮮は、廃棄合意に基づいて核兵器や再処理濃縮施設、核技術に関するすべての核関連の活動を凍結し、情報を申告しなければならない。特に、核物質の生産施設がある寧辺の核研究施設やウラン濃縮施設、核兵器研究所や核実験場所などが主な対象になる。

第二段階は、北朝鮮の申告した報告書に基づく国際原子力機関（ＩＡＥＡ）による査察の実施である。北朝鮮の核関連活動の停止や情報申告は同時に行われ、申告直後にＩＡＥＡを中心とする核査察団を派遣して北朝鮮の内部情報を迅速に調べなくてはならない。核査察団の迅速な派遣および核物質と核関連情報の確保により、北朝鮮による証拠隠滅や外部への核物質や情報の流出などの事態を防ぐことができる。

このように、北朝鮮がすべての核施設や核物質の透明性を高め、公開することから非核化のプロセスが始まる。かつて北朝鮮が査察を拒否したこともあり、未申告の核施設やウラン濃縮施設などへの査察は特に重要である。北朝鮮が二〇〇九年四月に核施設が密集している寧辺に常駐していた査察官らを追放して以来、ＩＡＥＡは北朝鮮の核施設に接近できなかった。この期間中に査察団が察知していない核物質や施設、核関連活動を確認するため、北朝鮮内部の疑惑施設の追加査察が必要である。

第三段階は、北朝鮮内部の核施設の解体と核関連物質の廃棄である。韓米情報当局は現在、非核化の対象になる北朝鮮の核施設は、寧辺核施設を含めて全国に一〇〇カ所以上あるとみている。北朝鮮が保有するプルトニウムは四〇―五〇キログラムで、濃縮ウランは六〇〇―七〇〇キログラム以上、核兵器は三〇―四〇個だとみている。さらに、核弾頭の運搬手段である中距離ミサイル、グアムや太平洋を越えて米国本土まで届くＩＣＢＭなども対象に含めなければならない。非核化の対象となるすべての核兵器や核物質は、核保有国に搬出して解体する方法があり、核施設も解体して放射能を除去しなければならない。

非核化プロセスの最終段階は、後戻りできない検証である。すなわち、北朝鮮の核廃棄以降の非核化の状態が持続して維持されていることの監視である。効果的な検証を行うためにはＩＡＥＡを中心とする検証機関を設置し、事前準備を強化する必要がある。北朝鮮の核廃棄の過程を効率的に監督し、核廃棄が完了した後、非核化の状態を持続的に監視するためにも検証機関は重要である(23)。

3　成功を左右する米朝間の相互信頼

このような北朝鮮の非核化へのプロセスは、履行過程が長期化すれば、かつてのように失敗する可能性が高い。かといって、拙速に非核化を進めてはいけない。非核化プロセスは、査察と検証および監視の中で、着実に相互点検しながら完遂しなければならない。そして、非核化プロセスの先が見えた段階で、平和協定締結や米朝国交正常化の問題が議題に出てくるだろう。

北朝鮮が非核化プロセスを忠実に履行すると仮定する場合、北朝鮮の体制保証は終戦宣言によって担保され、平和協定の締結や米朝国交正常化が具体的な政治日程に上がってくる可能性が高い。それに並行して、北朝鮮に対する経済制裁が緩和され、国際社会との経済協力も可能になるだろう。

何よりも米朝の相互信頼関係の構築により、朝鮮半島の非核化が実現可能になる。具体的な非核化プロセスの段階で、米朝は相手国が信頼できる措置を取ると同時に、国際社会に責任ある国家としての約束を守っていかなければならない。

おわりに

北朝鮮および朝鮮半島の非核化は、相互主義の原則に基づいて実施していかなければならない。米国は北朝鮮に安全保障を担保しなければならず、韓国も北朝鮮との軍縮を含む経済協力など板門店宣言の内容を履行しなければならない。そのためには北朝鮮も不良国家というイメージから抜け出し、非核化プロセスを忠実に履行する必要がある。

現在、非核化プロセスに対する米朝間の根本的な利害が合わず、具体的な実行に着手するには時間がかかるようだ。前述のように、米国は北朝鮮に核兵器を含む全ての核能力の完全かつ検証可能で不可逆的な非核化を求めているのに対し、北朝鮮は米国に敵対政策の中止とともに確実で信頼できる体制保証の措置を求めている。確実な措置として平和協定の締結と不可侵宣言、そして非核化措置の見返りとしての経済制裁の解除や経済協力を要求している。北朝鮮の立場としては体制保証と非核化により最大限の利益が確実に得られなければ、完全な非核化実行の可能性は低い。

北朝鮮の完全な非核化、ならびに朝鮮半島の持続的で強固な平和体制構築のための包括的な合意も重要であるが、最も重要な課題は、米朝を含む関係国間の信頼回復にある。これまでの米朝交渉が失敗した主な原因は、相互の強固な敵対意識と不信感であることは言うまでもない。韓国と北朝鮮は、これまでの対立と相互不信から抜け出し、終戦宣言による平和協定の締結、さらに朝鮮半島の平和体制構築と北東アジア多国間安保体制構築へ向けた政策の変化の岐路に立っている。日本も日朝平壌宣言で確認したように相互の信頼関係に基づき、国交正常化の実現に至るまで日朝間に存在する諸問題に誠意をもって取り組むべきである。さらに、米国・中国・日本・ロシア、そして韓国が互いに外交努力を調整し最大の効果を上げるためには、地域の信頼醸成措置の枠組みを構築すべきである。

二〇一八年度の南北首脳会談と米朝首脳会談は、新しい相互関係の樹立へ向けて両国間に信頼関係を形成し、重要課題を解決するための出発点とすべきである。シンガポール共同声明は朝鮮半島の緊張緩和と平和定着への第一歩であり、米朝相互の信頼醸成が北朝鮮の体制保証と朝鮮半島の完全な非核化をもたらし、ひいては北東アジアの平和につながることを期待する。

【注】

（1）吉田光男『北東アジアの歴史と朝鮮半島』放送大学教育振興会、二〇〇九年、一五二頁。
（2）강만길, 고쳐 쓴 한국 현대사, 창작과 비평사, 1994, 201쪽.
（3）水野直樹「姜萬吉の歴史学について」『季刊三千里』第四三号、一九八五年八月、二八頁。
（4）鄭在貞『新しい韓国近現代史』桐書房、一九九三年、一九〇頁。
（5）一九四五年二月、ヤルタ会談の際、米英ソ首脳はソ連の対日参戦に関する極東密約（ヤルタ協定）を締結し、米国のローズヴェルト大統領とソ連のスターリン首相間で解放後の朝鮮に二〇年ないし三〇年間、米中ソ三国による信託統治を実施し、外国軍隊は駐留しないことなどで合意した。

(6) U. S. Department of State, *Foreign Relations of the United States: Conferences at Malta and Yalta 1945* (Washington D. C.: USGPO, 1955), p. 770.

(7) 金南植・桜井浩『南北朝鮮労働党の統一政府樹立闘争』アジア経済研究所、一九八八年、七七―七八頁。

(8) U. S. Department of State, *op. cit.*, pp. 696-698.

(9) *Ibid.*, pp. 699-700.

(10) *Ibid.*, pp. 716-717.

(11) *Ibid.*, pp. 820-821.

(12) 神谷不二編『朝鮮問題戦後資料（第一巻）』日本国際問題研究所、一九七六年、一九一―一九三頁。

(13) 小此木政夫「ソ連軍政初期の金日成政治・組織路線―〝民族統一戦線〟と〝独自の共産党〟をめぐって」『法学研究』第六五巻第二号、一九九二年、四二―四四頁。

(14) 桜井浩『解放と革命―朝鮮民主主義人民共和国の成立過程』アジア経済研究所、一九九四年、二九―三〇頁。

(15) U. S. Department of State, *North Korea: A Case Study in the Techniques of Takeover* (Washington D. C.: USGPO), 1961, pp. 85-86.

(16) 前掲、鄭『新しい韓国近現代史』一九六―一九七頁。

(17) 前掲、吉田『北東アジアの歴史と朝鮮半島』一五九頁。

(18) UN Doc. S/1501, 82 (1950), Resolution of 25 June 1950.

(19) Lee Joong Keun, ed., *1950.6.25-1953.7.27 Korean War 1129* (Woojung, 2015), p. 567.

(20) 広島市立大学広島平和研究所編『アジアの平和と核―国際関係の中の核開発とガバナンス』共同通信社、二〇一九年、八一頁。

(21) 同前、八二頁。

(22) 同前、八四頁。

(23) 同前、八九―九一頁。

第九章　欧州安全保障協力会議（ＣＳＣＥ）プロセスの再考

――規範と制度の平和創造力

吉川　元

はじめに

欧州安全保障協力会議（ＣＳＣＥ）を提案したのはソ連である。ソ連の狙いは「戦後の現状」、すなわち第二次世界大戦後に東独を含めソ連によって移植された東欧諸国の社会主義体制という戦後の現状に関して西側諸国の承認を取り付けることにあった。戦後の現状の西側承認は、ソ連の安定した東欧支配を維持する上で不可欠であったからである。

アルバニアを除く欧州全ての国と米国・カナダの三五カ国が参加したＣＳＣＥは、ジュネーブの実務者会議を経て、一九七五年八月一日、参加国首脳が最終合意文書（ヘルシンキ宣言）に署名し、閉幕した。ヘルシンキ宣言は、欧州国際関係一〇原則および信頼醸成措置（ＣＢＭｓ）を取り決めた「欧州の安全保障問題」（第一バスケット）、「経済、科学・技術、環境分野での協力」（第二バスケット）、ならびに「人道およびその他の分野での協力」（第三バスケット）の三部構成からなる。ヘルシンキ宣言に対する当初の評価は東西両陣営の間で対照的であった。ソ連ではヘルシンキ宣言は「ブレジネフ平和外交の勝利」として高く評価された。一方、西側では、東欧をソ連へ売り渡した、法的拘束力がない等々、評価は控えめであった。特に米国の評価は極めて冷やかで、ヘルシンキ宣言を「ソ連への贈り物」程度にしか考えていなかった。

ヘルシンキ宣言を機に「CSCEプロセス」と呼ばれる多国間安全保障協力が始まる。そしてヘルシンキ宣言から一四年後の一九八九年、東欧社会主義国で民主革命が起こる。翌年一一月、CSCEパリ首脳会議で「新しい欧州に向けてのパリ憲章」（パリ憲章）が採択され、その中で「ヘルシンキ宣言の理念に秘められたパワーが欧州の民主主義、平和、統一の新時代を切り開いた」と、ヘルシンキ宣言の役割が高く評価された。

東欧革命、それに続く冷戦の終結に貢献したとされるCSCEの「パワー」とは何か。スイス代表団の一員としてCSCEに参加したE・ブラナーは、CSCEプロセスを通して確立された人権規範、およびCBMsがCSCEのパワーとなった、と証言する[1]。さらにソ連のゴルバチョフ政権の対CSCE政策と、米国のブッシュ政権の対欧州安全保障政策がCSCEの機構化において一致したことが冷戦の終結に貢献したとする一連の研究成果が近年、発表されつつある[2]。

本稿の目的は、東欧革命およびそれに続く冷戦の終結におけるCSCEの役割について、CSCEで確立されていった国際規範と社会信頼醸成制度の視座から明らかにすることにある。第一節では、CSCEプロセスにおいて人権尊重原則（第一バスケット国際関係一〇原則の一つ）が東西デタント推進のための国際関係規範となり、規範の履行監視制度を中心とする社会信頼醸成措置へと発展する過程を論ずると同時に、CSCEプロセスの枠組みを通して改革（ペレストロイカ）を遂行しようとしたソ連のゴルバチョフ政権のもくろみを明らかにする。第二節では、東欧革命が平和裏に進展した背景を社会信頼醸成措置の役割を中心に分析する。第三節では、一九九〇年のパリ首脳会議で実現するCSCEの国際機構化の背景を、統一欧州の安全保障体制構想におけるCSCEと北大西洋条約（NATO）の役割をめぐって展開された米ソ間の駆け引きを中心に明らかにする。

一　冷戦秩序変動の舞台

1　再検討対象

ＣＳＣＥの開催目的は、東西対立を緩和し、欧州共通の安全保障体制の構築を検討することにあった。共通の安全保障体制の構築には東西間の信頼関係の構築を所与とする。それには国家の対外行動を律する国際規範の確立はもとより、取り決めの履行状況を確認するための再検討体制の確立が必要とされるというのが参加国間で一致した共通の安全保障の見立てであった。

冷戦期にはベオグラード（一九七七年一〇月四日―七八年三月九日）、マドリード（八〇年一一月一一日―八三年九月九日）、ウィーン（八六年一一月四日―八九年一月一九日）で三度にわたって再検討会議が開催されている。再検討の主たる案件は国際関係一〇原則の一つ人権尊重原則（第一バスケット）、人の国際移動の自由および情報普及の自由（第三バスケット）の取り決めの履行状況であった。人権問題が安全保障協力の議題に載るのはベオグラード再検討会議での米国の戦術に負うところが大きい。さらにマドリード再検討会議からは人権尊重が参加国間の「信頼醸成の重要な要素」であり、ＣＳＣＥプロセスの存続は「人的接触や人権尊重に関する取り決めの履行次第である」との西ドイツのゲンシャー外相の演説に象徴されるように（CSCE/RM/VR. 4）、西側はＣＳＣＥプロセスの継続要件に人権尊重や人的接触の諸問題の解決を求めるようになっていく。

一方、受け身に立たされたもののＣＳＣＥプロセスから離脱するわけにいかないソ連は、東西両陣営が共に関心を寄せるＣＢＭｓの発展に活路を見出す戦術に転換した。その後、ＣＢＭｓは信頼・安全保障醸成措置（ＣＳＢＭｓ）へと発展し、軍事関係の信頼関係醸成に貢献すると同時に、東西間の武力紛争の予防に重要な役割を果たすことになる。

2　転機のウィーン再検討会議

ウィーンで開催された三度目となる再検討会議は、開幕早々、波乱含みであった。各国代表演説においてソ連外相シェワルナゼが次のような衝撃的な演説を行ったからである。ソ連は「民主化の徹底」を国内の最重要課題に位置付けており、人権尊重に関する第七原則を重視し、家族再結合および国際結婚の再結合問題の解決に向けて法整備と新たな行政措置を講じていると述べ、しかもあろうことかモスクワで人権専門家会議を開催することを提案したからである（CSCE/WT/VR. 3)。実際にソ連は、ウィーン再検討会議の開幕直後、モスクワ・ヘルシンキ・ウォッチの指導者の一人A・サハロフを幽閉から解いたのをはじめ、八七年から八八年にかけて六〇〇人以上の政治犯を釈放し、ソ連の人権政策の転換をアピールした[3]。

ウィーン再検討会議の開催に合わせてソ連が一転して協調的になるのはソ連で始まる改革（ペレストロイカ）が影響している。実はこの時期、ソ連の社会主義体制は危機的状況にあった。外相として「新思考」外交の舵取りをしたシェワルナゼは、当時のソ連社会主義体制の凋落ぶりを次のように悲嘆している。人々に過酷なまでのこの「全体主義」体制の下では人権の保障も国家の発展も望めない。ソ連の社会主義体制の危機は外敵から軍事力で国家を守ろうとする伝統的な国家安全保障戦略に基づき安全保障の手段を戦車や核弾頭数の増強と同一視したことに原因がある。核兵器開発競争は国家の安全を強化するどころか逆に国家の様々な資源を枯渇させ国家を弱体化させてしまったのである[4]。シェワルナゼは一九八四年冬、まだ政権の座についていないゴルバチョフに対してソ連の社会主義体制が「根元から腐っている」と伝えたことを後に明かしている[5]。

ウィーン再検討会議が始まる頃には東側陣営内で「自立した市民社会」の形成が始まっていた。新冷戦のあおりで東側陣営内に平和運動が急速に広まり、さらにチェルノブイリ原発事故を機に環境保護運動も広がりを見せていた。そうした中、ゴルバチョフは政権の座に就くや社会主義体制の改革に着手する。注目すべきはシェワルナゼ、A・ヤコブレフ、G・アルバトフ、A・グラチェフ、A・チェルニャーエフといったゴルバチョフが取り立てた側近たちはサハロフらの「異端者」の地下出版物を読み、現存の社会主義体制を「異端者」の眼から考えるようになっていた改革志向の人たちである[6]。ところがペレストロイカ開始の数年で改革派の側近たちは社会主義改革に幻想を抱いていたことに気付く。たとえばヤコブレフは一九八七年の時点で「暴力と恐怖によって統治されてきた社会の改革は不可能」であり、「イデオロギー、経済、政治のありとあらゆる次元で社会全体、政治システム全体を根本から解体せねばならない」と認識するに至ったことを後に告白している[7]。

それにソ連には自国の改革に加え東欧同盟国に対しても改革を促さなければならない事情があった。東欧諸国が体制改革を行わない限り、ソ連は持ちこたえられない。対東欧援助負担を逓減させ、また軍事費を削減するためには伝統的な国家安全保障戦略を見直し、軍拡競争の温床となっている勢力均衡システムからの脱却を急がねばならなかった。ところがこれまで同盟国の指導者も市民も、同盟国への軍事介入を正当化するブレジネフ・ドクトリン（制限主権論）の影に脅えて、上からの改革の動きも、下からの市民の改革運動も自制を強いられてきた。それ故にゴルバチョフは、東欧の同盟国の政権が自らの統治基盤を強化し、社会主義共同体の下へ自発的に団結するように仕向けるために各国共産党に改革を促したのである[8]。

ゴルバチョフ指導部はペレストロイカを遂行する上でCSCEプロセスに着目した[9]。外相シェワルナゼは、彼にとって初の国際会議であったヘルシンキ宣言一〇周年記念会議に参加した際にCSCEが停滞し活力を失っていることに懸念を抱き、帰国後、CSCEを再生する方策についてゴルバチョフと協議する。そして来るウィーン再検討会議はソ連の国内改革に向けた強い意志を西側諸国に示す上でも、また人権・人道関連の国内法整備に西側の支持を取り付ける上でも、絶好の機会だとシェワルナゼは考えた[10]。ＣＳＣＥの人権・人道関連の取り決めをソ連の政治改革の争点に仕立てることで西側の圧力を追い風にペレストロイカを進めようとしたのである。

ゴルバチョフは国際世論にも訴えた。一九八八年一二月七日、国連総会においてゴルバチョフは次のような趣旨の演説を行った。ソ連・東欧では「革命的な変革」が進んでいる。東欧各国には体制の「選択の自由」が認められており、「内政干渉は許されない」とブレジネフ・ドクトリンの放棄を告げた。そして八九年初頭までに新しい法律の施行と全ての政治犯の釈放を約束し、その約束を検証するために国連の人権システムとＣＳＣＥの人権・人道分野の枠組みへ参加する用意があること、さらには東欧からのソ連軍の撤退、およびソ連軍の一方的軍縮を発表したのである[11]。ゴルバチョフの国連演説は、ソ連の対外政策において、また国内政治において重要な分岐点となった。共産党の伝統的世界観や階級アプローチから「決別」[12]し、また国内政治にあっては党内の保守派との関係で「後戻りできない一線を越えた」からである[13]。

3　社会信頼醸成措置の形成

ペレストロイカはウィーン再検討会議の行方を大きく左右した。東西対立はこれまでになく協調関係へと転じ、ウィーン再検討会議の最終合意において同会議最終合意文書において東西対立の最大の争点であった人権尊重原則ならびに人的接触および人道問題を一括して安全保障の「（安全保障の）人間的次元」に括り、加えて「人間的次元メカニズム」の創設に合意するに至った。人間的次元とは事実上、欧州社会共通のガバナンス規範の確立を意味した。

人間的次元の取り決めの履行促進と監視を目的とする「人間的次元メカニズム」とは、具体的には、第一に、外交ルートを通して人間的次元問題に関する他の参加国からの情報請求への対応、第二に、参加国の要請に基づき人間的次元に関する二国間協議の開催、第三に、二国間協議の対象となっている案件を他の参加国に対して問題関心の喚起、そして第四に、上記の情報交換、および二国間協議の結果について人間的次元会議または再検討会議での多国間協議、の四つの手続きからなる履行監視制度である。こうしてガバナンス規範が形成され、人間的次元メカニズムが確立された結果、参加国の社会の透明性が確保されるようになり、規範逸脱行為に対してはＣＳＣＥが正当に関与することを保証する社会信頼醸成制度の運用で、規範逸脱に対する矯正と規範履行監視が可能になったのである。

ウィーン再検討会議では、ＣＳＣＥ参加国は五年以上出国を拒否された事例の再調査と善処、移動の自由に関する全ての法律と規則を会議終了後一年以内の公表、これらの法律や規則への一般市民のアクセスの保証に合意した(14)。無論、こうした取り決めは名指しこそされていないもののソ連・東欧の社会主義諸国を念頭においたものであり、以後、向こう三カ年にわたり年次開催予定の人間的次元会議で取り決めの履行状況が検証されることになった。ソ連が提案したモスクワ人権専門家会議は、こうして第三回人間的次元会議として開催される運びとなった。

二　東欧革命とＣＳＣＥ

1　革命の国際管理

ウィーン再検討会議が閉幕する一九八九年一月からソ連が崩壊する九一年一二月までの三年足らずの時期は東欧社会主義体制の崩壊に伴う国際秩序の変動期である。ソ連ではウィーン再検討会議終了直後から六カ月以内に一八五五件の出国拒否事例の見直しが行われ、その内、一五五六件の出国が認められ、八九年前半の新規出国申請の一七〇万人はほぼ全員の出国が許可されるなど、人間的次元の取り決めに沿うよう関連する国内法の改正に着手した(15)。

ソ連で自由化が加速化する中、八九年夏から冬にかけて東欧革命が発生する。一連の東欧革命は自由化が先行していたポーランドとハンガリーから始まった。ウィーン再検討会議から半年後の八九年六月、ポーランドで部分的自由選挙が実施され、その選挙で共産党は完敗し、同年夏にポーランドで自主労組「連帯」政権が発足した。一方、ハンガリーでは共産党が自ら一党独裁を放棄し、マルクス・レーニン主義から決別するとともに、民主化に取り組み始めた。続いてチェコスロヴァキア、東ドイツで市民が蜂起し、欧州分断の象徴であったベルリンの壁が崩壊し、最後にルーマニアのチャウシェスク体制が崩壊した。

革命には暴力がつきものである。ところが東欧革命は平和裏に進展していった。それは東欧革命が人間的次元メカニズムを通して欧州国際社会の管理下で進められたことと関連している。それではウィーン再検討会議が閉幕する一九八九年一月からソ連が崩壊する九一年末までの間、人間的次元メカニズムは実際にはどのように運用されたのであろうか。人間的次元メカニズムの発動を対象国別にみると、八九年を通して主たる対象国は当然のことながら改革に後れをとっていた国である。主としてV・ハヴェルとドゥプチェクの救済目的でチェコスロヴァキアに対して一七カ国およびECが三〇回にわたり発動し、ブルガリアに対して三〇回（その内一七回はトルコ）、ルーマニアに対して二〇回（七カ国とEC）、東ドイツに対して六回（主としてEC、西ドイツ、スイス）、ソ連に対してベルギー、英国、フランス、EC、カナダ、米国が発動した。東欧革命後は、九〇―九一年にかけて主としてユーゴスラビアとソ連に対して発動されている[16]。

人間的次元メカニズムの発動について四つの手続き別にみてみると、大半が情報請求に関するもので、その数は少なくとも一〇三回発動されている（その内、東欧諸国に対して九二回）。二国間協議の開催に関しては一一回発動されている（その内、対ブルガリア四回、対チェコスロヴァキア四回、対ルーマニア一回、対ソ連一回、また対トルコ一回）、他の参加国の関心喚起に関しては五カ国（ブルガリア、チェコスロヴァキア、ルーマニア、オランダ、トルコ）が発動している。多国間協議に関しては、パリ人間的次元会議においてルーマニアに関して三回、チェコスロヴァキアに関して三回、ブルガリアに関して一回、東ドイツに関して一回ほど多国間協議の俎上に載せられている[17]。

人間的次元メカニズムの発動に対して、対象国は建設的に対応した。たとえばチェコスロヴァキアはウィーン再検討会議の閉幕直前に逮捕された憲章七七のスポークスマンの一人ハヴェルをパリ人間的次元会議の開幕直前に出獄させるなど、ルーマニアと東独を除き各国とも人間的次元メカニズムに建設的に対応している。その結果、チェコスロヴァキアの憲章七七、ポーランドの「連帯」、ソ連のヘルシンキ・ウォッチなどソ連・東欧の人権活動家の多くが釈放された。

2　「欧州共通の家」

ところで東欧であの時期、あの規模で、そしてあの速さで民主革命のドミノ現象が発生したことをソ連のゴルバチョフはどのように受け止めていたのであろうか。ベルリンの壁が崩壊する二週間前の一〇月二五日、ゴルバチョフはフィンランド大統領マウノ・コイヴィストとの会談において東欧への軍事介入の意志がないことを明言した上で、一九九二年にヘルシンキで開催予定のＣＳＣＥ首脳会議で欧州安全保障の地平がどのように開けているか、そしてＣＳＣＥプロセスがどのように展開されているか見物である、と述べている[18]。一連の東欧革命は「不安を与えた」ものの、さりとて「『新思考』の基本的原則である選択の自由と内政不干渉の原則を放棄しようとする考えはいささかも頭になかった」とも述懐している[19]。東欧諸国にソ連の社会主義モデルを強要することを止めたことで東欧諸国の人民が自決権を行使した結果が東欧革命であったからである[20]。

もっとも側近の一人グラチェフによれば、バルト三国の独立機運の高まりやナゴルノカラバフ問題など国家の分裂の危機に直面していたゴルバチョフは、国内問題で動きが取れず、このように平静さを装う他なかった[21]。ソ連が東欧革命に干渉しなかった積極的な理由もあった。それは国家安全保障戦略の見直しを図ろうとしたゴルバチョフ政権の安全保障観の変容とも密接に関係している。ゴルバチョフは一九八九年七月六日、欧州審議会（ストラスブール）での演説において人間的次元での協力のみならず、経済共同体と法的共同体からなる「欧州共通の家」をCSCEプロセスにおいて実現するよう呼びかけている。そのためには欧州の国際政治システムを伝統的な「勢力均衡システム」から脱却させねばならないと訴え、よって欧州新秩序の建設について協議するためにCSCE首脳会議の開催を呼びかけた(22)。「欧州共通の家」の狙いは、ソ連の欧州回帰にあり、その実現の方途として当時、唯一の全欧安全保障フォーラムであるCSCEプロセスに期待したのである。チェルニャーエフによれば、ゴルバチョフは九〇年の時点でもはや「社会主義者ではなくなっていた(23)」。この時点でゴルバチョフは社会主義共同体への関心は失っていたと考えられる。事実、ソ連は、八九年三月には初の自由選挙である第一回人民代議員大会選挙が実施され、翌九〇年三月には憲法を改正し、「共産党の指導的役割」の条項を廃止するなど民主化を加速化させるとともに、CSCE取り決めを履行することでCSCE社会の支援を取り付け、脱共産主義化、脱マルクス・レーニン主義化を図ろうとしたのである。ソ連は孤立してはいない。それどころかソ連は民主化さえすれば、その先、経済、法、人道、文化、環境の統一された「欧州空間」に参入することができるとの希望があったからだ(24)。

3　欧州ガバナンス基準

東欧革命後、CSCEは欧州共通のガバナンス基準作り、および社会信頼醸成制度の拡充の場へとその役割を変容させていく。ボン経済会議で東欧諸国の市場経済への移行について合意され、続くコペンハーゲン人間的次元会議では多元的民主主義の諸原則、法の支配、秘密投票による自由選挙、司法の独立など二四項目からなる民主国家のCSCE基準に合意をみた(25)。同会議で人間的次元メカニズムも改善され、情報請求に関して被要請国は四週間以内に対応すること、二国間協議の開催要請に対して三週間以内に協議することが義務付けられるなど制度の一層の機能充実が図られた。さらに取り決めの履行状況の透明性確保のための「信頼醸成措置」の一環として選挙監視オブザーバーの招待、裁判審理における参加国およびＮＧＯからのオブザーバーの受け入れについても合意をみた。[26]社会の透明性確保に向けたこれらの一連の制度は、それまで軍事面での信頼安全保障醸成措置として開発されてきた信頼醸成の手法を社会面の信頼醸成へ応用しようとするものであり、こうして生まれた「社会信頼醸成措置」は旧社会主義国家の自由化・民主化支援、さらには履行監視制度へと制度として整備されていく。

三　ＣＳＣＥの国際機構化

１　ＮＡＴＯの東方不拡大の約束

東欧革命後になると「欧州共通の家」構想がますます現実味を帯びてくる。欧州の政治地図において取り残されたソ連には、ＮＡＴＯ加盟は到底かなわないだけに東欧の安全保障関与を保証する唯一の全欧フォーラムであるＣＳＣＥを全欧の安全保障体制の要に発展させていく以外に道はなかった。ソ連の「欧州共通の家」構想に対して他のＣＳＣＥ諸国の反応はどうであったか。東欧諸国の指導者は形ばかりとはいえ、いまだワルシャワ条約機構が存続していただけにＣＳＣＥの安全保障機構化を支持した。ＥＣ諸国も基本的にはＣＳＣＥの機構化を支持した。[27]一方、米国は欧州諸国とは異なる見方をしていた。米国のブッシュ政権はすでに東欧革命前の一九八九年春の時点で米国の対欧州政策を策定していたが、それはＮＡＴＯを軸に欧州安全保障に関与し続けるというものであった。[28]米国軍の欧州駐留を正当化させるのはＮＡＴＯをおいて他にない。米国は一方でソ連懐柔策としてＣＳＣＥの安全保障機構化を約束し、他方でＮＡＴＯを中心にソ連抜きの欧州安全保障体制の構築を目指す「二重戦略」を採用したのである。[29]

一九九〇年春から米国はソ連に対してNATOの政治化を強調するとともに、NATOの東方不拡大を約束し、CSCEを欧州安全保障体制の要に据えようとするソ連構想を再三にわたって支持している。たとえば、二月九日、米国国務長官ベーカーとゴルバチョフとの対談でベーカーは、米国は決してソ連の混乱に乗じて欧州で優位に立とうとする意図はなく、NATOを東欧に向けて「一インチたりとも拡大することはない」とNATOの東方不拡大を約束している。[30]五月一八日には、モスクワを訪問したベーカーはゴルバチョフに対して欧州新秩序に関する九項目の約束を行い、その中でNATOを「政治的な機構へと発展させる」ことを約束する一方、新しい欧州の土台となるように「CSCEの国際機構化」に努めることを約束している。[31]米国のCSCE重視政策には別の意図も隠されていた。この時期、NATOやECへの加盟見込みのない東欧諸国を西欧に繋ぎ止める上でCSCEの役割は枢要である。しかも、人権と民主主義が統一欧州の共通の価値になった以上、旧社会主義諸国への民主化支援を担う中心的な機構としてCSCEに新たな役割を米国は期待するようになったからである。

ソ連は、NATOの東方拡大はないとの米国の約束を信じ、CSCEを中心に欧州安全保障体制の構築を構想した。ゴルバチョフは先述の通り、欧州新秩序の建設のためにCSCE首脳会議の開催を提案していたが、このゴルバチョフ提案を受けてNATOはCSCE首脳会議最終合意文書案を、七月六日、「変容するNATO」と題するロンドン宣言において発表する。その中で来るパリ首脳会議で自由かつ公正な選挙、法の支配、市場経済、環境問題での協力などCSCE地域の新国家基準を提案した。CSCEの機構化に関しては、常設理事会、事務局の設置、加盟国の選挙監視、紛争予防センターの設置、CSCEの議員会議の設置など、後にパリ憲章で実現するCSCE機構化の骨格が盛り込まれている。[32]

2　首脳たちの喜び

ヘルシンキ宣言から一五年後、そして東欧革命の翌年の一九九〇年一一月一九日から二一日にかけてパリでCSCE首脳会議が開催された。首脳会議最終日に行われた首脳演説は、CSCEプロセスの予想外の貢献と東欧市民の勇気ある行動を称える言葉で彩られている。たとえば、米国のブッシュ大統領は、東欧各国の首脳として本会議に列席しているハヴェル、マゾビエツキー、アンタルら「ヘルシンキ宣言の目的を真剣に受け止め、その取り決めの遵守を求めて健闘した東欧の人権活動家たちの活躍」を称えた（CSCE/SP/VR. 2）。「我々はヘルシンキ宣言の長期的な効果を過少評価していた」と言う英国のサッチャー首相は、「CSCEプロセスで形成された幾多の合意そのものが人権活動家たちの希望と励みになり、彼らを鼓舞し彼らを支えた」とCSCEプロセスの役割を称えた（CSCE/SP/VR. 2）。一方、革命前は人権活動家であったハンガリーのアンタル首相は、CSCEプロセスで東欧の一党独裁体制が「伝統的な欧州の価値」と対峙したことで変革の道が開けた、とCSCEプロセスの意義を称えた（CSCE/SP/VR. 3）。最後に、ソ連のゴルバチョフ大統領は、目下ソ連で発生している「全体主義」から「自由主義、民主主義への転換、法の支配、政治的多元主義への歴史的転換」を称えた上で、今こそ全欧州社会の組織化に取り組むべき時の到来であると強調し、自身が唱えてきた「欧州共通の家」の実現に向けて直ちにCSCEの機構化に取り組むよう提案した（CSCE/SP/VR. 2）。

3　冷戦後の新国際秩序

首脳会議最終日に「新欧州のためのパリ憲章」（いわゆる「パリ憲章」）が発表される。それは冷戦後の欧州新秩序の基本原則であった。第一部「民主主義、平和、統一の新時代」では、冷戦の終結を宣言し、「人々の勇気、強い意志、そしてヘルシンキ宣言の理念に秘められたパワーが民主主義、平和、統一欧州という新時代を切り開いた」

とＣＳＣＥのパワーの貢献を称えるとともに、「唯一の統治形態としての民主主義」を強化することを宣言した。第二部「将来の指針」では、ＣＳＣＥの協力領域を人間的次元および軍事的次元を含む諸領域において包括的協力を進めることを確認した。ＣＳＣＥの機構化を取り決めた第三部「ＣＳＣＥプロセスの新しい組織と機構」では、政治協議機関として首脳会議と再検討会議の定期的開催を定め、実質的な協議機関として常設理事会を設置した。プラハに事務局を置き、ウィーンに紛争予防センター、ワルシャワに自由選挙事務所の設置も決めた。こうしてＣＳＣＥは国際機構へと発展したのである（一九九五年一月から「欧州安全保障協力機構（ＯＳＣＥ）」へ名称変更）。

パリ首脳会議後、人間的次元メカニズムを中心に確立された社会信頼醸成措置は、モスクワ人間的次元会議（一九九一年一〇月）で一層の改善が図られる。たとえば情報請求に対しては一〇日以内に文書で回答すること、二国間協議の開催要請に関しては要請日から一週間以内に協議を開始することなど機能の迅速化が図られた。また人間的次元メカニズムの補強措置として使節団の自発的招請からＣＳＣＥ事務局のラポルトゥール使節団の派遣まで現地査察の手順が確立され、もはや規範逸脱行為が看過されることが許されないような制度が確立されたのである。さらにこの会議においてＣＳＣＥ地域のグッドガバナンス建設の迅速な支援・監視体制が整えられたことに加え、「人権と基本的自由の保護、民主主義、および法の支配は国際関心事項」であり、人間的次元に関する取り決めはＣＳＣＥ参加国にとって「直接的かつ正当に関与すべき事項であって、当事国のみの内政問題ではない」と宣言され、人間的次元基準が欧州共通のガバナンス規範に位置付けられるとともに、ＣＳＣＥ規範の履行監視制度が確立されたのである。(33)

おわりに

ＣＳＣＥの舞台で繰り広げられた東西対立は、現状維持規範対現状変革規範の規範対立であった。そして「戦後の現状」承認を前提に始まったＣＳＣＥプロセスではあるが、一五年後にはその現状は脆くも潰えた。

戦後の現状の変容と欧州統一の過程におけるＣＳＣＥの貢献は、欧州平和と安全保障体制の構築のための国際規範の確立、共通の安全保障概念に基づく安全保障対話の継続、並びに社会信頼醸成制度の形成とその運用による地域ガバナンスシステムの建設、の三点に集約できよう。国際関係が緊張する地域で安全保障協力を進めるには、何よりも国家の対外行動を規律する国際規範、すなわち主権尊重、領土保全、人民の自決といった現状承認を前提とする国際規範（＝規制規範）の確立が必要とされる。どの国も、自国の政治的独立と領土保全が保障されない限り、国際規範への合意には消極的にならざるを得ないからである。

地域共通の安全保障概念の共有を前提に安全保障対話と多国間協力を進めたことにある。国際規範との関連でＣＳＣＥプロセスにおいて、規制規範に加え社会の自由化と透明化をはかるためにグッドガバナンスを創造するための規範（＝創造規範）が形成され、そのことが社会信頼醸成制度の確立につながったことに注目したい。地域安全保障協力を進めるには政府間の信頼関係の構築はもとより、各国のガバナンスの透明性の確保が欠かせない。ヘルシンキ宣言で国際規範の一つに人権尊重原則を含めたことを機に、この原則が人の移動、情報普及の自由を含め社会の透明性確保に資するようなガバナンス規範（＝人間的次元規範）に発展させられ、こうしたガバナンス規範の普及と受容に向けた取り組みがやがて人間的次元に関する取り決めの履行促進と履行状況の監視・検証を目的とする社会信頼醸成制度の形成に結びついた。そしてガバナンス規範の受容と人間的次元メカニズムの効果的運用とが相まってソ連・東欧の社会主義体制の平和的の転換が起こったのである。そして欧州の統一が実現するや、ＣＳＣＥの社会信頼醸成制度は民主化移行期諸国の自由化と民主化の国際管理の枠組みとなった。

もっとも、東側陣営の民主革命を促したのは、ＣＳＣＥの創造規範の普及や安全保障協力プロセスの継続の影響もさることながら、ソ連を中心に東側諸国そのものがＣＳＣＥの創造規範を自身の改革に利用しようとしたことも、その一因であった。軍拡競争の負担に耐えかねていたソ連が社会主義体制を危機に追いやった国家安全保障戦略の転換を図り、民主化を進める一方で、東西対立の基調にある勢力均衡システムからの脱却を図り、欧州回帰を図ろうとしたが、まさにその受け皿としてＣＳＣＥの多国間協力の枠組みがあったことが奏功した。ソ連の民主化の動き、および東欧の同盟国の改革が進むにつれ、ソ連・東欧の社会主義体制の崩壊が進み、その帰結が統一欧州への回帰であり、共通の安全保障の枠組みとしてのＣＳＣＥの国際機構化であった。

国際機構となったＣＳＣＥ／ＯＳＣＥは、その後、順調に発展したわけではない。地域安全保障ガバナンス機構として東欧諸国の民主化に貢献した一九九〇年代の一〇年を経て、二一世紀に入ると「ウィーンの東と西」との間に安全保障の人間的次元をめぐって再び対立と分断が生じる。ＯＳＣＥのその後の変容は別稿に譲るとして、冷戦期のＣＳＣＥプロセスは地域ガバナンスを構築する上で、参照すべきモデルである。特に勢力均衡システムから抜け出せない東アジアの地域平和と地域ガバナンスの構築にＣＳＣＥプロセスは省察に満ちた参考例である。

【注】

（1）OSCE Oral History Project, ed., *CSCE Testimonies: Causes and Consequences of the Helsinki Final Act 1972-1989* (Prague: Prague Office of the OSCE Secretariat, 2013), pp. 109-110, 116.

（2）Svetlana Savranskaya, Thomas Blanton, and Vladislav Zubok, eds., *Masterpieces of History: The Peaceful End of the Cold War in Europe, 1989* (Budapest: Central European University Press, 2010); Christian Nunlist, "Diversity as a Strength: Historical Narratives and Principles of the OSCE," *OSCE Yearbook 2018* (Baden-Baden: Nomos, 2019).

（3） Daniel Charles Thomas, *The Helsinki Effect: International Norms, Human Rights, and Demise of Communism* (Princeton, NJ: Princeton University Press, 2001), p. 242.

（4） Eduard Shevardnadze, *The Future Belongs to Freedom* (London: Sinclair-Stevenson, 1991), pp. 54-59.

（5） *Ibid*., p. 37.

（6） Thomas, *op. cit*., pp. 226-229; Anatoly C. Chernyaev, *My Six Years with Gorbachev* (University Park: Pennsylvania State University Press, 2000), pp. xx, xxi.

（7） Alexander Yakovlev, *The Fate of Marxism in Russia* (New Haven and London: Yale University Press, 1993), pp. 226-230.

（8） Andrei Grachev, *Gorbachev's Gamble: Soviet Foreign Policy and the End of the Cold War* (Cambridge: Polity, 2008), pp. 119-121.

（9） ミハイル・ゴルバチョフ（工藤精一郎・鈴木康雄訳）『ゴルバチョフ回想録　下巻』新潮社、一九九六年、八二―八五頁。

（10） Shevardnadze, *op. cit*., pp. 86, 112.

（11） Gorbachev's Speech to the U. N., December 7, 1988 (https://sites.temple.edu/immerman/gorbachevs-speech-to-the-u-n-december-7-1988/ 二〇二〇年一二月三日アクセス).

（12） Chernyaev, *op. cit*., p. 201.

（13） Grachev, *op. cit*., p. 167.

（14） Concluding Document of Vienna, Co-operation in Humanitarian and Other Fields (Questions Relating to Security in Europe, para. 18).

（15） Andrei Zagorski, "The Clash between Moscow and the Human Dimension of the CSCE: From Vienna to Copenhagen (1989-1990)" *OSCE Yearbook 2005* (Baden-Baden: Nomos, 2006), pp. 48-49, 53.

（16） Alexis Heraclides, *Security and co-operation in Europe: The Human Dimension, 1972-1992* (London: Frank Cass, 1993), pp. 117-118.

（17） 詳しくは Arie Bloed and P. van Dijk, Supervisory Mechanism for the Human Dimension of the CSCE," in Bloed, Arie and P. van Dijk, eds., *The Human Dimension of the Helsinki Process: The Vienna Follow-up Meeting and its Aftermath* (Dordrecht: Martinus Nijhoff Publishers, 1991), pp. 74-108.

(18) Savranskaya, et al., *op. cit.*, pp. 492-496, document No. 95.
(19) 前掲、ゴルバチョフ、『ゴルバチョフ回想録　下巻』八六頁。
(20) 同前、五四三―五四四頁。
(21) Grachev, *op. cit.*, pp. 127-129.
(22) https://www.cvce.eu/en/obj/address_given_by_mikhail_gorbachev_to_the_council_of_europe_6_july_1989-en-4c021687-98f9-4727-9e8b-836e0bc1f6fb.html,%20%E4%BA%8C%E3%80%87%E4%BA%8C%E3%80%87%E5%B9%B4%E4%B8%80%E4%B8%80%E6%9C%88, 二〇二〇年一一月二〇日アクセス.
(23) Chernyaev, *op. cit.*, p. 367.
(24) Eduard Shevardnadze, "No One Can Isolate Us, Save Ourselves. Self-Isolation is the Ultimate Danger," *Slavic Review*, Vol. 51, No. 1 (Spring 1992), p. 119.
(25) Document of the Copenhagen Meeting of the Conference on the Human Dimension of the CSCE, para. 1, 2, 3, 4, 5 (5. 1-5. 21).
(26) *Ibid.*, para. 12.
(27) William H. Hill, *No Place for Russia: European Security Institutions Since 1989* (New York: Columbia University Press, 2018), pp. 51-53.
(28) Nunlist, *op. cit.*, p. 30.
(29) Joshua R. Shifrinson, "Deal or No Deal? The End of the Cold War and the U. S. Offer to Limit NATO Expansion," *International Security*, 40, No. 4, 2016, p. 37.
(30) Document No. 119: Record of Conversation between Mikhail Gorbachev and James Baker, February 9, 1990, in Savranskaya, et al., *op. cit.*, pp. 675-684.
(31) Record of Conversation with Gorbachev and Baker (https://nsarchive.gwu.edu/dc.html?doc=4325695-Document-18-Record-of-conversation-between, 二〇二〇年八月二七日アクセス).
(32) London Declaration on A Transformed North Atlantic Alliance (https://www.nato.int/docu/comm/49-95/c900706a.htm, 二〇二〇年八月一三日アクセス).
(33) Document of the Moscow Meeting of the Conference on the Human Dimension of the CSCE.

第一〇章　気候危機を乗り越える国際制度

——求められるグローバルな視点と協力

沖村理史

はじめに

　平和の意味として、戦争や紛争がない状態をあげることに異論は少ないであろう。したがって、戦争や紛争が起きない状態にすることは、平和を創造する、あるいは平和を維持することに貢献する。では、戦争や紛争が起きる要因として何があげられるのだろうか。この問いは、平和学における根本的な問いである。

　近年の気候変動により、人々の社会経済生活が脅かされつつある。特に、気候変動によって生態系が脅かされた地域の住民は、従来入手可能であった自然資源が入手できなくなった事例やアクセスが困難になる事例も見られる。その結果として、居住地を離れたり、資源をめぐる争いが生じたりする可能性もある。このように、戦争や紛争が起きる遠因として、気候変動をあげる言説も見られる。では、気候変動と紛争はどのように関連しているのであろうか、また、気候変動問題に対して国際社会はどのように対応し、平和な世界を創造する手立てとして求められているグローバルな協力を実現しているのであろうか。

　これらの問いへの答えを示すことが本章の目的である。本章では、気候変動と紛争の関連性についての現時点での知見を整理した上で（一）、気候変動対策としての国際制度の形成と変遷を紹介し（二）、現時点での国際制度の実効性を検討する（三）。

一　気候危機

1　危機感を増す気候変動

二酸化炭素に代表される温室効果ガスの人為的な排出の増大により、地球温暖化が進んでいる。世界気象機関の最新の発表によると、二〇一九年の二酸化炭素の世界平均濃度は四一〇・五±〇・二ｐｐｍとなり、解析開始以来の最高値を更新し、産業革命前の一七五〇年の濃度（二七八ｐｐｍ）と比べて、約一・四八倍に増えている[1]。また、二〇一九年の全球平均気温は、一八五〇—一九〇〇年のベースラインに比べ、一・一±〇・一度上昇しており、記録上二番目に気温が高い年になった[2]。気候変動に関する政府間パネル（ＩＰＣＣ）の特別報告書によると、人為的な原因による温暖化は工業化以前のレベルから約一度（〇・八—一・二度）上昇しており、一〇年間に〇・一—〇・三度程度の温度上昇が継続している。さらに、パリ協定で明示された一・五度の上昇に抑えるためには、二〇五〇年までに人為的な二酸化炭素の排出を実質ゼロにする（脱炭素）必要があるとされた[3]。

温室効果ガス濃度の上昇によって地球にとらえられた熱の九〇％は海洋が吸収している。その結果、海水の熱膨張による海面上昇と、北極や南極の海氷の減少が起こる。海面上昇は一貫して継続しており、過去二七年間の平均海面上昇は、三・二四±〇・三ミリメートル／年とされている[4]。北極での海氷の減少は、太陽光を反射する面積の減少を意味し、北極海の温暖化がより進行する。特に、北極海の夏季に海面の氷がなくなると海面水温が数度上昇し、水深の浅い大陸棚では風の影響で温かい海水が海底に達し、沿岸永久凍土の融解が進むと考えられている[5]。Ｉ

ＰＣＣの特別報告書によると、北極海の九月の海氷は平均して一〇年間で一二・八±二・三％減少している。[6]

陸域、海域における温暖化は、各地の気候に様々な影響を与える。二〇一九年は、欧州で数多くの熱波を観測した。フランスでは国内最高気温となる四六・〇度を六月二八日に観測した。これは、それまでの記録を一・九度上回るものであった。ドイツ（四二・六度）、オランダ（四〇・七度）、ベルギー（四一・八度）、ルクセンブルグ（四〇・八度）、英国（三八・七度）でも国内最高気温を更新した。南半球でも熱波が生じ、オーストラリアのアデレードでは一月二四日に四六・六度を記録し最高気温を更新した。オーストラリアでは、歴代最高気温の上位一〇日のうち、九日が二〇一九年に起きた。[7] 同国では、北東部を除き極めて乾燥する一年間となり、一九年九月から始まった森林火災は二〇年に入っても続き、オーストラリア農業・水資源・環境省によると、全土で一〇万三三一〇平方キロメートルが焼けた。[8] これは、北海道と四国を足した面積を上回る。

この明確な気候変動を前に、近年では気候危機（climate crisis）という言葉がよく用いられるようになっている。国連事務総長は、気候緊急事態（climate emergency）という言葉に加え、気候危機という言葉を演説の中で用いるようになった。たとえば、二〇一九年九月の気候行動サミットでは「気候緊急事態は、我々が今負けているレースだが、勝つことができるレースでもある。気候危機は、我々が引き起こしたものであり――我々が解決策を見いださなければならないものである」と述べている。[9] 英国紙の『ガーディアン』は、「気候変動」という言葉に替わり、「気候緊急事態、危機、あるいは崩壊」という言葉を用いると宣言した。[10] 気候変動に対する危機感は、国際社会で非常に高まりつつあり、二〇五〇年までの脱炭素に向けた動きが加速している。

2　気候変動による悪影響

気候変動により、前節で述べた気温上昇や森林火災に加え、様々な悪影響が生じている。中でも、海温上昇による台風等の強大化や降水量の変動は、人間の社会経済生活や生態系に多大な影響を与える。降水量の変動は、洪水や干ばつを生じ、沿岸地域や河川流域の住民や社会経済活動、さらには農業に悪影響を及ぼす。海温上昇による海水の熱膨張やグリーンランドの氷床の融解は、海面上昇を引き起こし、沿岸部の社会経済活動に深刻なダメージを引き起こす上に、海抜の低い島嶼国は国の存亡の危機に陥る。

気候変動による悪影響が一般社会に普及するきっかけとなった一つとして、二〇〇六年に公開されたドキュメンタリー映画の『不都合な真実』とその書籍版があげられる[11]。環境問題の啓発に貢献したとして、この映画に出演したゴア米国元副大統領には、ノーベル平和賞が授与され、映画はアカデミー賞長編ドキュメンタリー賞を受賞した。その後も環境ジャーナリストなどが、気候変動によってもたらされる悪影響を紹介し、気候変動が人類の将来を脅かす可能性があることを、分かりやすい表現や現地取材による事実の積み重ねとともに示している。そこでは、気候変動により淡水資源や生態系が脅かされ、従来入手可能であった自然資源が入手できなくなった事例や、アクセスが困難になった事例が紹介されている。それらの地域では、気候変動の結果、資源をめぐる争いが生じたり、従来の居住地を離れざるを得ない状況が生じたりする可能性が示唆されている[12]。

3　気候変動と紛争

では、紛争が起きる要因として、気候変動はどのように関連しているのであろうか。まずスーダンのダルフール紛争と気候変動を取り上げることとしたい。ダルフールでは、乾期の長期化と砂漠化の進行により、遊牧民の移動パターンに変化が生じ、紛争が生じたとされる[13]。現地取材や新聞報道などを通じ、すでに存在していた遊牧民と農民との緊張関係が気候変動によって紛争という形で爆発したとする見解がある[14]。これらを受けて、ダルフール紛争を気候変動がもたらした近代最初の紛争だとする研究もある[15]。他方、二〇〇三年のダルフール紛争勃発の直前に降水量が減少しているのではなく、一九七〇年代の降水量減少とその後の三〇年間に降水量が回復しなかったことを降水量データに基づき検証した研究は、気候変動がダルフール紛争を引き起こしたことに反論している[16]。気候変動に関する科学的なアセスメントを行っているＩＰＣＣは、気候変動とダルフール紛争を関連付けることに慎重な立場をとっている。ＩＰＣＣ第五次評価報告書では、気候変動が主因でダルフール紛争が生じたとは断言できず、過去の暴力、ハルツームのエリートによる人為的なエスニックの分断化、政府の政策や飢餓の結果もたらされた伝統的な紛争解決メカニズムの弱体化、地域グループの体系的な排除、経済の未発展や公共サービスの不適切な供給などの複合的な要因が関連していると述べている。その上で、複数の研究に基づき、気候変動の要因よりも政府の行動の方がより影響を与えた、とまとめている[17]。

では、シリア内戦についてはどうであろうか。シリア内戦のきっかけとなったのは、気候変動に基づく干ばつや農作物の収量減少に伴う食糧価格の上昇がシリアの不安定さを助長し、内戦につながった、という見解がある[18]。この見解に対し、二〇〇六年から〇九年にかけてのシリア北東部の乾燥は、人為的な気候変動が原因であると断言できず、同時期のシリア国民の移動は乾燥よりも経済自由化が主因であるとして、科学者からは慎重な見解も提起されている[19]。また、シリア内戦に遡るシリア政府の農業政策や水政策の失敗が、紛争の長期的・構造的要因となった、と過去の政策の失敗を原因としてあげる研究もある[20]。現段階の評価の現状を、ウェルズは、「気候変動が引きおこした旱ばつがシリア内戦に大きく関与していることは事実だが、内戦の原因を温暖化と決めつけるのはまちがいだ。その証拠に、お隣のレバノンは同様の旱ばつに見舞われても落ち着いている」と簡潔に表現している[21]。小泉康一も環境悪化と紛争について直接的なつながりはないとした上で、西側のマス・メディアは紛争による大規模避難に対し、紋切り型の報道をしがちである、と紛争の複雑性を説いている[22]。

ＩＰＣＣ第五次評価報告書では、気候変動と紛争の関係について、「気候変動は、貧困や経済的打撃といったすでに十分に報告が存在する紛争の駆動要因を増幅させることによって、内戦や民族紛争という形の暴力的紛争のリスクを間接的に増大させうる」としているが、この確信度は中程度にとどまっている。[23] ここから分かる通り、現時点では気候変動と紛争の直接的な影響を認めることについてＩＰＣＣは慎重な立場をとっている。しかし、環境変化は、他の要因が紛争の引き金となる緊張状態への背景を作り上げ、紛争の環境要因は、社会的政治的文脈の中に埋め込まれている。[24] 気候変動によって引き起こされる生態系や淡水資源の変化は、生態系に依存している遊牧民や農民の生活に大きな影響を与える。生活基盤が失われた人々は地域を離れることを余儀なくされるであろう。ＩＰＣＣ第五次評価報告書でも、「二一世紀中の気候変動によって、人々の強制移動が増加すると予測されている」とされ、気候変動が人々の強制移動に与える影響は、証拠が中程度ながら、見解一致度は高いとされた。[25] このように、個人に焦点を当てた人間の安全保障については、同報告書では、「人間の安全保障は気候変動によって継続的に脅かされている」とし、その見解一致度は高く、証拠も非常に高程度だとしている。[26] 気候変動によって人間の安全保障を脅かされた人々は、生活基盤を奪われ、場合によっては強制移動を強いられるなど、平和とは程遠い生活を余儀なくされているのである。

二　国際制度の形成と変遷

1　国連気候変動枠組条約

人間の安全保障概念は、一九九四年に国連開発計画が発表した『人間開発報告書　一九九四年版』に始まるとされている。この報告書では、これまでの安全保障概念は、外敵からの攻撃に対する領域の保障、外交政策による国益の保障、核のホロコーストの脅威から世界の安全を保障することなどの狭い解釈がなされていたとして批判し、安全保障概念は国民国家よりも市民に関連付けるべきだと主張した。人間の安全保障概念は、万人共通の関心、相互依存的な構成要素、予防的な早期の介入による成功、人間中心的な概念の四つの特徴を持つと指摘している。その上で、人間の安全保障の脅威となるカテゴリーとして、経済、食糧、健康、環境、個人の身体、コミュニティー、政治の七つをあげている[27]。

気候変動が人間の安全保障を脅かす可能性は、人間の安全保障概念が確立する二年前の一九九二年に形成された国連気候変動枠組条約でも考慮されていた。国連気候変動枠組条約は、二条で次のように条約の目的を設定した。

「この条約及び締約国会議が採択する法的文書には、この条約の関連規定に従い、気候系に対して危険な人為的干渉を及ぼすこととならない水準において大気中の温室効果ガスの濃度を安定化させることを究極的な目的とする。そのような水準は、生態系が気候変動に自然に適応し、食糧の生産が脅かされず、かつ、経済開発が持続可能な態様で進行することができるような期間内に達成されるべきである。」

このように、国連気候変動枠組条約の目的には、環境、食糧、経済といった要素が含まれている。さらに四条九項では、条約の下でとるべき措置について十分な考慮を払う対象地域として、島嶼国、低地の沿岸地域を有する国、乾燥地域、半乾燥地域、森林地域または森林の衰退のおそれのある地域を有する国、自然災害が起こりやすい地域を有する国、干ばつまたは砂漠化のおそれのある地域を有する国、都市の大気汚染が著しい地域を有する国、脆弱な生態系（山岳の生態系を含む）を有する地域を有する国、化石燃料および関連するエネルギー集約的な製品の生産・加工および輸出による収入またはこれらの消費に経済が大きく依存している国、内陸国および通過国という九つのカテゴリーをあげ、広範な地域への対処の必要性を明示している。このように、海面上昇により国の存亡が危ぶまれている島嶼国に加え、アフリカや中東など、砂漠化に苦しむ途上国が気候変動の悪影響を受けやすいことを認めている。国連気候変動枠組条約で規定されたこれらの内容は、国連気候変動枠組条約に基づく法的文書である京都議定書（一九九七年成立）やパリ協定（二〇一五年成立）でも配慮が必要な事項となっている。

2　京都議定書とパリ協定

国連気候変動枠組条約二条で究極の目的として示された「気候系に対して危険な人為的干渉を及ぼすこととならない水準において大気中の温室効果ガスの濃度を安定化させること」については、その後の交渉でも議論になった。一九九五年に発表されたＩＰＣＣ第二次評価報告書は、気候系への人為的な干渉について触れているが、具体的な安定化濃度や経路については、複数のシナリオから得られる知見を紹介するにとどまった(28)。

一九九七年に成立した京都議定書では、前文で国連気候変動枠組条約二条の究極の目的に触れた上で、先進国の二〇一二年までの温室効果ガス排出の数値目標を定めた。これは、温室効果ガスの排出削減による気候変動緩和の第一歩と捉えられたが、その削減幅は小さく対象国も先進国に限定されたものであった。京都議定書で、人間の安全保障の観点から注目すべき点は、適応基金の創設である。国連気候変動枠組条約では、気候変動の影響に対する適応への準備について協力することが求められており、沿岸地域の管理、水資源および農業について、ならびに干ばつや砂漠化により影響を受けた地域や洪水により影響を受けた地域の保護および回復について、適当かつ総合的な計画を作成することとされている。京都議定書では、クリーン開発メカニズムと呼ばれる国際協力プロジェクトによって削減された温室効果ガス排出量の一部を、気候変動の悪影響に対して特に脆弱な途上国が適応の費用を支払うことへの支援に用いることを定めた。

二〇〇五年に発効した京都議定書は、一三年以降の制度は未定であった。そのため、ポスト京都議定書と呼ばれる国際制度の交渉が〇七年から本格化し、〇九年にコペンハーゲンで開催された国連気候変動枠組条約第一五回締約国会議での合意が目指されたが、会議は決裂に終わった。その背景としては、京都議定書で数値目標が設定されなかった中国、インドなどの新興国や途上国は、低開発からの脱出のために化石燃料によるエネルギー消費量増加が必要であったため、自国への数値目標設定に徹底的に反対したことがまずあげられる。次に、ブッシュ政権が京都議定書からの離脱を宣言したため京都議定書の枠外に置かれていた米国を巻き込む国際枠組みを作る必要があったこともあげられる。この結果、交渉は複雑化し、会議運営の不手際も相まって、コペンハーゲンでは手痛い失敗を生むことになった[29]。

二〇一〇年の国連気候変動枠組条約第一六回締約国会議では、京都議定書のような国際交渉を通じて数値目標を決めるトップダウン型アプローチから、各国が自主的に目標や政策を示すボトムアップ型アプローチに基づき途上国や米国の参加を促す方向にポスト京都議定書交渉が転換した。これにあわせて、各国の自主的な目標が下振れする可能性を減らすため、国際社会の総意として世界全体の共通目標を設定することとし、長期目標として産業革命前からの温度上昇を二度以内に抑えることに合意した[30]。この合意を受け、一一年にポスト京都議定書交渉の開始が正式に決定し、一五年にパリで開催される国連気候変動枠組条約第二一回締約国会議で成果をまとめるべく交渉が始まり、パリ協定がまとまった。

現在の国際的な気候変動対策は、二〇一五年に合意され、翌年発効したパリ協定の下で実施されている。パリ協定は、二条で目的を定めており、二条一項では長期目標として、産業革命以降の平均気温上昇を二度未満に抑制することを規定し、一・五度未満への抑制に向けた努力の継続も言及された（一・五度目標）。二条二項では、気候変動の悪影響に適応する能力と気候に対する強靱性を高めることが規定され、気候変動への適応についても配慮がなされた。さらに、パリ協定前文では多くの事項が規定されており、その中には、食糧安全保障、気候変動の悪影響に対する食糧生産体系の著しい脆弱性、影響を受けやすい状況にある人々の権利といった紛争の遠因になり得る要素への配慮もなされている。また、パリ協定に基づき、各国は国が決定する貢献と呼ばれる国内目標を五年ごとに提出し、提出された国内目標はパリ協定が定めた目標に沿っているか定期的に議論される仕組みになっている。

三　国際制度の実効性

1　各制度の実効性

前節で紹介した国連気候変動枠組条約、京都議定書、パリ協定を通じたグローバルな協力の実現を分析する上では、グローバルな目標とその目標を達成する上で必要な仕組みを検討する必要がある。その際考慮すべき点は、気候変動問題の特性である。気候変動の原因となる温室効果ガスの排出は、主に化石燃料の燃焼から生じ、その悪影響は温室効果ガスを排出した国・地域にとどまらず全世界に及ぶ。また、他国の温室効果ガス排出削減による環境改善効果にただ乗りすることも可能である。そのため、気候変動対策は全世界で協力して進めていく必要性がある。このグローバルな協力の実効性を検討する上で、参加国の多寡、衡平性、強制力の三点を検討する必要がある(31)。

国連気候変動枠組条約には、国連加盟国全てを含む一九六カ国とＥＵが参加しており、全世界が参加していると言える。京都議定書は、ブッシュ政権になって米国が不参加を表明したことや、一度は批准したカナダがその後離脱したこともあり、締約国は一九一カ国とＥＵである。当時世界最大の温室効果ガスの排出国であった米国が参加しなかったため、京都議定書の実効性は損なわれることとなった。京都議定書は、二〇一三―二〇年の第二約束期間の数値目標を定めるドーハ改正が一二年に成立したが、そこでは、日加露ＮＺの数値目標は設定されず、実効性はより損なわれた。これに対し、パリ協定は参加国の拡大を目指すボトムアップ型アプローチをとったため、中東やアフリカの七カ国を除く一九〇カ国が締約国（バイデン政権によって復帰した米国を含む）となっている。

衡平性については、先進国と途上国の間、また、気候変動の緩和と気候変動への適応の間の二つの衡平性が課題となっている。国連気候変動枠組条約では、一九九二年当時の経済協力開発機構の加盟国と欧州の経済移行国を附属書Ⅰ国と定め、途上国が多くを占める非附属書Ⅰ国と明確な線引きを行った。その上で、国連気候変動枠組条約で示された共通だが差異ある責任原則に基づき、附属書Ⅰ国に対して率先した取り組みを求め、経済発展が必要な非附属書Ⅰ国には一部の義務の猶予や免除を認めた。しかし、附属書Ⅰが改正されていないため、韓国などは非附属書Ⅰ国にとどまっている。さらに、非附属書Ⅰ国である中国・インドなどの新興国では、経済成長に伴い二酸化炭素の排出が大きく増加している。京都議定書では、附属書Ⅰ国と非附属書Ⅰ国の線引きが固定化された南北の間、および先進国内でも京都議定書から離脱した米国と日欧の間で、衡平性の確保が大きな課題となった。しかし、パリ協定ではその附属書Ⅰ国と非附属書Ⅰ国の線引きがなくなり、バイデン政権がパリ協定に復帰したことにより先進国の全てがパリ協定に沿った気候変動対策を進めることになり、衡平性により配慮された内容となった。

また、気候変動対策としては、緩和と適応の二つが車の両輪とされるが、実際には温室効果ガスの排出削減による気候変動の緩和に注目が集まる場合が多い。しかし、海面上昇や高潮におびえる島嶼国や低地の沿岸地域、砂漠化の危険性に直面している乾燥・半乾燥地域など、気候変動の悪影響を受けている地域にとっては、その悪影響への適応策が重要である。しかし、気候資金のうち適応策に投じられている資金は二〇％に過ぎない[32]。その上、可視化され注目を受けやすい海面上昇などに直面しつつも資金援助を申請する政府が機能している島嶼国などは、適応策に必要な資金を得やすいが、降水量の変化など徐々に進行する砂漠化や淡水資源の変化は、気候変動との因果関係の証明が難しい上に、中東やアフリカなどの政府の機能が低下している地域で発生しており、これらの地域では適応策に必要な資金援助を申請することも容易ではない。その結果、紛争を抱える地域では、適応に対する国際的な援助を得ることが難しく、人間の安全保障を脅かされている社会的弱者にしわ寄せが行くことになる。このように、緩和と適応の衡平性、さらには適応の分野間での衡平性は引き続き課題となっている。

最後に強制力であるが、京都議定書では先進国に対して温室効果ガスの排出削減に関する数値目標を義務目標として課した。自国内で排出削減を達成できない先進国の国々には、炭素市場で排出枠を入手する仕組みを整備した。これにより、先進国は排出削減を真剣に行うインセンティブが生じたが、途上国には数値目標は設定されなかったため、強制力には差異が生じた。この不公平感から、京都議定書第一約束期間（二〇〇八―一二年）で数値目標が守れない見通しとなったカナダは京都議定書を脱退し、炭素市場から排出枠を入手して数値目標を達成した日本は、京都議定書第二約束期間（二〇一三―二〇年）では自国に数値目標が設定されることに反対した。その結果、京都議定書ドーハ改正では日加露ＮＺに対して数値目標は設定されず、強制力は弱まることとなった。

京都議定書では、数値目標を義務化することで強制力を高めたが、その反動が第二約束期間に生じた。パリ協定では、数値目標の内容を各国が自ら決定することを認め、法的拘束力もかけなかった。しかし、単に自国の取り組みを決定し報告するだけでは、高いコストを払う温室効果ガス排出削減政策は進まない。そこで、パリ協定では、国が決定する貢献を五年ごとに更新し、各国から提出された国が決定する貢献がパリ協定の目標に沿っているか、環境十全性からレビューする場としてグローバル・ストックテイクと呼ばれる仕組みを整え、気候変動政策を更新する際に温室効果ガス排出削減を行うインセンティブが働くような一定の強制力を持たせる工夫がなされている。

2　ステークホルダーの参加

京都議定書やパリ協定におけるグローバルな協力の実施に関しては、国だけではなく、非政府アクターの活動も考慮する必要がある。というのも、温室効果ガスの排出削減行動は、事業者や個人が実施するからである。多くのステークホルダーが気候変動対策に関与しており、国連気候変動枠組条約の交渉過程には、国際機関、環境ＮＧＯ、産業界、地方自治体、研究所や大学、若者、労働組合、先住民などの多様なオブザーバーが参加している。四半世紀にわたり国際交渉に参加してきたこれらのオブザーバーや国際機関は、国際的なネットワークを形成しており、グローバルな協力の実効性を担保する上で、大きな役割を果たしている。

一例としては、トランプ大統領がパリ協定離脱を宣言した後の米国内の動きがあげられる。パリ協定支持を訴える地方自治体は、州レベルでは米国気候同盟（United States Climate Alliance）を、市長レベルでは気候市長（Climate Mayors）というネットワークを形成し、パリ協定を尊重し気候変動対策を進めることを表明した。[33] さらに、産業界、地方自治体、大学、文化団体、宗教団体、先住民など多様なステークホルダーを巻き込んだ"We are still in"と名付けられたネットワークが形成され、米国内でパリ協定を尊重する気候変動対策を実施している。

世界の動きの例としては、パリ協定や一・五度目標の重要性を認識し、都市レベルで気候変動対策に取り組む、世界の主要九七都市が形成したネットワークであるＣ四〇があげられる。[34] また、スウェーデンの環境活動家グレタ・トゥーンベリは、二〇一八年に気候のための学校ストライキを始め、毎週金曜日に国会議事堂の前で気候変動対策を求める座り込みを行い、注目を集めた。彼女は、フライデー・フォー・フューチャーというスローガンで気候危機を危惧する若者に行動を求め、世界中の広範な地域で若者が気候変動政策を求めるデモが金曜日に組織されるようになった。産業界では、企業、ＮＰＯ、シンクタンクなどがパートナーとなり、"We mean business"と名付けられたプラットフォームが形成され、エネルギー、産業などの七分野で、再生可能エネルギーの一〇〇％使用目標などの数値目標設定を含む各種の取り組みを広める活動が展開されている。このように、多様なステークホルダーの参加は、グローバルな協力の実効性を担保する上で、参加国の拡大を補完し、将来世代や様々な問題の衡平性を取り上げ、多様な取り組みを通じた強制力の強化に貢献し、気候ガバナンスを実践している。

おわりに

全世界の首脳が初めて一堂に集まりリオデジャネイロで開催された国連環境開発会議から、すでに二九年が経過した。国連環境開発会議に参加し、その二年後に『地球環境問題とは何か』という新書を発表した米本昌平は、地球環境問題が国際政治のアジェンダに登場した経緯を、冷戦後の国際政治の関係から解き明かした。同書で、米本は、気候変動問題と核軍縮問題を比較し、両者とも世界大の不安と脅威をはらんでいること、脅威の実態の把握と確認がきわめて困難であること、一国の経済と深く関連していること、という三つの共通点をあげ、逆に相違点として、軍事が国家主権を前提としているのに対し地球環境問題は国家主権の壁を低くしようとする強い風圧下にあることと、両者の脅威の質と後世への遺産の違いの二点をあげた。具体的には、核戦争の脅威への対応として大規模な科学技術動員により後世の人間に残されたのは大量の核兵器であった核開発を「悪性の脅威」とした。他方、気候変動を脅威と受け止め、技術開発や設備投資に資源を投入したら、後世に残るのは省エネルギーや公害防止のノウハウと装置だとして、気候変動問題を「良性の脅威」としている[35]。

しかし、四半世紀が過ぎた現在、米本が期待したように、国際社会は気候変動を脅威として深刻に受け止め、技術開発や設備投資に多大な資源を投入したのであろうか。確かに、再生可能エネルギーの普及は先進国を中心に一定程度進んだ。産業、民生、運輸部門で省エネルギーも一定程度進んだ。しかし、人口増大や経済発展に伴うエネルギー消費量の拡大や森林伐採はこれらの努力を上回るペースで進んでおり、その結果、温室効果ガスの濃度は上昇を続けている。世界の多くの地域に熱波が押し寄せ、異常気象が頻発し、人間の安全保障は脅かされている。気候変動対策に向けた技術開発や設備投資の歩みは、気候変動のペースに追いついていないのである。

国連事務総長は、二〇二〇年一二月の気候野心サミットで「我々が直面しているこの大きな危機を否定できる人はいるだろうか。だからこそ、本日、世界中の全てのリーダーに対し、自国で脱炭素が達成されるまで気候緊急事態を宣言してもらいたい」とまで述べ、一年前以上に危機感をあらわにしている。[36] すでに述べた通り、気候危機は人間の安全保障を脅かし、気候変動に脆弱な地域に住む人々を苦しめている。これは決して平和な状態ではない。国際社会は現在、平和な世界を創造する手立てとしてパリ協定に基づき行動を始めている。多様なステークホルダーもそれぞれの立場から行動を始めている。我々は、改めて気候危機を脅威として深刻に受け止め、脱炭素社会に向けた行動を加速する必要がある。

【注】

（1）World Meteorological Organization (WMO), "The State of Greenhouse Gases in the Atmosphere Based on Global Observations through 2019," *WMO Greenhouse Gas Bulletin*, 16 (November 2020), p. 2.

（2）World Meteorological Organization (WMO), *WMO Statement on the State of the Global Climate in 2019* (Geneva: World Meteorological Organization, 2020), p. 6.

（3）Intergovernmental Panel on Climate Change (IPCC), "Summary for Policymakers," in Valérie Masson-Delmotte, et al., eds., *Global Warming of 1.5℃*, In press, (https://www.ipcc.ch/sr15/ 二〇二〇年一二月七日アクセス), p. 4, 12.

（4）WMO, *WMO Statement, op. cit.*, p. 11.

（5）ピーター・ワダムズ（武藤崇恵訳）『北極がなくなる日』原書房、二〇一七年、一四頁。

（6）Intergovernmental Panel on Climate Change (IPCC), "Summary for Policymakers," in Hans-Otto Pörtner et al., eds., *Special Report on the Ocean and Cryosphere in a Changing Climate*, In press. (https://www.ipcc.ch/srocc/ 二〇二〇年一二月七日アクセス), p. 6.

（7）WMO, *WMO Statement*, *op. cit.*, pp. 18–19.

（8）Department of Agriculture, Water and the Environment, "Forest fire area data for the 2019–20 summer bushfire season in southern and eastern Australia,"（https://www.agriculture.gov.au/abares/forestsaustralia/forest-data-maps-and-tools/fire-data#fire-area-and-area-of-forest-in-fire-area-by-jurisdiction　二〇二〇年一二月七日アクセス）.

（9） António Guterres, "Remarks at 2019 Climate Action Summit,"（https://www.un.org/sg/en/content/sg/speeches/2019-09-23/remarks-2019-climate-action-summit　二〇二〇年一二月七日アクセス）.

（10） Damian Carrington, "Why the Guardian is changing the language it uses about the environment,"（https://www.theguardian.com/environment/2019/may/17/why-the-guardian-is-changing-the-language-it-uses-about-the-environment？　二〇二〇年一二月七日アクセス）.

（11） アル・ゴア（枝廣淳子訳）『不都合な真実』ランダムハウス講談社、二〇〇七年。

（12） たとえば、スティーヴン・ファリス（藤田真利子訳）『壊れゆく地球―気候変動がもたらす崩壊の連鎖』（講談社、二〇〇九年）、デイビッド・ウォレス・ウェルズ（藤井留美訳）『地球に住めなくなる日―「気候崩壊」の避けられない真実』（ＮＨＫ出版、二〇二〇年）。

（13） Scott Edwards, "Social breakdown in Darfur," *Forced Migration Review*, 31（October 2008）, pp. 23-24.

（14） 前掲、ファリス『壊れゆく地球』一五九頁。

（15） Jeffery Mazo, *Climate Conflict: How global warming threatens security and what to do about it*（New York: Routledge, 2010）, p. 74.

（16） Michael Kevane and Leslie Gray, "Darfur: rainfall and conflict," *Environmental Research Letters*, 3（2008）, pp. 1-10.

（17） Intergovernmental Panel on Climate Change（IPCC）, *Climate Change 2014: Impacts, Adaptation, and Vulnerability. Part A: Global and Sectoral Aspects*（Cambridge: Cambridge University Press, 2014）, p. 773.

（18） 一例として、オバマ大統領のスピーチをあげる。Barack Obama, "Remarks by the President at the United States Coast Guard Academy Commencement,"（https://obamawhitehouse.archives.gov/the-press-office/2015/05/20/remarks-president-united-states-coast-guard-academy-commencement　二〇二〇年一二月七日アクセス）.

（19） Jan Selby, et al., "Climate change and the Syrian civil war revisited," *Political Geography*, 60（2017）, p. 241.

（20） Marwa Daoudy, *The Origins of the Syrian Conflict: Climate Change and Human Security*（Cambridge: Cambridge University Press, 2020）, p. 211.

（21） 前掲、ウェルズ『地球に住めなくなる日』一四六頁。

(22) 小泉康一『変貌する「難民」と崩壊する国際人道制度—21世紀における難民・強制移動研究の分析枠組み』ナカニシヤ出版、二〇一八年、一九七頁。
(23) IPCC, *Climate Change 2014*, *op. cit.*, p. 20.
(24) 前掲、小泉『変貌する「難民」と崩壊する国際人道制度』二〇一頁。
(25) IPCC, *Climate Change 2014*, *op. cit.*, p. 20.
(26) *Ibid.*, p. 758.
(27) United Nations Development Programme, *Human Development Report 1994*, (New York: Oxford University Press 1994), pp. 22-25.
(28) Intergovernmental Panel on Climate Change (IPCC), *IPCC Second Assessment Climate Change 1995*, (Intergovernmental Panel on Climate Change 1995), pp. 9-11.
(29) Radoslav S. Dimitrov, "Inside Copenhagen: the state of climate governance," *Global Environmental Politics*, 10-2 (May 2010), pp. 18-24.
(30) "The Cancun Agreements: Outcome of the work of the Ad Hoc Working Group on Long-term Cooperative Action under the Convention," Decision 1/CP. 16, para 3, FCCC/CP/2010/7/Add. 1., 15 March 2011.
(31) 沖村理史「気候ガバナンスにおけるパリ協定の位置づけ」『総合政策論叢』第三三号、二〇一七年、一三—一七頁。
(32) António Guterres, "Secretary-General's remarks at the Climate Ambition Summit," (https://www.un.org/sg/en/content/sg/statement/2020-12-12/secretary-generals-remarks-the-climate-ambition-summit-bilingual-delivered-scroll-down-for-all-english-version 二〇二〇年一二月一四日アクセス).
(33) 沖村理史「国連気候変動枠組条約体制とアメリカ」『総合政策論叢』第三六号、二〇一八年、一三頁。
(34) C40, "Cities," (https://www.c40.org/cities　二〇二〇年一二月七日アクセス)
(35) 米本昌平『地球環境問題とは何か』岩波書店、一九九四年、四五—四八頁。
(36) António Guterres, "Secretary-General's remarks at the Climate Ambition Summit," *op. cit.*

＊本論文は、ＪＳＰＳ科学研究費基盤研究（Ｃ）「パリ合意の実効性—京都議定書後継枠組みの行方」（課題番号 JP16K03525）の助成を受けた研究成果の一部である。

第一一章　国際法秩序の変容と「武力行使禁止原則」の課題

――戦争をなくすための根本原則の機能と限界

佐藤哲夫

はじめに

国際社会における平和にとって、武力の行使および武力による威嚇の禁止（以下、武力行使の禁止とする）は、根本原則といってよいであろう。武力が恣意的に行使されうる社会には、人々の安心と幸福の不可欠な前提である平和が存在し得ないからである。その意味で、平和学を志すすべての学徒にとって、武力行使禁止原則の基本的な理解は不可欠といえよう。

本章は、国際法を未修の方々を念頭に置きながら、国際社会における平和にとって、また国際社会を規律する国際法秩序にとって、根本原則とも評価できる武力行使禁止原則の全体像を、分かりやすく簡潔に説明し論じようとするものである。また、その説明を総合的に行うことにより、国際法への導入の役割も目指している。

社会を規律する法秩序を構成する規則や原則の機能や価値を評価する際には、当該規則・原則だけを取り出して検討するのではなく、社会との関連や法秩序との関連を踏まえることが、一般に不可欠である。このことは、武力行使禁止原則については一層当てはまる。武力行使という秩序の根本にある行為を禁止する原則の評価に際しては、国際社会と国際法秩序の基本的な構造や背景を踏まえて初めて、適切になされることができる。

その意味で、本章においては、武力行使禁止原則の位置と内容（「三」）およびその例外（「四」）を検討する前に、国際法秩序の分権的構造と実効性についての実状を確認する（「一」）とともに、そこにおいて同原則が直面する課題（「二」）を指摘する。また、同原則が定着するとともに、その帰結として国際法秩序に波及した影響（「五」）を確認することにより、同原則を国際法秩序の観点から総合的に捉えることを試みる。さらに、グローバル化が進む現代国際社会を背景として、現代国際法および武力行使禁止原則が現在直面する非国家アクターへの対応（「五」）についても触れる。

一　国際法秩序の分権性とその実効性

1　国際法秩序の分権性と組織化

国内法との対比　国際法の特徴をつかむには、私達にとって身近な国内法と対比することが近道である。国内社会においては、制度上、警察や軍隊などの実力が国家によって独占されるとともに、立法、行政、司法の権力が中央集権化されており、社会秩序の維持について高度に組織化されている。その意味で、国内法秩序は集権的垂直的な構造の法秩序であるといえよう。これに対して国際社会においては、集権的な国内法秩序を有する国々から構成されており、国々は独立・併存し、立法、行政、司法の権力が中央集権化されていない。その意味で、国際法秩序は分権的水平的な法秩序であるといえよう。

このような相異を法と政治の関わりという観点から見れば、次のような相異につながる。国内社会においては、中央集権的な機構が整備されており、政治は立法府を介して法を制定する。言い換えれば、様々な私人・団体間の政治的な利害関係は、立法によって、国内法の中に反映する。この法が、国内社会に対して、行政機関や裁判所などを通して解釈・適用されるし、場合によっては執行・強制もされる。その意味で、一旦、政治によって制定された法は、逆に政治を規定することになる。

国際社会においては、そのような機構が整備されていないために、国々の政治的な利害関係やその変化は、必ずしも的確・迅速に法内容に反映しないし、既存の法の解釈・適用および執行・強制の段階においても、そのあり方に様々な影響を及ぼす。違法行為の認定がなされず放置されたり、違法行為を契機として法内容が変容したりすることもある。武力行使の規制の領域や慣習国際法の変更などの分野においては特に問題となってきた。この意味で、法と政治は法の定立・形成、解釈・適用、執行・強制のプロセスを通して、絡み合っているといえよう。

国際社会の組織化　他方で、国際組織の増加・発展という国際社会の組織化の結果として、一九世紀までの伝統的な国際法秩序が構造的な変容を受けてきていることに留意する必要がある。これは、特に国際連合（以下、国連とする）および専門機関という普遍性を指向する国際組織の存在と活動に基づく現象である。一九世紀までの分権的な国際社会は、一七世紀の三〇年戦争の講和条約であるウェストファリア条約がその誕生を象徴的に画すると理解されるところから、ウェストファリア体制と呼ばれることが多い。主権国家が併存し、上位の権力主体が存在しない水平的な構造の国際社会であった。しかし、国際連盟を経て、国連の時代になると、法の定立・形成、法の解釈・適用、法の執行・強制のいずれの段階でも、組織化の結果として重要な変容を受けてきている。

2　国際法秩序の実効性

国際社会における国際法秩序の仕組みや実効性の程度を明らかにするためには、まず、法の定立・形成、法の解釈・適用、法の執行・強制という法の実現過程のそれぞれの段階にて、組織化の結果としてどのような変容を受けてきているかについて観ておく必要がある。[1]

法の定立・形成　国際法の成立形式には慣習国際法と条約がある。一九世紀までの伝統的国際法の時代では、国際社会全体（現実にはヨーロッパ国際社会であった）を規律する法制度（たとえば、海洋法や外交使節の制度）は慣習国際法の形で存在し、重要な位置を占めていた。また二国間関係が中心であった。国際連盟の活動した現代国際法の形成期を経て、国連の機能する現代国際法の展開期になると、国際社会は緊密な相互依存の状況に入り、多くの多数国間条約が締結され、慣習国際法の形成もそれらの影響を受けて迅速になってきた。

法の解釈・適用　伝統的国際法秩序においては、国家のみが国際法上の主体であり、国家は、自らの行為により条約あるいは慣習法の形式で国際法を定立・形成すると同時に、関係する規則を自ら解釈・適用してきた。個別国家による解釈が相違し、紛争が発生するような場合には、例外的に、当事国以外の第三者機関として仲裁裁判所が設置され、この裁判所が関係規定を解釈・適用することがあったにすぎない。

現代国際法秩序においても、二国間関係においては、国家が国際法の関係する規則を自ら解釈・適用するという構造には、基本的な変化はない。すなわち、二国間条約の解釈・適用、あるいは慣習法や多数国間条約についても二国間における解釈・適用においては、個別国家が自ら関係規則を解釈・適用するのが基本的な構造である。他方で、多数国間条約（たとえば、人権条約、環境条約など）の解釈・適用が多数国間フォーラムにおいてなされる場面が増大している。

法の執行・強制　伝統的国際法秩序においては、国家のみが関係する規則を自ら解釈・適用し、執行・強制してきた。もっとも国際的な公権力の存在しない状況では、国際法の違反は執行・強制の対象というよりも紛争の原因として見られ、紛争解決の手段によって対処されてきた。いずれにせよ、国際法上の権利義務の実現を確保する、あるいは権利の侵害に対して救済を確保するのは、関係国あるいは被害国が、自ら実力を行使して行うのが原則であった。自助・自力救済（self-help）である。また一九世紀までは、戦争および戦争に至らない措置は一般に自助の正当な形態と考えられていた。実力が各主権国家に分散している国際社会においては、当然ながら、執行・強制は関係国の力関係に左右されることになる。

現代国際法秩序においても、実力が分散しているという基本的事実は変わらず、国際法の執行・強制において自助が持ちうる重要性は否定できない。しかし一方で、二〇世紀における武力行使禁止原則の成立の結果として、執行・強制の手段は限定・制約されることになった。相手の違法行為に対して、相手に義務の遵守を強制するため均衡を失しない違法行為で対抗することは、復仇（reprisal）として違法性が阻却される。しかしこの復仇措置も、原則として武力の行使を伴わない措置に限定されることになった。また、自衛権は相手国からの武力攻撃時に限定され、均衡性の原則などによって制約される（後出）。

国際法の実効性と遵守要因　以上の説明を踏まえた上で、現代国際社会において国際法が法秩序として一定の実効性を確保できている理由として、次のような点が考えられよう。

①国際法の形成は基本的に国々の意思に基づくこと。条約は基本的に、締約国となる国々により交渉の上で起草される。二国間条約は利害関係の相互調整の結果であり、多数国間条約への参加は基本的に自由である。慣習国際法は、国々の国家実行が一貫した内容で蓄積し、その内容が既に法規範となっているとする国々の「法的確信」が要件とされるが、そこでは利害関係国を含む国家慣行が広範かつ実際上一致しているわけである。

②二国間の双務的な権利義務関係においては相互性の原則が機能する。国際法の規則の違反が問題とされる場面では、外交使節の交換に基づく特権免除の相互付与であれ、通商条約における内国民待遇の相互付与であれ、権利・義務の構造上、相手の条約違反に対して、類似の違反行為により対抗する（復仇）ことが可能である。

③国際コントロールの仕組みの発展。国際社会の共通利益のような相互性の原則が機能しない場合、たとえば、

人権条約（被害者は、国内の私人であり、加害国以外の条約締約国は被害国ではない）や地球環境保護の条約（加害国、被害国、因果関係などが不明確）の場合には、国際組織や条約上の機関による監視、情報収集、討議、勧告、などの手続き（人権条約では、国家報告制度、国家通報制度、個人通報制度、調査制度など）が整備されてきている。

④国内外の様々な国際法関与者からの批判・非難・圧力、違法性認定など。国外からは規範の維持に利益や価値を有する国々、メディア、民間団体（非政府組織、ＮＧＯ）などから、国内では国内裁判所、野党、圧力団体、メディア、ＮＧＯなどから批判されることになる。

⑤中長期的には国々の利益に合致する。いずれの国家にとっても、国際関係における法と秩序による安定と予測可能性は不可欠である。

二　戦争の違法化と残された課題

1　戦争の違法化の経緯

勢力均衡政策　国際連盟の設立までは、国々は勢力均衡（Balance of Power）政策と呼ばれる個別的安全保障の方式を採用した。これは、各国は自らの安全を、敵対国に対抗する目的で、友好国と同盟関係を結ぶことによって確保しようと努め、結果的に、複数の対立する国家または国家群の間の力のバランスがとれ、いずれの国家も相手を攻撃できない状況がつくりだされる、との考え方である。

しかし勢力均衡政策には、相手国（陣営）の力や勢力の判定が不明確なために軍備拡大や対立激化につながるという本質的な欠陥がある。一九世紀ヨーロッパにおいては、大陸に力の均衡した数カ国が併存して牽制し合っていた上に、イギリスが「光栄ある孤立」政策の下に大陸における勢力均衡の崩壊回避のためのバランサーの役割を果たしていたために、一定の平和が保たれていた。第一次世界大戦は、このような勢力均衡政策の破綻を示すとともに、根本的に理念の異なる集団的な安全保障制度を登場させた。

集団安全保障制度　集団安全保障（Collective Security）制度(2)においては、対立する国々を含めて多くの国家が、紛争解決のための武力行使を原則として禁止し平和的解決を義務づけるとともに、いずれかの国家が禁止された武力行使を行った場合には、他の国々が違反国に対して集団的に共同して対抗することによって平和と安全を確保しようとする。このように、集団安全保障制度は理念や仕組みの点で勢力均衡政策とは全く異なり、その問題点や限界を克服するものと期待されている。しかしながら、現実に設立された連盟および国連の集団安全保障制度は、それぞれ問題を抱えていた。また、うまく機能するためには一定の前提的な条件も必要である。

戦争の位置づけ　本来の集団安全保障制度においては、武力行使の禁止が要件となる。しかし第一次世界大戦まで、戦争は禁止されるどころか、主権の重要な行使と考えられていた。当時の国際社会には、紛争を解決し国際法の執行を強制する公の組織は全く存在しておらず、権利侵害の救済は被害国自身による実力の行使（自助）による他なかったこともあり、実力行使の究極の形態である戦争は、法的規律の下には十分置かれていなかった。

国際連盟規約　第一次世界大戦後の連盟規約は国際紛争解決のために戦争に訴えることを一般的に禁止したのではなかったが、戦争を規制する動きを導入するものであった。その後も戦争を制限する動きは進み、一九二八年の不戦条約（「戦争放棄に関する条約」）によって、国際紛争を解決するための戦争は一般的に禁止されることになった。もっとも、不戦条約は戦争禁止を規定するのみで、紛争の平和的解決の積極的義務を規定することも、そのための手続きも用意してはいなかったし、違反に対する組織的な制裁も準備されてはいなかった。これらの諸点への対応は、第二次世界大戦後の国連憲章によってなされたのである。

国連憲章による武力行使の禁止　国連憲章は、連盟規約を超えて、武力行使の禁止を規定した。原則を列挙した二条は、紛争の平和的解決の義務（三項）と武力行使の禁止（四項）を規定する。他方で加盟国に許される武力行使は、個別的および集団的自衛権に基づく場合に限定され、紛争に対処する上での必要な武力行使は、憲章第七章に基づく安全保障理事会（以下、安保理とする）による軍事的強制措置に限定される。（憲章上のもう一つの例外である旧敵国に対する措置（五三条一項、一〇七条）は、すべての旧敵国が平和愛好国として加盟した現在、一九九五年の総会決議により事実上失効したものとされている。）なお武力行使禁止原則の内容については、七〇年の総会採択の友好関係原則宣言において敷衍されている。

2　法秩序としての残された課題

武力行使禁止の帰結

国連憲章は武力行使禁止を規定し、一九世紀まで認められていた自助による実力の行使を、武力の行使に関する限り禁止することになった。そのため、武力攻撃に到らない違法な行為による権利侵害については、第一段階として（当事国間あるいは安保理の憲章第六章に基づく活動等の多国間の枠組みでの）紛争の平和的解決の手続きを利用し、第二段階として被害国による武力行使に到らない対抗措置（復仇）か安保理による憲章第七章に基づく強制措置が残されているのみである。したがって、侵害された権利の救済において、安保理の果たすべき役割は大変に大きいといえる。(3)

残された課題

法秩序としての健全なあり方という視点からは、より一般化して、武力行使禁止原則が現在そして今後に対応していくことを余儀なくされる課題として、次のように設定できよう。すなわち、現在の国連を中心とする国際法秩序においては、紛争の最終的な解決の仕組みが整備されていないのみならず、国際法違反の行為の被害国を救済する仕組みが不十分である一方で、権利侵害の救済のための最終的な措置として被害国自身が自力救済（実力の行使）に訴える際に、武力行使を伴う限りで自力救済を禁止することによって事実上の泣き寝入りを強いているのではないか。

このような問題提起は従来からなされてきているが、[4]どのような帰結を伴うであろうか。因果関係の程度は異なるとしても、様々な点が指摘される。

①戦争の違法化は、世界に平和をもたらしていない。戦争違法化後には侵略・戦争・征服は激減したが、領土を実効的に統治できない弱小国家の存続を法的に可能にすることにより、結果的に失敗国家・破綻国家を生み、テロリズムの拡大や人道的危機の頻発を招いている。[5]

②武力行使の禁止と平和的解決は相互補完的である。武力行使の禁止を義務化する一方で平和的解決の受諾の頑強な拒否を許すことは、違法行為国を保護する結果となる。このような不合理な仕組みは平和の基礎を破壊するものであり、法理論上、支持できない。社会の法的機構と社会構成員間の私闘禁止とは相関的なものであり、前者の不十分な社会では、それに応じた自力救済が認められる必要がある。[6]

このように、武力行使禁止原則を導入した現在の国連体制は、根本的な課題を抱えていることに留意する必要がある。

三　武力行使禁止原則の位置と内容

1　武力行使にかかわる国際法—— jus ad bellum と jus in bello

武力行使にかかわる国際法は、二つの規範群に分かれる。第一は、武力行使に訴えることが許されるか否かに関するものであり、jus ad bellum（ユス・アド・ベルム）と呼ばれる。第二は、武力紛争においていかなる行為が許されるかに関するものであり、jus in bello（ユス・イン・ベロ）と呼ばれる。第一は、武力行使の開始、入り口の段階を規律するものであり、第二は、開始後、武力紛争中を規律するものである。

すでに触れたように、現代の jus ad bellum では武力行使に訴えることは原則として禁止されている。jus ad bellum に照らして違法とされる武力行使に引き続いて、武力紛争中に行われる武力の行使は、その意味ですべて違法である。そもそも武力行使に訴えることが禁止されているにもかかわらず、その禁止された武力の行使の仕方についての jus in bello が存在するということには、違和感を覚えるかもしれない。

現在の国際法は、これら二つの規範群、武力行使禁止（jus ad bellum）と武力紛争法（jus in bello）を切り離し、前者における違反が後者の適用に影響しないとして、武力紛争中における敵対当事者への武力紛争法の平等適用という立場を取っている。このような扱いには幾つかの理由がある。

武力行使禁止の下においても、自衛権の行使の場合や安保理の許可決議に基づく軍事的な強制措置の場合（後出）には、対象となる侵略国などとの間ではそれなりの規模の戦闘状況となる。そこでの不必要な殺傷や破壊を回避して被害を最小化することが、そもそも武力紛争法の目的である。また一般に武力紛争時には、いずれの側も自らの正当性を主張し、安保理などの第三者機関によるいずれが侵略国であるかについての判断は必ずしも期待できない。たとえ一方の紛争当事国が違法な武力行使を行っているとの判断が下されても、かりに差別適用の立場を取り、合法の側に対して武力紛争法の交戦法規による規制を緩和するのであれば、敵対する側からの報復をまねくなどして、不必要な被害の拡大につながると考えられる。このような実際的な事情から、最初の武力行使の違法合法の問題と切り離して、武力紛争法の平等適用という立場が採用されていると考えられる。

2　禁止される武力行使とは何か

武力行使禁止原則を体現する憲章二条四項は、次のように規定する。

「すべての加盟国は、その国際関係において、武力による威嚇又は武力の行使を、いかなる国の領土保全又は政治的独立に対するものも、また、国際連合の目的と両立しない他のいかなる方法によるものも慎まなければならない」。

この二条四項は、何を禁止し、何を禁止していないのであろうか。以下に、重要なものについて簡潔にまとめてみよう。(7)

①日本語公定訳では「武力」とされているが、英語正文では「force」であるために、武力以外の力、たとえば経済的強制の禁止が含まれるか否かが問題となる。憲章起草過程においてその種の提案が否定されたことなどから、一般に武力のみを意味すると理解されており、友好関係原則宣言においても同様である。

②武力の「行使」のみならず、「威嚇」も禁止されるが、実際に「行使」されれば違法となるのであれば、そのような武力の「威嚇」も違法となるといわれる。

③禁止される「武力行使」は、直接的（たとえば、正規軍による他国領域への侵入や砲爆撃）なもののみならず、間接的（たとえば、他国領域への侵入のための不正規軍や武装集団の組織）なものも含む。

④禁止される「武力行使」は、「国際関係」におけるものに限定され、一国内における反政府武装集団に対する軍事力の行使を禁止するものではない。その意味で、政府の要請や同意に基づく外国による軍事介入は合法と理解されるが、一定規模の内戦の場合には、要請を行った政府がその国を代表する正当性を有するかが問題となる。また、人民から自決権、自由および独立を奪う強制的な行為は禁止されるとともに、人民が植民地支配などに対して戦う「民族解放戦争」は国際的武力紛争と見なされる。

⑤二条四項の禁止文に挿入されている「いかなる国の領土保全又は政治的独立に対するものも、また、国連の目

的と両立しない他のいかなる方法によるものも」が、これらに反しない武力行使を許す趣旨との主張があるが、これは憲章の起草過程では禁止を強調するために挿入されたという経緯と矛盾し、禁止に大きな抜け道を作るものとして一般に認められていない。

四　武力行使禁止原則の例外とその主張

1　集団安全保障制度に基づく強制措置

軍事的措置に関する憲章四二条は「安全保障理事会は、……国際の平和及び安全を維持し又は回復するために必要な空軍、海軍又は陸軍の行動をとることができる」とし、四三条は必要な兵力等の提供を約束する特別協定の締結を予定するが、この特別協定は現在に至るまで一件も締結されていない。このため本来の国連軍に代わって、安保理の許可に基づく多国籍軍による武力行使という方式が確立した[8]。

湾岸戦争において安保理は武力行使を許可する決議六七八を採択したが、同決議は、「憲章第七章に基づいて行動して」イラクが決議六六〇および関連諸決議を完全に遵守することを要求し、「クウェート政府に協力している加盟国に対し、……必要なあらゆる手段をとることを許可する（authorizes …… to use all necessary means ……）」とした。その後、一部加盟国から構成される多国籍軍は「砂漠の嵐」作戦を開始し、この武力行使は決議六七八に基づくことが事務総長に通告された。

この決議の合憲性に対しては安保理の統制と指導が欠けている点から批判がなされた。しかし国際社会の大多数の国々および国連自身は、この決議を合憲なものとして扱ってきたと思われる。確かに、安保理の統制が不十分なために乱用されやすい点で政治的には望ましくない方式であるが、合憲性という点では、この決議を違憲であり無効であるという主張・行動はほとんど見られない。実際、決議六七八の後も数多くの類似決議が採択されてきており、その意味で、許可方式が確立したと考えられる。

2　個別的および集団的自衛権

国々の戦争に訴える自由が事実上認められていた第一次世界大戦までは、国家の重大な利益が侵害される場合に武力を行使する根拠として自己保存権とともに自衛権が広く援用された。自衛権の古典的な事例とされる「キャロライン号事件」で示された要件は慣習国際法上の自衛権の要件と理解され、特に必要性、均衡性の要件は、国際司法裁判所（ＩＣＪ）により確認されている。憲章五一条は、新たに集団的自衛権の概念を導入した上で、自衛権を維持しているが、二条四項による武力行使の一般的禁止の下における個別国家による一方的武力行使の唯一の根拠であるために、自衛権概念を緩和する様々な主張がなされてきている(9)。

「武力攻撃が発生した場合」　第一は、五一条に規定された自衛権の発動要件としての「武力攻撃が発生した場合（if an armed attack occurs）」の拡大解釈の主張である。慣習国際法上の自衛権は、現実に侵害があった場合のみならず、侵害の差し迫った脅威についても発動が認められていたとの理解から、五一条の目的は集団的自衛権の導入にあり、自衛権発動の要件を厳しく制限する趣旨はなかったとし、結果として、外国からの武力攻撃が現実に行われた場合のみならず、その脅威がある場合の「先制的自衛（anticipatory self-defense）」も排除されないという。しかし、被害の発生はともかく、攻撃への「着手」は必要と考えられる。

「武力攻撃」と「武力行使」　第二は、二条四項と五一条のギャップに由来するものである。二条四項は「武力行使」を禁止する一方で、五一条の自衛権発動の要件は「武力攻撃」であるが、「武力行使」概念は一般に「武力攻撃」概念よりも広いものとして理解されている。そのために、武力攻撃以外の形の侵害、特に武力攻撃に至らない武力行使に対する対応が問題となる。ＩＣＪは「ニカラグア事件」判決において、武力攻撃という最も重大な形態の武力行使と、他のそこまで重大ではない形態の武力行使とを区別し、後者については第三国による集団的自衛権の行使を否定した。しかし他方で、武力攻撃ほど重大ではない武力行使に対しては、被害国は均衡のとれた対抗措置をとることができるとした。ここで言う武力行使に対する被害国による均衡のとれた対抗措置が武力行使を含みうるかが問題となるが、未確定である。

集団的自衛権　第三は、集団的自衛権に基づく地域的同盟体制の肥大化現象である。地域的取極や機関の利用は憲章も予定していた（第八章）が、武力行使に関しては安保理の統制の下に置いていた（五三条一項）。そのため、安保理の表決手続に拒否権が導入されることが明らかとなるのに応じて、憲章起草にあたったサンフランシスコ会議で特にラテンアメリカ諸国の主張により新しく集団的自衛権を導入して、「武力攻撃」の場合における地域的共同防衛組織の自律的な機能を認めた。冷戦下における全米相互援助条約、北大西洋条約機構（ＮＡＴＯ）、ワルシャワ条約機構（一九九一年解散）などはいずれも五一条の集団的自衛権に言及する。ＩＣＪは「ニカラグア事件」判決において、集団的自衛権は被攻撃国を援助する権利との理解に立つ一方で、乱用防止のために、武力攻撃を受けた国家がその旨を表明し、さらに被攻撃国の援助要請がある場合にのみ行使可能であるとした。

3　在外自国民保護のための武力行使

欧米先進諸国は、特に途上国において自国民の生命・安全（さらには財産）が危険に晒されている場合には、その保護のために武力干渉してきた。現代でも、一九七六年のエンテベ事件や八〇年のイラン人質救出作戦などに見られるように、自国民の生命が失われる虞の高い場合に、領域国政府に保護の意思あるいは能力が欠けているのであれば、当該自国民救出のために軍隊を派遣することは禁止されないと主張される。その根拠としては、そのような軍事行動は領域国の領土保全も政治的独立も侵害するものではないから憲章二条四項に違反しないとか、緊急状態（a state of necessity）として違法性が阻却されるとも言われてきた。

4　人道的干渉

人道的干渉とは、ある国の政府がその国民に対して基本的人権を否定し人類の良心を驚愕させるような仕方で残虐行為を行い迫害するときには、それらをやめさせるために（人道的に）干渉することである。この事例の多くは、第一次世界大戦以前におけるトルコ・シリア等の異なる宗教や民族の弱国に対するヨーロッパ列強の干渉であった。第二次世界大戦後においては、一九七一年のインドのパキスタンへの干渉（バングラデシュ独立をめぐってパキスタンがバングラデシュ人民を弾圧）、七九年のタンザニアによるウガンダへの干渉（イディ・アミン大統領による恐怖政治の排除）、同年のベトナムによるカンボジアへの干渉（大量殺戮を行ったポル・ポト政権の排除）などの事例があるが、いずれも、干渉国は自国の行動を自衛権に基づくものとして正当化した。

人道的干渉は一般には違法のものとして理解されてきたが、一九九九年のＮＡＴＯによるコソヴォ空爆をめぐって注目を浴びることになった。すなわち、人道的干渉と国家主権の関係において人道的危機を防止することを目指して、「保護する責任（Responsibility to Protect）」の概念が議論されてきている。この概念は、カナダ政府が設置した「干渉と国家主権に関する国際委員会（ＩＣＩＳＳ）」が二〇〇一年に国連に提出した報告書において提唱したものであり、国家主権は人々を保護する責任を伴い、国家がその責任を果たす意思や能力を欠くときには、国際社会がその責任を代わって果たさなければならない、そして国際社会の保護する責任は不干渉原則に優先する、という。この考え方は、〇五年世界サミットの成果文書においても、国家は、大量虐殺、戦争犯罪、民族浄化および人道に対する罪から、その国の人々を「保護する責任」を負う、と認められた。もっともここでは、安保理を通じ第七章を含む国連憲章に則り集団的行動をとるものとしており、常任理事国による拒否権行使の結果として安保理が対応できない場合については、不明確な点が残されている。実際、一一年のチュニジア以降のアラブの春の動きにおいても、リビアに関する安保理決議一九七三（二〇一一）はリビア政府の文民保護の責任を指摘して飛行禁止区域の設定を第七章に基づき決定したが、シリアについては対応できずにいる。

五　武力行使禁止原則による国際法秩序の変容

1　戦争違法化の国際法秩序への波及効果

現代国際法における戦争の違法性は、国際法秩序の基本にあり、戦争が違法化されておらず主権の行使として自由に戦争に訴えることができた時代の国際法秩序の原理を、根本的体系的に変容させることになった。このような戦争違法化の波及効果について、重要なものを確認しておこう[10]。

第一に、領域取得の権原としての征服の否認である。国家の構成要素である領域を武力により一方的に、全部（征服）あるいは一部（併合）を支配し自国領域に編入することは認められない。友好関係原則宣言は、「国の領域は……武力の行使から生ずる他国による取得の対象としてはならない」とするとともに、「武力の行使から生ずるいかなる領土取得も合法的なものとして承認してはならない」（一原則一〇項）と規定する。

第二に、強制に基づく条約の効力の否認である。条約法に関するウィーン条約の五二条は、「国際連合憲章に規定する国際法の諸原則に違反する武力による威嚇又は武力の行使の結果締結された条約は、無効である」と規定する。もっとも、現実には数多くの武力紛争が発生しており、これらの紛争の終結のために条約が締結されるが、これらの条約の有効性については、一方では五二条が「国際連合憲章に規定する国際法の諸原則に違反する武力による威嚇又は武力の行使の結果締結された条約」に限定されていることが、他方では七五条が「この条約は、侵略を行った国が、当該侵略に関して国際連合憲章に基づいてとられる措置の結果いずれかの条約に関連して負うことのある義務に影響を及ぼすものではない」と規定していることに留意する必要がある。

第三に、違法な戦争を行った指導者個人を処罰する規範の誕生である。不戦条約が体現する戦争違法観と新たに成立しつつあった指導者責任観とが結合することにより、第二次世界大戦後にニュルンベルク国際軍事裁判所（対独）と極東国際軍事裁判所（対日）において平和に対する犯罪に基づく裁判が行われた。これらの裁判は、事後法の禁止（罪刑法定主義）に反するものであり、戦勝国の任命する裁判官による勝者の裁きであると批判された。しかし、国連総会決議などの積み重ねにより違法な戦争を行った指導者個人を処罰する規範は定着し、現在では、国際刑事裁判所規程の八条の二において、侵略犯罪とされるに至っている。

2　非国家アクターによる武力行使

グローバル化が進展する現代国際社会においては、主要な構成員である国家と国家との関係を規律してきた国際法秩序と、ますます影響力を増大させてきている非国家アクター（Non-State Actors）との関係が、今後の国際法秩序の根本的な変革につながる可能性という観点から注目されている。[11]非国家アクターには、（政府間）国際組織、NGO、多国籍企業、反政府武装集団、犯罪集団（テロリスト集団など）、個人などが含まれるが、ここでは、特に反政府武装集団やテロリスト集団が問題となる。

二〇〇一年九月一一日の同時多発テロに対して、米国はアフガニスタンに侵攻し、タリバン政権を崩壊させた。NATO諸国を含め批判的な国はほとんどなかったが、従来理解されてきた自衛権の法理によって米国のアフガニスタン侵攻を正当化するには、幾つかの問題点がある。ここでは、自衛権法理の適用可能性という点のみ扱う。

外国領域に所在する反政府武装集団やテロリスト集団による武力攻撃に対して、被攻撃国が自衛権を行使することは、当該領域国の領域侵害を伴うことになる。そのためもあり、当該武力攻撃に領域国が実質的に関与するなどしており領域国自身による武力攻撃と見なしうる場合に限り被攻撃国による自衛権行使が認められるという、国家間パラダイムが支配的である。

しかし、テロリスト集団などが戦闘能力を向上させ「武力攻撃」の実質的能力を獲得するに至っている現在では、このような国家間パラダイムに基づく自衛権法理の考え方では、外国領域に所在する反政府武装集団やテロリスト集団による武力攻撃が上記の同時多発テロのように領域国自身による武力攻撃と見なし得ない場合には、被攻撃国による自衛権行使を禁止するという不合理な結果を伴うことになる。この種の事態についてＩＣＪは判断を示していない一方で、個別の判事が反政府武装集団による武力攻撃に対する自衛権の発動を認める趣旨の意見を付すなどしており、過渡期にあるとも考えられる[12]。

おわりに

国際法秩序は国内法秩序とは構造の異なる独自の法秩序であり、法と政治の関係でも、法の実現過程においても、様々な独自の特徴を有している。そのような特徴は国際社会の組織化により更なる変容過程にあるが、分権的構造は基本的に維持されている。このような独自の法秩序は、分権的な構造に対応する形で国々の利益関係を反映することになっているし、様々な仕組みを活用することによって遵守を促進し、結果として一定程度の実効性を確保してきている。

他方で国際社会は、二度の世界大戦を踏まえて戦争を違法化するとともに、憲章二条四項により武力行使禁止原則を導入した。しかし平和の実現と維持にとっては、単に戦争を違法化し、武力行使を禁止するだけでは十分ではない。紛争の平和的かつ実効的な解決の仕組みを整備して武力行使に訴える必要性をなくさなければ、被害国に泣き寝入りを強いる不当な平和となりかねない。また武力行使禁止原則により保護される国々が、国内において実効性ある民主的統治を実施することができなければ、国内紛争が国際的な武力行使につながりかねない。

残念ながら、国際社会と国際法秩序の実情は、これらの課題に十分に対処できる段階にはない。本章において紹介・説明した武力行使禁止原則の内容とその例外をめぐる実情と議論は、このような課題を背景として理解する必要がある。その意味で、平和な世界の根本原則の実現に向けての努力は、国際社会全体の問題として、すべての国々によって取り組まれなくてはならない。平和学を志すすべての学徒にとって、武力行使禁止原則そして国際法秩序の基本的な理解が不可欠なゆえんである。

【注】

（1）本節の内容を含み、より発展的には、次の文献を参照せよ。佐藤哲夫『国際組織法』（有斐閣、二〇〇五年）、特に第一章（三—二〇頁）および第一一章（三五七—三七六頁）。

（2）その概略は、佐藤哲夫「国際連合による集団安全保障制度の理論と実際—アジアの事例を主な素材として」（『核兵器と反人道罪のない世界へ』広島平和研究所ブックレット第七巻、二〇二〇年）二一一—二四三頁を参照せよ。

（3）本節の内容を含み、国連による安全保障については、次の文献を参照せよ。佐藤哲夫「第15章　安全保障」（森川俊孝・佐藤文夫編著『新国際法講義』北樹出版、二〇一一年）二三三—二五二頁、前掲、佐藤『国際組織法』特に第一七章（二七七—二九三頁）および第二〇章（三三〇—三五四頁）。

（4）この点での著名な研究者などの紹介については、田岡良一『国際法上の自衛権（補訂版）』（勁草書房、一九八一年）二九三—三〇七頁を参照せよ。

（5）オーナ・ハサウェイ／スコット・シャピーロ（野中香方子訳）『逆転の大戦争史』文藝春秋、二〇一八年、四七六—四九八頁。

（6）類似の指摘については、前掲、田岡『国際法上の自衛権（補訂版）』二七六―三七九頁を参照せよ。この点は、問題の指摘としてはともかく、現代における兵器の破壊力の進展を考慮すると、一九世紀には妥当であったかもしれない処方箋については留保せざるを得ないであろう。
（7）詳しくは、たとえば、次を参照せよ。Albrecht Randelzhofer and Oliver Dörr, "Article 2 (4)," in Bruno Simma et al. eds., *The Charter of the United Nations: A Commentary*（Oxford: Oxford University Press. 3rd edition, 2012.), vol. I, pp. 200-234.
（8）この許可方式を含み、本節の内容全般については、次の文献を参照せよ。前掲、佐藤「第15章　安全保障」二三三―二五二頁、佐藤哲夫「国際法から見た『正しい戦争』とは何か―戦争規制の効力と限界」（山内進編『「正しい戦争」という思想』勁草書房、二〇〇六年）二三三―二六一頁。
（9）詳しくは、たとえば、次を参照せよ。Albrecht Randelzhofer & Georg Nolte, "Article 51," in Simma, *op. cit.*, pp. 1397-1428.
（10）詳しくは、石本泰雄「国際法の構造転換」（石本泰雄『国際法の構造転換』有信堂高文社、一九九八年）一五―二二頁、前掲、ハサウェイ／シャピーロ『逆転の大戦争史』四〇七頁、松井芳郎『武力行使禁止原則の歴史と現状』（日本評論社、二〇一八年）三八―四三頁などを参照せよ。
（11）その概要については、佐藤哲夫「グローバル化する国際社会における国際法秩序と非国家アクター―国際法協会での取組経験を主な素材として」（岩沢雄司・岡野正敬編集代表『国際関係と法の支配―小和田恆国際司法裁判所裁判官退任記念』、信山社、二〇二一年刊行予定）を参照せよ。
（12）「コンゴ・ウガンダ事件」（二〇〇五年）における判決と個別意見である。

＊本論文はＪＳＰＳ 科研費 JP20K01317 に基づく研究成果を含む。

第一二章　憲法九条と核兵器

——核兵器の保有・使用をめぐる政府解釈を中心に

河上暁弘

はじめに

一九四五年八月、第二次世界大戦は、広島・長崎への原爆投下を契機として終焉を迎えた。この終焉の意味につき、当時パリにいたサルトルは、次のように書いている。

「旗を掲げて祝えとは言われていたものの、人々はそうはしなかったし、大戦は、無関心と懊悩とのなかで終焉を告げた。……戦争は終わりはしたが、平和は始まっていない……我々はこの戦争が終わったことをうれしいとは思うにしても、このような終わり方をするのはうれしいとは思えないのだ。……一発で十万人もの人間を殺すことのできる小さな爆弾、明日ともなれば、二百万人もの生命を奪うものともなる小さな爆弾、これが突如として我々人間の責任と、我々とを対決させることになった……人間はいつか、自己の死滅の鍵を掌中に握らねばならなかったのだ。(1)」

このように広島・長崎への原爆投下は、人類が「自己の死滅の鍵を掌中に握」る時代である「核時代」[2]の到来をもたらした。今日、戦争は、核戦争・人類滅亡につながりかねず、それを正当化できるような政治目的自体がもはや存在しない、「戦争の手段性の喪失」の時代とも言いうる[3]。核兵器の登場は、戦争、特に人類を滅亡させかねない核戦争をしてまでも実現すべき「目的」「正義」など本当にあるのかという根源的な問いを突きつけることとなったのである。

それゆえにこそ、この時代は、あらためて平和の重要性と現実性が強く認識される時代でもある。戦争放棄・戦力不保持・交戦権否認を規定した日本国憲法第九条（以下「憲法九条」とも言う）は、このような時代背景の下で誕生した[4]。

以上の認識を踏まえて、本章では、憲法九条の平和主義と核兵器の関係について考察を試みたい。ただし、本章は、日本平和学会での報告を踏まえて執筆・公刊した論文「憲法と核・原子力」[5]を基にして、その後の研究を追加したものである。そのため、考察内容や記述は重複する部分があることをお断りしておきたい。

一　日本国憲法九条の成立と「核時代」

1　憲法制定当事者と核兵器

日本政府の憲法案作成当時の首相である幣原喜重郎は憲法九条と核兵器の関連について、次のように述べている。

「斯の如き憲法の規定は、現在世界各国何れの憲法にもその例を見ないのでありまして、今尚原子爆弾その他強力なる武器に関する研究が依然続行せられておる今日において、戦争を放棄するということは、夢の理想であると考える人があるかもしれませせぬ。併し、将来学術の進歩発達によりまして、原子爆弾の幾十倍、幾百倍にも当る、破壊的新兵器の発見せられないことを何人が保障することができましょう。若し左様なものが発見せられましたる暁におきましては、何百万の軍隊も、何千隻の艦艇も、何万の飛行機も、全然威力を失って、短時間に交戦国の大小都市は悉く灰燼に帰し、数百万の住民は一朝皆殺しになることも想像せられます。今日われわれは戦争放棄の宣言を掲ぐる大旆を翳して、国際政局の広漠たる野原を単独に進み行くのでありますけれども、世界は早晩、戦争の惨禍に目を覚し、結局私どもと同じ旗を翳して、遥か後方に踵いて来る時代が現れるでありましょう。」（戦争調査会第一回総会一九四六年三月二七日）(6)

また同様に、ＧＨＱ最高司令官であったマッカーサーも次のように言う。

「私は、戦争の廃絶がなされるべきであるということを確信致します。それが可能だということは、日本という偉大なる実例が示しているのです。あなたは、広島、長崎に言及されたではないですか。日本の人々は、世界のどの人々よりも、原子力戦争の意味を知っています。それは何も学問的な理論のレベルの話ということではありません。日本では、何人もの仲間の死を数え、何人もの仲間の埋葬を行ってきたのです。そして彼らは、自らの決断によって、自らの憲法に戦争非合法化（outlawing war）の規定を書き込んだのです。」（米国議会上院軍事外交合同委員会一九五一年五月五日）(7)

2　戦争・「ヒバク」の経験と非戦・非軍事平和主義

こうした憲法を日本（国民）が持つに至るには、戦争の被害と加害の双方の面から、「①自衛の名による侵略戦争、②国防のための軍拡による不可避的戦争誘発、③現代戦争、特に核戦争が地上の最大悪（ないし「絶対悪」）であることを身をもって知ったこと」という「国民の三大経験」（深瀬忠一[8]）の存在があった。いずれも、「軍事力による平和」の現実性・有効性を否認し、憲法九条に連なる徹底的な平和主義の立場に立つことを後押しする経験であったと言えるだろう。

この中でも広島・長崎の「核戦争」の体験に特に注目をしておきたい。秋葉忠利前広島市長なども指摘するように、広島・長崎の多くのヒバクシャたちは、たとえば、「リメンバー・ヒロシマ・ナガサキ」ではなく「ノーモア・ヒロシマ・ナガサキ」を訴え、米国への復讐ではなく「他の誰にもこんな思いをさせてはいけない」との信念から、この世の地獄とも言える被爆の実相を語り継ぎ、またそのことにより核兵器廃絶や世界戦争阻止を訴え続けてきた[9]。これは、軍拡や最新兵器の保持によって自国の安全を求める発想（力による平和）ではなく、核兵器、さらには戦争それ自体をいかに世界からなくしていくかという発想に立脚するものであろう。また、この立場は、「平和を愛する諸国民の公正と信義に信頼して」（「諸国民」・市民主導で戦争予防のための「信頼」のネットワークを構築して）平和を創造・実現しようとする憲法前文の平和主義の理念にも沿うものであり、また、憎悪・報復・テロの連鎖からの脱却による平和の創造の可能性への重大な問題提起と位置づけることができるように思われる。

二　政府解釈における核兵器の保有・使用の憲法適合性の判断基準

1　政府の「戦力」解釈と「攻撃的兵器」保有禁止原則

憲法九条二項に言う「戦力」の意味については、①潜在的能力説、②警察力を超える実力説、③近代戦争遂行説、④自衛力を超える実力説などの説がある。②が学界の通説であり、④が現在の政府（内閣法制局）の採る説である。

②説を採れば、核兵器は、警察力を超える実力であり、当然ながらその保有は違憲となろう（①説の場合は核兵器の保有のみならずその開発・研究自体も違憲となろう）[10]。

政府見解[11]は、憲法九条二項では、侵略・自衛・制裁を問わずあらゆる「戦力」の保持を禁止しているが、国家には固有の自衛権があるので、それを裏づける「自衛のための必要最小限度の実力（自衛力）」の保持までは憲法は禁止していないとして次のように説明している。

「わが国が憲法上保持できる自衛力は、自衛のための必要最小限度のものでなければならないと考えている。その具体的な限度は、その時々の国際情勢、軍事技術の水準その他の諸条件により変わり得る相対的な面があり、毎年度の予算などの審議を通じて国民の代表者である国会において判断される。憲法第九条第二項で保持が禁止されている『戦力』にあたるか否かは、わが国が保持する全体の実力についての問題であって、自衛隊の個々の兵器の保有の可否は、それを保有することで、わが国の保持する実力の全体がこの限度を超えることとなるか否かにより決められる。／しかし、個々の兵器のうちでも、性能上専ら相手国国土の壊滅的な破壊のためにのみ用いられる、いわゆる攻撃的兵器を保有することは、直ちに自衛のための必要最小限度の範囲を超えることとなるため、いかなる場合にも許されない。……ＩＣＢＭ……、長距離戦略爆撃機、攻撃型空母の保有は許されないと考えている。」

この見解のポイントは、次のとおりである。

①憲法上保持できる自衛力は、自衛のための必要最小限度のものでなければならない。

②九条二項で保持が禁止されている「戦力」にあたるか否かは、本来は、わが国が保持する「全体」の実力につ

いての問題であって、自衛隊の個々の兵器の保有の可否は、それを保有することで、わが国の保持する実力の「全体」がこの限度を超えることとなるか否かにより決められる。

③しかし、個々の兵器のうちでも、「攻撃的兵器」（性能上専ら相手国国土の壊滅的な破壊のためにのみ用いられる兵器）を保有することは、直ちに自衛のための必要最小限度の範囲を超えることとなるため、いかなる場合にも許されず違憲である。

この理論では、核兵器の保有が違憲であるかどうかは、「攻撃的兵器」に該当するかどうかが中心的な論点である。

2　政府の核兵器の定義

政府は、核兵器について、参議院内閣委員会提出資料「兵器及び通常兵器について」（一九五八年四月一五日）[12]では次のように定義づけている。

「核兵器及び通常兵器については、今日、国際的に定説と称すべきものは見出しがたいが、一般的に次のように用いられているようである。

ア　核兵器とは、原子核の分裂又は核融合反応より生ずる放射エネルギーを破壊力又は殺傷力として使用する兵器をいう。

イ　通常兵器とは、おおむね非核兵器を総称したものである。

したがって

（ア）サイドワインダー、エリコンのように核弾頭を装着することのできないものは非核兵器である。

（イ）オネストジョンのように核・非核両弾頭を装着できるものは、核弾頭を装着した場合は核兵器であるが、核弾頭を装着しない場合は非核兵器である。

（ウ）ＩＣＢＭ、ＩＲＢＭのように本来的に核弾頭が装着されるものは核兵器である。」

このように、政府は、核兵器を「原子核の分裂又は核融合反応より生ずる放射エネルギーを破壊力又は殺傷力として使用する兵器」と定義した上で、核弾頭そのものか、本来的に核弾頭が装着される兵器を核兵器と理解している。

3　岸信介首相答弁（一九五七年）と核兵器保有に関する政府解釈

核兵器保有の憲法適合性についての政府答弁としては、一九五七年の岸信介首相答弁がよく知られている。当時の国会で、日本自身の核兵器保有の憲法適合性が本格的な議論となり、その際、政府は、自衛のための必要最小限度の核兵器を保有することは合憲である旨を述べ、その論理が現在まで継承されているのである(13)。

当時の国会での議論を振り返ると、岸信介首相は、最初は、核保有について、「原水爆……あるいはこれを中心としたような核兵器」について「今現在の……核兵器というものは、私は、今日の憲法の解釈において、自衛権の立場からいって、これは憲法上適当でない」（一九五七年四月二五日参議院予算委員会）とだけ述べていたにもかかわらず、数日後には、「核兵器と名がつけばすべて憲法違反というのは行き過ぎ」（同年四月三〇日参議院外務委員会）と表明し、ややニュアンスを変えて、自衛のための必要最小限度内の核兵器保有が合憲である旨を表明するに至った。

これに対して、当時次のような厳しい批判があったことは、特に付記しておきたい。

①政策的に持たぬという問題と憲法上持ってはいけないかという問題を使い分けるのは、内々に日本も核兵器で武装をしようという底意を持っているからではないか（秋山長造議員同年五月七日参議院内閣委員会）。

②憲法九条において許し得る、認められる核兵器という概念を提示するのは、戦略的な核兵器は憲法上禁止されるが、戦術的な小型の核兵器の保有は憲法九条が禁止するものではないという解釈に立っているのではないか（田畑金光議員同年五月七日参議院内閣委員会）。

③ウラニウム二三五の分裂には限界量というものがあり、二から四キログラムでは爆発は起きない、大体一二から一三キログラムが限界量である。水が一〇〇度にならなければ沸騰せず、零度にならなければ凍らないように、ウラニウムにはウラニウムの性質があるのであって、もっと小型な危険のない核兵器ができるということは形式論理としては考えられないこともないが、しかし兵器の改良というのは威力を落とすような改良はまず考えられない。実際の核兵器、核エネルギーを考えると、また核爆発によって破壊殺戮を事とするのが核兵器である以上、岸首相の言う、核兵器でも憲法上許されるということはないのではないか（湯山勇議員同年五月一三日参議院予算委員会）。

こうした批判は、いずれも自衛のための必要最小限度の核兵器ならば保有可能とする政府見解の問題点の核心を突く批判であったように思われる。

ただ、結局、現在の政府見解は、「自衛のための必要最小限を超えない実力を保持することは憲法第九条第二項によっても禁止されておらず、したがって右の限界の範囲内にとどまるものである限り、核兵器であると通常兵器であるとを問わず、これを保有することは同項の禁ずるところではない」（真田秀夫内閣法制局長官一九七八年三月一一日参議院予算委員会）といったものとなった。

4 「非核三原則」と憲法九条

しかし、政府は、核兵器の保有が憲法には違反しないとしても、日本が核兵器を保有することは、「国是」でもある「非核三原則」（核兵器を持たず、作らず、持ち込ませず）という安全保障の基本政策に反するとはしてきた。

さらに、原子力基本法二条では、「原子力の研究、開発及び利用は、平和の目的に限」ることが明記され、また、核兵器不拡散条約（ＮＰＴ）二条では、「締約国である各非核兵器国は、……核兵器その他の核爆発装置を製造せず又はその他の方法によって取得しないこと……を約束する」ことが規定されているので、核兵器を保有することは、「非核三原則」に反するのみならず、現在の法律上および条約上、違法となり許されないとしているのである。

しかし、このことは、もし政策を変え、かつ法律改正や条約脱退等の法的手続きを踏めば、日本が核兵器の保有を全面禁止するような法的な制約・規制はなくなるということでもある。

政府は、「非核三原則」と憲法の関係につき、特に、米軍の核兵器持ち込みの憲法適合性について、一九五九年三月一七日参議院予算委員会において、「米軍は、今、日本に駐留しておりますが、原水爆を日本国内に持ち込むことは、日本国憲法に抵触しますね」という矢嶋三義議員の質問に対して、林修三内閣法制局長官は、「憲法第九条は、日本の持つべき戦力、あるいはその自衛のために必要最小限度の実力と申しますか、これに関しての制約を規定しているものでありまして、それ以外のものに、何も触れておらない、外国の軍隊のことについては、触れておりません」として違憲とはならない旨答弁している。

また、一九六八年四月四日参議院予算委員会では、非核三原則と憲法の関係につき、増田甲子七防衛庁長官は、「憲法違反の関係は、戦略核兵器は外国の軍隊ならば日本に持ってよろしい、しかし持たない。戦術的核兵器は憲法上の関係は日本は持ってよろしい。しかしながら、原子力基本法という法律に触れるから持たない。それから一般的に非核三原則が働くからして全部持たない、これは政策として持たない」と答弁している。

ここで、戦略核兵器と戦術核兵器の区別が重要になるが、一九七一年五月一五日衆議院内閣委員会において、久保卓也防衛庁防衛局長は次のように答弁している。

「ＩＣＢＭでありますとか、ＩＲＢＭでありますとか、あるいはポラリスのミサイルでありますとか、そういったものは戦略核兵器であります。それから、Ｂ52に搭載し得る爆弾も、Ｂ52を含めて戦略核兵器ということが言えようと思います。それから戦術兵器の場合には、従来でありますと、数百キロ程度の射程以下のものをいうと思います。……戦場核というのは、……たとえば核地雷でありますとか、それから一、二キロトン前後の非常に小さな、たとえば大砲から打つようなもの、そういった核弾頭のものを総合して……戦場核という分野を一応考えておったようでありますが、最近はどうもその区別をなくしたのか、あまり使われておりません。」

5　核兵器の使用と憲法九条

従来、核兵器の保有の憲法適合性が問題となってきたが、核兵器の使用については、大森政輔内閣法制局長官は一九九八年六月一七日参議院予算委員会で次のように答弁している。

「核の保有の問題についての憲法上の問題点と申しますのは、即使用についての問題点にも当たるわけでございます。……日本国憲法第九条との関係につきましては、保有との関係において先ほど述べられました法理は、純法律上の問題としては使用との関係においても妥当するものであろう」、「昭和五三年三月一一日の当時の真田法制局長官の見解をベースといたしますならば、核兵器の使用も我が国を防衛するために必要最小限度のものにとどまるならばそれも可能であるということに論理的にはなろうかと考えます。」

なお、この答弁について大森長官は、退官後に刊行された書籍[14]において、「被爆地の広島や長崎の記念館において、被爆直後の写真で被災地に横たわる多数の死者や痛ましい負傷者の姿を目にするとき、あの答弁でよかったのかとの自問の気持ちは、現時点に及んでも持ち続けています。……機会があれば見解を覆し、前記答弁は間違いである旨表明すべきかと自問自答することがしばしばです[15]」、と述べていることは付記しておきたい。

三　「新三要件」および「安保法制」下における憲法九条と核兵器

1　政府解釈における武力行使要件の変更

二〇一四年七月一日の集団的自衛権の限定行使容認の閣議決定（以下「七・一閣議決定」と言う）およびそれを法律に盛り込んだ「安保法制」（二〇一五年[16]）の制定により、政府は、武力行使に関する解釈および基準を変更した。

これまでは、自衛権発動としての武力行使は、①「我が国に対する急迫不正の侵害があること」、②「これを排除するために他に適当な手段がないこと」、③「必要最小限度の実力行使にとどまるべきこと」の三要件に該当する場合に限られるとしてきた（旧三要件）。

これに対して「七・一閣議決定」では、武力行使が可能となる「新三要件」として、①「我が国に対する武力攻撃が発生した場合のみならず、我が国と密接な関係にある他国に対する武力攻撃が発生し、これにより我が国の存立が脅かされ、国民の生命、自由及び幸福追求の権利が根底から覆される明白な危険がある場合」、②「これを排除し、我が国の存立を全うし、国民を守るために他に適当な手段がないとき」、③「必要最小限度の実力を行使すること」を提示した。

すなわち、これまでは、日本への「急迫不正の侵害」（武力攻撃の発生または着手）という事実がない限り、日本は武力行使ができないとされていたのに対して、「新三要件」では、日本への武力攻撃がなくとも、「我が国と密接な関係にある他国に対する武力攻撃が発生し、これにより我が国の存立が脅かされ、国民の生命、自由及び幸福追求の権利が根底から覆される明白な危険がある場合」（以下「存立危機事態」と言う）には、集団的自衛権行使を含めた武力行使ができるというような大転換が行われたのである（武力攻撃が事実認定の問題であるのに対して「明白な危険」は評価概念であることに注意）。

これに関連して、核兵器の使用に関しても自国が武力攻撃を受けない場合でも海外で使用することが法理上認められるようになったのではないかという論点がある。この論点については、次のような質疑が注目される。

「白眞勲君　日本国憲法で保有は許されているということはおっしゃいました。……使用は憲法違反ではないのかということです。……

横畠裕介君　核兵器というものにも様々な規模、種類のものがあるというふうに承知しております。お尋ねの憲法上の制約について申し上げれば、……我が国を防衛するための必要最小限度のものにもちろん限られるということでございますが、憲法上全てのあらゆる種類の核兵器の使用がおよそ禁止されているというふうには考えておりません。……

白眞勲君　そうすると、横畠長官、今回、海外での自衛の措置が容認されたわけですよ。つまり、自国、自分の国が、日本が攻撃されていないにもかかわらず他国で核を憲法上使用ができるということになりますよね。

横畠裕介君　そうはならないと思います。すなわち、今回の新三要件の下での法整備が行われたわけでございますけれども、……いわゆる海外派兵は我が国を防衛するための必要最小限度を超えるということで許されないという考え方は全く変わっておりません。その意味で、海外で武力行使をできるようになったのだろうということ

とを言われる方もおられますけれども、そのような前提ではございません。」（二〇一六年三月一八日参議院予算委員会）

白議員の質問は、「新三要件」および「安保法制」下で海外における「自衛の措置」が許されるとするならば、「存立危機事態」の認定により、自国が武力攻撃を受けていない場合も、海外において、日本が核兵器を使用することが憲法上許される場合もあると解する余地があるのではないかという点を質したものであり、それに対する横畠内閣法制局長官の答弁は、海外派兵は「安保法制」制定後も一般的に禁止されることは変わらないのだから、白議員が指摘するような「自国が武力攻撃を受けていない場合も海外で核兵器の使用が許される場合がある」といったような憲法解釈は採れないという趣旨の答弁である。

海外派兵について、政府は、答弁書一九八〇年一〇月二八日（対稲葉誠一衆議院議員）において、「従来、『いわゆる海外派兵とは、一般的にいえば、武力行使の目的をもつて武装した部隊を他国の領土、領海、領空に派遣することである』と定義づけて説明されているが、このような海外派兵は、一般に自衛のための必要最小限度を超えるものであつて、憲法上許されないと考えている」としている。しかし、海外で武力行使を行うことが一切認められないわけではない（「一般」的な禁止にとどまる）。たとえば、「かりに、海外における武力行動で、自衛権発動の三要件……に該当するものがあるとすれば、憲法上の理論としては、そのような行動をとることが許されないわけではないと考える」（答弁書一九六九年四月八日〔対松本善明衆議院議員〕）として、「三要件」（この時は旧三要件）に該当する場合は、海外において武力行使を行っても違憲ではないとしてきた。こうしたことから考えるならば、白議員が指摘するように、「三要件」の内容が変化すると禁止の範囲なり条件が変化する可能性を孕むのではないかという疑問はやはり残り続ける。

しかし、まったく歯止めがないわけでもない。答弁書一九六九年四月八日の言う「三要件」が当時は旧三要件であったこととも関連して、新旧の「三要件」の相違に着目して、「存立危機事態」の際に（海外での）武力行使が許される場合と許されない場合を具体的に見ていくことが必要であろう。

まず、「新三要件」の第一要件の一つである「存立危機事態」の「明白な危険」があると認定されるためには、「国民に、我が国が武力攻撃を受けた場合と同様な深刻、重大な被害が及ぶことが明らかな状況」があることが必要とされている（横畠長官二〇一四年七月一四日衆議院予算委員会）。

また、新三要件の第二要件についても、「存立危機事態」において「他国に対する武力攻撃の発生を契機とする『武力の行使』についても、あくまでも我が国を防衛するためのやむを得ない自衛の措置に限られ、当該他国に対する武力攻撃の排除それ自体を目的とするものでない」としている（答弁書二〇一五年六月一九日［対鈴木貴子衆議院議員］）。

また、第三要件についても、「第三要件は、単に、相手から受けている武力攻撃と同程度の自衛行動が許されるという国際法上の自衛権行使の要件である均衡性ではなく、憲法上の武力行使の要件である新三要件の第一要件及び第二要件を満たした場合における、実際の実力行使の手段、態様及び程度の要件」であり、第三要件の「必要最小限度とは、我が国の存立を全うし、国民を守るためとあります第二要件を前提とした、我が国を防衛するための必要最小限度ということである」としている（横畠長官二〇一四年五月二八日衆議院特別委員会）。

2　「存立危機事態」における武力行使

「安保法制」下において「存立危機事態」の際の武力行使が具体的に問題となるのは、たとえば、米艦防護や機雷除去（掃海）に関してである。

米艦に対しては、いわゆる「来援米艦」（武力攻撃を行う外国から見た場合において我が国こそが第一の敵であるという状況下で武力攻撃の第一撃の対象がたまたま来援した米艦である場合）への対処のための個別的自衛権行使（結果として米艦の防護ともなる）として理解される武力行使のみならず、「安保法制」により、「武力攻撃を行う国から見て我が国は第二、第三の敵であるというような場合……外国による我が国と密接な関係にある他国に対する武力攻撃が発生した、とはいえ我が国に対する武力攻撃の発生とまでは認められない……しかしながら、そのままでは弾道ミサイル攻撃等、……我が国にも戦火が及ぶ明白な危険があるという具体的な状況にあるならば、……自衛隊が我が国に対する弾道ミサイル攻撃等に備えて展開して活動を行っている米艦等を守るために武力の行使もできるようにな」ったとされる（横畠長官二〇一六年三月三一日参議院外交防衛委員会）。

この場合の米艦等を守るための武力の行使には、日本の領域内や公海はもとより他国の領域で行われる場合も含まれていると解される。

機雷に関しては、これまでも、領海や公海にある（停戦後の）遺棄機雷の掃海は武力行使に当たらないため憲法上許されるとの立場（答弁書一九八七年九月二九日［対黒柳明参議院議員］）であったが、問題は、戦闘が終了していない場合の機雷の掃海である。通常、戦闘中の機雷の掃海は、機雷敷設国の攻撃を無力化しようとする行為であり当該国への戦闘行動であるから武力行使に該当するものとされる（大森長官一九九七年六月一六日参議院内閣委員会）。

「存立危機事態」に該当する機雷除去については、次のような答弁がある。

「他国に対する武力攻撃の一環として敷設された機雷を除去する行為は、『武力の行使』に当たり得るが、政府が想定しているホルムズ海峡における機雷掃海の事例は、機雷が敷設された後、事実上の停戦状態となり、戦闘行為はもはや行われていないが、正式停戦が行われず、遺棄機雷とは認められないようなケースである。」（答弁書二〇一五年九月二九日［対藤末健三参議院議員］）[17]

3 「安保法制」における核兵器の提供、輸送、核兵器を搭載している航空機への給油

また、「安保法制」では、自衛隊の後方支援に際して、これまで禁止ないし否定されていた弾薬の提供や戦闘作戦行動のために発進準備中の戦闘機などへの給油や整備が可能とされるようになった。この弾薬（の提供）には法文上は核兵器も含まれうる。また、発進準備中の戦闘機が核兵器を搭載している可能性もある。さらに、後方支援において行われる輸送協力の対象にも核兵器の輸送を禁止する条文はない。これらの点に対する政府答弁は次のとおりである（答弁書二〇一五年八月二一日〔対小西洋之参議院議員〕）。

「政府としては非核三原則を堅持する方針であり、核兵器を保有せず、今後とも保有することはなく、核兵器を他国に提供することはあり得ない。／非核三原則を堅持する我が国は、その趣旨、精神に沿ったものとして、『核兵器を輸送しない』との考えであり、さらに、核兵器を輸送するために必要な知見等も有しておらず、支援対象国からの要請を受けてその核兵器を自衛隊が輸送することはあり得ない。核兵器を搭載する航空機への給油についても、同様に、……あり得ない。／我が国が非核三原則を堅持していることは世界各国に知られており、また、核兵器については、その高度な秘匿性や安全確保の観点から、支援対象国が我が国に対し核兵器の輸送や核兵器を搭載する航空機への給油を要請することもあり得ない。……このように、自衛隊が御指摘の『核兵器の運搬』、『核兵器の提供』及び『核兵器を搭載している航空機への給油』を行うことはあり得ず、およそあり得ないことを法文上明記する必要はないと考えて〔いる〕」。

いずれも「あり得ない」という答弁であるが、違憲とは言明していないことには注意をしておきたいと思う。

4　原子力基本法と核兵器

日本の核兵器の保有については、前述のとおり、法律上、原子力基本法二条一項が「原子力の研究、開発及び利用は、平和の目的に限」ることを規定しているため違法と解されてきた。しかし、同法二〇一二年改正では、同条二項に、「前項の安全の確保については、……我が国の安全保障に資することを目的として、行うものとする」との文言が追加されたことが、原子力の開発・利用につき、「我が国の安全保障に資する」ための軍事的開発・利用を行うことにつながることへの疑念・懸念を生んだ。

これに対して、政府は、同文言の意味を、「原子力規制委員会が原子力安全規制、核セキュリティ及び核不拡散の保障措置の業務を一元的に担うという観点から規定されたものと理解している」とし、「我が国の原子力の研究、開発及び利用は平和の目的に限るという方針に何ら影響を及ぼすものではない」と答弁している（答弁書二〇一二年七月三日［対服部良一衆議院議員］）。

この時点でも、現在の政府の「理解」にとどめた答弁であり、「平和の目的に限る」という方針が軍事的な開発・利用を全面的に禁じたものであるかは確言していない点は注意が必要であろう。

なお、この点で参考となるのは、宇宙の利用に関する政府の法解釈である。

一九六九年に宇宙開発事業団を設立した際に、国会は、宇宙の開発および利用を「平和の目的」に限ることを決議した（同年五月九日衆議院本会議決議および同年六月一三日参議院科学技術振興対策特別委員会決議）。

しかし、政府は、二〇〇八年に宇宙基本法が成立した際に、「同法の国会審議においては、同法の提案者から、専守防衛の範囲内で我が国の防衛のために宇宙開発利用を行うことは、昭和四十四年国会決議の文言及び趣旨に反するものではない旨の説明がなされているものと承知している」（二〇〇八年一二月九日政府答弁書［対吉井英勝衆議院議員］）と説明するに至っている。

こうして見ると、「平和の目的に限」るという法文の意味は、政府解釈において必ずしも非軍事を意味せず、「専守防衛」の範囲内ならば軍事目的でも可能ということに拡大する可能性があることに注意が必要と思われる。

おわりに

憲法九条は、歴史的に見れば、広島・長崎への原爆投下後の「戦争の手段性の喪失」の時代に誕生し、非戦・非軍事平和主義まで徹底した平和主義を規定したものである。その九条の下で、核兵器の保有や使用が許されるかという論点について、政府は、自衛のための必要最小限度の範囲内でならば許されると応答してきた。

しかし、やはり、核兵器の保有や使用が自衛のための必要最小限度の範囲内でならば許される場合もあるというこの政府の立論そのものに問題があるのではないだろうか。

形式論として、現在の原水爆とは異なる、もっと小型で破壊力を抑えた核兵器というものが開発されないとは確言できない（今日でも爆発規模を「小型」化した「使える核兵器」なるものの開発を進める動きはある）。しかし、一般的には、兵器の改良は威力を落とすための改良が進められることは稀であり、通常兵器ではなく、あえて核兵器を保持・使用するというのにその威力を（たとえば通常兵器並みに）落とすということの実利的意味はどの程度存在するだろうか。そして、政府は、先に見たとおり、核兵器を「原子核の分裂又は核融合反応により生ずる放射エネルギーを破壊力又は殺傷力として使用する兵器」としているので、熱線、爆風、放射線による破壊力を伴う核爆発エネルギーを使う兵器を指すことになろう。それならば、特に、数世代にわたる被害を伴う放射線による被害をもたらす攻撃が自衛のための必要最小限度の範囲内という解釈はやはり妥当とは言いがたいのではないかと思われる。(18)

なお、この点に関しては、日本政府が国連総会に提出し採択された「核兵器の全面的廃絶に向けた共同行動」決議（二〇一七年一〇月二七日）においても、その前年の二〇一六年の提案では、「核兵器のあらゆる使用による壊滅的で非人道的結末についての深い懸念」とあった文言を「核兵器の使用による壊滅的で非人道的結末についての深い懸念」という文言に変えて、「あらゆる」という文言をあえて削除した点（さらに二〇一九年決議案では「深い憂慮」という文言も削除し、また、二〇一八年の決議案にはあった、「核兵器使用の非人道的結末についての深い懸念が、核兵器のない世界に向けたすべての国による努力を下支えする主要な要素であり続けている」という文言も削除した点など）が、自衛や報復のための核兵器使用の容認を示唆しているようにも見えるため、あわせて注目されるところである。

私自身、広島に居て改めて思う。核兵器はやはり世界中の「誰にも」使われてはならない兵器なのではないだろうか。

この点は、いわゆる核抑止論・「核の傘」論もそうだが、核兵器の使用によって自国の安全を保障する論理に立つ限り、自ら積極的に核兵器をなくそうというインセンティブは働かないだろうし、そもそも敵国（の国民）相手ならば核攻撃も辞さないという論理がもたらしうる「壊滅的で非人道的結末」について考慮の外であってはいけないように思われる。また、核兵器は、もし、それを一方側だけが使用できれば確実に勝利をものにできる圧倒的な破壊力を持つ兵器であるがゆえに、ある国家にとって戦争・武力行使を行う可能性があるならば、それを保有したくなる（手放したくなくなる）性質を持つ。それゆえ、核兵器の廃絶は、核兵器をはじめとした軍事力を使用しなくても平和と安全が保障される世界の構築・戦争を廃絶するという人類的課題と深く結びつくものでもある。[19]

核戦争によって文明の滅亡をもたらすのか、それとも、核兵器と戦争を廃絶して真の文明を確立するのか、今まさにその選択が問われているのではないだろうか。

【注】

（1）ジャン＝ポール・サルトル（渡辺一夫訳）「大戦の終末」『サルトル全集　シチュアシオンⅢ』人文書院、一九六四年、四三―四七頁。初出は、『レ・タン・モデルヌ（*Les Tamps Modernes*）』一九五四年一〇月。本文中には、「今日、一九四五年八月二十日」（同書［人文書院版］、四五頁）ともある。

（2）核兵器登場による戦争の変質につき、古川純・山内敏弘『戦争と平和』岩波書店、一九九三年、七二―七八頁（古川執筆部分）、参照。

（3）杉原泰雄「憲法九条の現代的意義」深瀬忠一編『恒久世界平和のために』勁草書房、一九九八年、一一三頁以下、参照。

（4）原爆投下と憲法九条の関係について、大久保賢一『「核の時代」と憲法九条』日本評論社、二〇一九年、特に三一八頁以下（「資料一」）、参照。

（5）河上暁弘「憲法と核・原子力」日本平和学会編『平和研究と憲法』早稲田大学出版部、二〇一八年。

（6）丸山真男「憲法第九条をめぐる若干の考察」『後衛の位置から』未來社、一九八二年、四九―五〇頁。

（7）MILITARY SITUATION IN THE FAR EAST—Hearings before The Committee on Armed Services and The Committee Foreign Relations United States Senate Eighty-Second Congress First Session to conduct an inquiry into the military situation in the far east and the facts surrounding the relief of General of the Army Douglas MacArthur from his assignments in that area, MAY 5 1951, p. 223.

（8）深瀬忠一『戦争放棄と平和的生存権』岩波書店、一九八七年、二〇五頁。

（9）秋葉忠利『報復ではなく和解を』岩波書店、二〇〇四年、ⅳ頁、参照。

（10）戦力に関する憲法学説と核兵器・原発の関係について、前掲、河上「憲法と核・原子力」二〇頁以下、参照。

（11）『防衛白書』二〇二〇年度版（https://www.mod.go.jp/j/publication/wp/wp2020/w2020_00.html　二〇二〇年一二月一日アクセス）。

政府答弁を整理・解説したものとして、浅野一郎・杉原泰雄監修『憲法答弁集　一九四七～一九九九』信山社、二〇〇三年、浦田一郎編『政府の憲法九条解釈』信山社、初版（二〇一三年）、第二版（二〇一七年）、参照。

（12）『防衛ハンドブック　二〇二〇』朝雲新聞社、二〇二〇年、六九五頁。

（13）鳩山一郎内閣でも、日本自身の保有ではなく、米国が核弾頭搭載可能なロケット砲であるオネストジョンを日本に配備することが国会で議論となった（一九五五年七月三〇日参議院内閣委員会）。その際、政府は、同兵器は、核弾頭を取り外すことが可能な兵器であるから核兵器ではなく、また核弾頭が持ち込まれないことが今回は明瞭であるとし、しかし、今後はそうした兵器の持ち込み・配備は、国際情勢等を慎重に考慮して決定したいと述べ、違憲とはしなかった。その文脈で、自衛上必要と認め、国際情勢から見てこれも必要と認めて持ち得る新型兵器の中には原子破壊力を持つようなものも含むのかという新谷寅三郎委員長の質問があり、政府から自衛のためなら持つことを考慮する（すなわち違憲ではない）旨の答弁があった（杉原荒太国務大臣、鳩山一郎首相）。ただ、これも、委員長の質問は、米国による日本への持ち込み・配備について尋ねた質問であったこともあり、日本自身が核兵器を保有することの本格的な議論とは言い難い面があった（ただし、これは、外国からの武力攻撃を日本国内で迎撃する［ここでは米国の］核兵器の日本国内での使用を意味しうる［それを違憲とはしていない］ので別途検討する必要はあろう）。

(14)　牧原出編『法の番人として生きる　大森政輔　元内閣法制局長官回顧録』岩波書店、二〇一八年、二九六―二九七頁。

(15)　同前、三二八―三二九頁。さらに、大森は、核兵器禁止条約の採択、ＩＣＡＮのノーベル平和賞受賞などの「事態に即して再考すると、国家の存続自体が問題となるような究極的状況においても、核兵器の使用は『絶対悪』として、国際人道法の原則と規則に違反すると考えるべきことになります。ただ、我が国は、核兵器禁止条約の採択に際して、賛成せず、……自国の究極の自衛を『核の傘』の下においていますので、この自国防衛政策を維持したまま、核兵器禁止条約に加入することは政策が矛盾し、この条約が締約国に課す義務を履行することができません。／したがって、まず『核の傘』政策の再検討を先行しなければならないことになり、ひいてはわが国の防衛・外交政策全般に及ぶ問題であることは理解しなければなりません。」（同書三三二頁）、と述べている。

(16)　「安保法制」について私が考察したものとして、河上暁弘「憲法成立の原点と安保法制『成立』という現点から考える平和」『総合人間学』第一〇号、二〇一六年、参照。

(17)　「安保法制」審議中も、政府は、このホルムズ海峡での機雷の掃海が「存立危機事態」の例として「現在、ほかの例というのは念頭にはありません」とまで言明してきた唯一の例であった（安倍晋三首相二〇一五年五月二七日衆議院平和安全法制特別委員会）が、この答弁書においては、結局、「ホルムズ海峡における機雷掃海の事例は新三要件に該当する場合もあり得るものであるが、今現在の国際情勢に照らせば、現実の問題として発生することを具体的に想定しているものではない」と言明されるに至った。

(18)　阪田雅裕元内閣法制局長官も、「ピンポイントでの攻撃目的なら核兵器である必要はない。広範囲で瞬時に大量に打撃を与えるのが核兵器。小型核は論理矛盾だ」とし、核兵器の保有・使用についても、「もし、防御用の核兵器が開発されるようなことがあればということで、仮想の論理でしかない」、「『防衛に必要不可欠なものがあれば』という前提だ。日本に核武装の余地はない」と述べている（『東京新聞』二〇一九年一一月二七日 https://www.tokyo-np.co.jp/article/14886　二〇二〇年一二月一日アクセス）。

(19)　前掲、大久保『「核の時代」と憲法九条』七八―七九、一〇五―一〇六頁、参照。

あとがき

本書は、広島平和研究所の教員一三名が、広島の原爆体験の今日的な意味や影響、現代の国際社会における平和創造の課題について、それぞれの学問的な知見に基づいて読み解いたものである。刊行の背景には新型コロナウイルス感染症があった。実は被爆七五年という節目の二〇二〇年の夏、広島・長崎の原爆体験の記憶と継承をテーマに国際シンポジウム（中国新聞社、長崎大学核兵器廃絶研究センターとの共催）を実施する予定だったが、二〇年四月の政府による緊急事態宣言の発出、翌五月の同宣言の延長など、感染は拡大の一途をたどり、結果として開催の断念を余儀なくされた。大学や大学院の講義をオンラインで行うなど、日々、新たな対応を迫られる中で、被爆七五年に広島平和研究所として、また広島の研究者としてできることを模索した。教員が一丸となって取り組む学術書を刊行するアイデアが浮かんだのは、国際シンポジウムの開催見送りが決まった二〇年六月のことである。

以上の経緯から、被爆七五周年記念事業として二〇二〇年度内にインハウス版（企画・制作等を自ら行う内部出版）を刊行することが目指された。早速、二〇年七月に大芝亮所長と水本和実教授、沖村理史教授、そして筆者の四名で編集委員会を立ち上げ、本格的な準備に着手した。同僚の先生方の理解と協力が本企画の推進力となった（研究所の教員は当時一三名だったが、二一年四月に四條知恵准教授と加藤美保子講師が新たに加わった）。執筆者による英語での論文構想発表や第一次草稿の提出、編集委員のコメントを踏まえた最終原稿の提出、校正作業などを経て、インハウス版『広島発の平和学―戦争と平和を考える13講』が刊行されたのは二一年三月末のことだ。発行部数を五〇部に抑え、配布先を本大学関係者に限ったのは商業出版の話が浮上したからである。幸運にも、本企画が京都の学術出版の老舗、法律文化社の小西英央氏の耳に入り、商業出版への道が開かれたのであった。

本書は、学際的な視点から「広島発の平和学」を探求した試論である。先に刊行したインハウス版の所収論文を基礎としつつ、これに加筆修正を施して成稿したものである。国籍や専門分野の異なる個性豊かな一三名が広島の地から原爆体験を踏まえながら、人間の生存や尊厳を脅かす要因を分析し、平和な世界の創造への条件を探った。執筆者たちは各論文の中で、それぞれの方法論とアプローチに立脚して、広島と平和学を接続する意義と可能性を省察し（序章）、原爆体験の教訓を国際的な視座から捉え直し（第Ⅰ部）、さらには現代世界において平和を阻害する諸問題を取り上げ、それらの課題を乗り越える手立てを論じた（第Ⅱ部）。本書が平和について学びたいと考える人々に示唆を与え、参考の書となれば、編者としてこれ以上の喜びはない。

＊

本書が世に出るまでには、多くの方々にお世話になった。最初にご多忙の中、序文を寄せてくださった若林真一理事長・学長に謝辞を呈したい。また、本書が極めて短期間で刊行できたのは、ひとえに広島平和研究所事務室の秋嶋優佑主査、野村美樹、山下慶枝、吉原由紀子の諸氏のご支援のお蔭である。コロナ禍という難しい時代にあって、献身的にこの出版プロジェクトを支えていただいた。本書を刊行にまで導いてくださった小西氏には感謝の言葉しかない。小西氏には二〇二〇年八月下旬以降、編集委員の会合（オンライン）に加わっていただき、編集者ならではの読者目線に立った有益なご助言を賜った。改めて記して感謝の意を表したい。

なお、本書は広島市立大学から出版助成金の交付を受けて刊行されるものである。

二〇二一年四月

広島平和研究所副所長　永井　均

事項索引

さ 行

た 行

な 行

は 行

ま 行

や 行

ら 行

人名索引

ら　行

執筆者一覧（執筆順）

大芝《おおしば》　亮《りょう》	広島平和研究所長、特任教授	はしがき、序章
水本《みずもと》　和実《かずみ》	広島平和研究所教授	第Ⅰ部扉、第一章
ロバート・ジェイコブズ	広島平和研究所教授	第二章
河《は》　炅珍《きょんじん》	広島平和研究所准教授	第三章
徐《じょ》　顕芬《けんふん》	広島平和研究所准教授	第四章
ナラヤナン・ガネサン	広島平和研究所教授	第五章
永井《ながい》　均《ひとし》	広島平和研究所副所長、教授	第六章、あとがき
竹本《たけもと》真希子《まきこ》	広島平和研究所准教授	第七章
孫《そん》　賢鎮《ひょんじん》	広島平和研究所准教授	第八章
吉川《きっかわ》　元《げん》	広島平和研究所特任教授	第九章
沖村《おきむら》　理史《ただし》	広島平和研究所教授	第Ⅱ部扉、第一〇章
佐藤《さとう》　哲夫《てつお》	広島平和研究所特任教授	第一一章
河上《かわかみ》　暁弘《あきひろ》	広島平和研究所准教授	第一二章

Horitsu Bunka Sha

広島発の平和学
――戦争と平和を考える13講

2021年8月6日　初版第1刷発行

編　者　広島市立大学広島平和研究所

発行者　畑　　光

発行所　株式会社 法律文化社

〒603-8053
京都市北区上賀茂岩ヶ垣内町71
電話 075(791)7131　FAX 075(721)8400
https://www.hou-bun.com/

印刷：共同印刷工業㈱／製本：㈱藤沢製本
装幀：白沢　正

ISBN 978-4-589-04165-4